DESARROLLANDO LÍDERES LEAN A TODOS LOS NIVELES:

GUÍA PRÁCTICA

Copyright © 2015 Jeffrey Liker

Reservados todos los derechos.

Dr. Jeffrey K. Liker

with George Trachilis

Translation by: Rafael Lucero & Mónica Cayuela

Jeffrey K. Liker copyrights el siguiente documento. Reservados todos los derechos. La reproducción de cualquier parte de este documento, mecánica o electrónicamente, más allá de lo permitido en la Sección 107 o 108 de la Ley de Derechos de Autor de Estados Unidos 1976 es ilegal sin el permiso expreso por escrito del autor los derechos de autor y el editor. Las leyes internacionales de derechos de autor también se aplican.

ISBN: 978-0-9967715-0-4

Published By: Lean Leadership Institute Publications
V.P. of Publications: Daniel J. Stanley AAP
Published in the United States of America
First Edition – English

Table of Contents

ADELANTE / HACIA DELANTE	vii
ACERCA DEL AUTOR	xi

CAPÍTULO 1 — 1
LIDERAZGO Y LEAN LEAN

Antecedentes sobre el libro y el curso	2
Qué pretende conseguir el curso online	3
Condiciones de los cinturones Liderazgo Lean	5
Utilizar un coach para auto-desarrollo	8
Define el Problema	9
Los Principios Lean	9
¿Qué es Liderazgo Lean?	10
Historia de The Toyota Way	13
¿Qué es el TPS?	15
¿Qué es el TPS (Toyota Production System)?	20
Procesos Lean como Sistema	25
Desarrollando Gente Excepcional en Resolución de Problemas	32
Ahora Redefinimos Lean	35

CAPÍTULO 2 — 37
RESOLUCION DE PROBLEMAS, MEJORA Y PENSAMIENTO A3

Plan-Do-Check-Act es el Proceso de Resolución de Problemas	39
Toyota Business Practices: Una empresa, un Proceso de Mejora	41
Toyota Business Practices (TBP): Fase Plan	44
Toyota Business Practices: Experimentación y aprendizaje	47
Do Check Act	47
Toyota Business Practices para Reducir el Coste de Garantía	49
Llegar a la Causa Raíz mediante los 5 ¿Por qué?	54
Contramedidas y Resolución de Problemas para Desarrollar a las Personas	60
¿Por Qué PDCA se Sigue tan Poco?	64
¿Por Qué las Empresas se saltan el PCA del ciclo PDCA?	67
Modelo A3 para "Ralentizar" el Proceso de Resolución de Problemas	70
El Resto de Historias A3	75
La Mejora *Kata*, Otro Enfoque	88
Los Líderes Lean Luchan por la Mejora Continua	93

CAPÍTULO 3
ESTANDARES, TRABAJO ESTANDARIZADO Y GESTIÓN VISUAL 97

Trabajo Estandarizado y Gestión Visual 97
Documento de Trabajo Estandarizado para Tareas No Cíclicas 100
Estándares y Mejora Continua 103
Esencia del Modelo de Liderazgo Lean 106
Gestión Visual para descubrir las diferencias: Estándares versus Situación Actual 109
Un caso de Lean No Tradicional: Menlo Innovations 112
Richard explica lo que se hace entonces con esas características y tiempos estimados: 115
Gestión Visual y Equipos de Trabajo en Menlo 116
¿Qué hemos aprendido de la Gestión Visual? 122

CAPÍTULO 4
COMPROMISO DE AUTO DESARROLLO 125

¿Qué tratas de Auto-Desarrollar? 125
Asegúrate de que tus Valores están Arraigados 128
Liderazgo Occidental versus Liderazgo Toyota 128
¿Cómo Consigues Llegar a ser un Líder Lean? 130
¿Cómo se Desarrollan y Promocionan los Líderes Lean? 136
Experiencia profunda a través Etapas *Shu-Ha-Ri* Error! Bookmark not defined.
¿Los Altos Ejecutivos También Necesitan Auto-Desarrollo? 142
Factores Importantes para que un Líder Triunfe en una Empresa Excepcional 146

CAPÍTULO 5
APRENDER PARA ENTRENAR Y DESARROLLAR A OTROS 149

Mientras te Auto-Desarrollas aprende Cómo Desarrollar a los Demás 149
Comienzan los pasos de Entrenamiento y Desarrollo a los Demás 153
Cómo Formar y Desarrollar a Otros en el *Gemba* 157
Utilizar *Kata* para Formar a Una Persona Cada Vez 160
Receta de Tres Pasos Sobre Lo que los Líderes Deben Aprender 164
¿Cómo se adapta esto al desarrollo de los demás en tu Empresa? 167

CAPÍTULO 6
APOYAR EL KAIZEN DIARIAMENTE 173

Llevar el Liderazgo Lean a los Grupos de Trabajo 173
Los Grupos de Trabajo Toyota son el Centro de la Mejora Continua 176
El Control Visual y el Sistema Andon Apoyan la Mejora 179
Formar un Profesor que Cree Masa Crítica de Pensadores Lean 182
El Papel en Toyota de los B-Labor Para Complementar los Grupos de Trabajo 184
Creación de un Flujo de Material Revolucionario (Caso Minomi) 185
Resultados del Proyecto Minomi 190
Trabajo estandarizado para apoyar *kaizen* en grupos de trabajo 191
¿Qué es Leader Standard Work? 197
Atándolo Todo 203
¿Cuál es la Situación Actual en tu Empresa? 206

CAPÍTULO 7 — 209
CREAR UNA VISION Y ALINEAR OBJETIVOS MEDIANTE *HOSHIN KANRI*

- *Hoshin Kanri* para Enfocar la Energía en Ciclos de Aprendizaje Alineados — 212
- *Hoshin Kanri* en Toyota — 213
- El problema de alinear a la gente hacia un objetivo común de empresa — 213
- Alinear a las personas Horizontalmente y Verticalmente — 218
- Cómo *Hoshin Kanri* y la Gestión Diaria Trabajan Juntos — 220
- El Ciclo Anual *Hoshin Kanri* en Toyota — 220
- La Filosofía de *Hoshin Kanri* — 224
- Comparación entre MBO y *Hoshin Kanri* — 225
- "Management by Objetives" se ha Convertido en Mando y Control — 225
- Características de la Dirección por Objetivos — 226
- Evaluación de Resultados Orientada al Esfuerzo — 226
- De Arriba Hacia Abajo, la Comunicación Directiva — 227
- Principalmente Orientado por la Autoridad — 227
- Características de *Hoshin Kanri* — 227
- Preocupados por los resultados y el procesos del desarrollo de las personas — 227
- Ajuste de la Dirección de Arriba a Abajo — 228
- Ante todo, Orientados con Responsabilidad — 228
- Transformación Lean Radical: Dana, Proveedor de Piezas de Chasis — 229
- ¿Cómo desarrollas Líderes Lean en una Crisis? — 232
- Acciones de Dana durante el Primer Año: Centrarse en el Desarrollo del Liderazgo — 233
- Proceso de Siete Pasos para Lanzar el Dana Operating System — 235
- Lanzamiento de la Fase 1 del Dana Operating System — 235
- Visualización y Cumplimiento de las Normas de Gestión — 236
- El KPIs se rastreaba a diario en cada planta — 238
- Años del 2 al 5: Hoja de ruta de la implementación del Dana Operating System — 240
- Herramientas para planificar y sostener el kaizen en Dana — 242
- Los resultados de Dana a través de tres años de transformación radical — 243
- Con la filosofía correcta todo va bien — 244
- Feedback final: La práctica deliberada no es divertida — 248
- Revisión final del modelo de Liderazgo Lean — 248

CAPÍTULO 8 — 253
CONECTA LAS ESTRATEGIAS A LA EXCELENCIA OPERACIONAL: Ejemplo de Scion

- Cada mejora empieza con un reto — 253
- Enfoque de Ventas y Marketing en Scion — 255
- Conectar el propósito con los resultados — 259
- Relación entre la innovación estratégica y la excelencia operacional para Scion — 260
- Los principios el Toyota Way en acción — 262

DEVELOPING LEAN LEADERS: Para seguir leyendo — 265

ADELANTE/ HACIA DELANTE

Mi nombre es George Trachilis y ejerzo como Ingeniero en Canadá. Tras muchos años implementando herramientas y técnicas "Lean Thinking" en empresas muy diversas, tanto a nivel local como global, se me hizo evidente que había un tema común en todas ellas que destacaba sobre los demás; "Lean raras veces funcionaba como esperábamos". Antes de que cierres el libro confirmando tus creencias acerca de Lean, sigue leyendo un poco más. Te aseguro que no te defraudará.

Siento que debo justificar mi comentario. Por supuesto que Lean funciona, he visto cambios asombrosos durante el primer año de implementación, o al menos mientras he estado ahí. Estos cambios son normalmente físicos en cuanto a su naturaleza, como arreglar el lugar, mover las máquinas para que estén más cerca, organizar la oficina de manera que haya más comunicación entre las personas, y así muchos más. Todos estos cambios añaden eficiencia al proceso, y en algunos casos añaden eficiencia a la empresa en su conjunto. A menudo las empresas están en modo "crisis" cuando empiezan con "Lean". La crisis abarca desde tener que reducir costes de tal modo que si no lo hacen tendrán que cerrar en el plazo de un año, o que tener tanto trabajo que no pueden abarcar más hasta que no conozcan las deficiencias de sus procesos. En ambos casos hago todo lo que puedo para ayudar, y lean funciona de maravilla durante el primer año. ¿Cuál es el problema?

Mi momento llegó cuando el gobierno de Alberta, Canadá me pidió montar un curso online para educar a las empresas en "Lean Thinking". Me pidieron que me centrara en los "líderes" de la organización - el presidente, los directores, y los senior managers- solamente. Se estaban dando cuenta de que las empresas en esa provincia de Canadá debían apostar por un *cambio sustancial* y no quedarse con pequeñas victorias aplicando herramientas Lean.

En Junio de 2012, el Dr. Liker vino a mi ciudad de origen, Winnipeg, Canadá para participar como ponente en una de nuestras conferencias "Lean". Había quedado en recogerle en el aeropuerto, acompañarle en un paseo en barco por el "Red River", después llevarle a la conferencia, en la que iba dar una ponencia de una hora de duración aproximadamente y por último llevarle de vuelta al aeropuerto, todo en el mismo día. Tuve varias conversaciones interesantes con él, pero dos de ellas destacaron sobre el resto.

La primera fue cuando durante la travesía en el rio empezamos a hablar sobre el "Canadian Museum of Human Rights" (en esa época inacabado) que había sobrepasado con mucho su presupuesto inicial, llegando a un coste total de 351 millones de dólares y un retraso de dos años en la construcción. Hablamos de cómo Lean se puede aplicar a todo tipo de industrias, incluyendo la construcción. La segunda conversación fue después de su intervención en la conferencia. Muchos directivos estaban esperando en fila para que el Dr. Liker les firmara su último libro "The Toyota Way to Leadership", cuando unos de ellos le preguntó "Dr. Liker ¿Qué es lo que impide que el "Lean Thinking" se mantenga en algunas empresas?"

Jeff miró al directivo a los ojos y le dijo "En una palabra, Leadership (liderazgo)". La conversación que tuvo lugar después es lo que me tuvo pensando acerca de éste link perdido.

No sé vosotros, pero cuando percibo claridad en mi vida, la capturo estableciendo un nuevo objetivo alrededor de ese nuevo foco. Empiezo a moverme hacia él, con suerte hacia la dirección correcta. Iba en la dirección correcta, y yo lo sabía.

En los meses siguientes, establecí y desarrollé una amistad con Jeff, hasta el punto de tenerle en algunos de los webinars de mi empresa. Esto se convirtió finalmente en un nuevo curso en "liderazgo Lean", www.leanleadership.com. Más tarde decidimos que ésta información era demasiado valiosa para dejarla solamente en un formato de video, el cual era solamente accesible a aquellos que pudieran pagar el curso online y un coach. Decidimos que la mejor manera de expandir la palabra es mediante un libro. Este libro está ahora en vuestras manos, *Developing Lean leaders at all Levels*.

En los 20 años que llevo implementando Lean Thinking no había visto éste tipo de contribución al mundo Lean, es decir, hasta que el Dr. Liker habló en mi ciudad. Simplemente lo había compartido con los demás. A no ser que sepas todo lo referente al Lean, o seas un veterano de 25 años en Toyota (su origen), aprenderás todo lo que necesitas saber con éste libro. Siempre supe que esto se trataba de las personas, pero ¿Que se trataba de las personas que ya hacían Lean?

Jeff describe profundamente las habilidades, comportamientos, patrones y procesos que un manager o líder debe poseer y seguir para conseguir el éxito a largo plazo. Compara éste éxito con el que un atleta o un músico, que utilizan un coach, consiguen al desempeñar sus habilidades. Describe cómo un coach identifica sus puntos débiles de un modo sistemático, de manera que el estudiante puede mejorar su actuación y acelerar su desarrollo en el camino hacia la consecución de su objetivo o su condición. Fuera del mundo laboral, todos deberíamos utilizar un coach si estamos seguros de nuestra habilidad. Resulta que esto es igualmente cierto en el mundo laboral.

Éste libro y la contribución de Jeff al mundo del Lean no es cuestión de suerte. Mientras nosotros vivimos en un mundo que nos bombardea con información, Jeff se ha dedicado, durante sus 32 años de estudio e investigación a profundizar en la filosofía Toyota, para que tú, ya seas estudiante, coach, manager o CEO, sepas lo que tienes que hacer para conseguir el éxito en tu trabajo, sin importar la industria a la que te dediques. Como ejemplo del poder de ésta enseñanza, yo mismo he cambiado mi propia aproximación a implementar la parte física del Lean para desarrollar el liderazgo Lean. Empiezo con los valores básicos de la empresa y tal y como he aprendido de Toyota, enseño a la organización a definirlos claramente. Después empiezo con el primer paso del modelo *Lean Leadership Development*: *Compromiso de Auto-Desarrollo*.

Con los líderes de la empresa buscando ayuda, y reconociendo la necesidad de autodesarrollo, es fácil guiarlos hacia la cima de la montaña. Que concepto tan novedoso; ayudar a aquellos que desean ayuda.

Los cuatro pasos del modelo *Desarrollo de Liderazgo Lean* son:

1. Compromiso de auto-desarrollo
2. Coach y desarrollo de los demás
3. Sustentar el Daily kaizen (mejora continua)
4. Crear visión y alinear objetivos

Yo mismo, como líder Lean no he parado de aprender. Tengo una visión de mi estado ideal por la que estoy trabajando cada minuto de cada día de mi vida. Aprendí de los libros del Dr. Liker en el pasado, y más recientemente, de Jeff como amigo, que después de ir sorteando uno por uno los obstáculos que te impiden conseguir tu objetivo, un día echas la vista atrás y descubres lo lejos que has llegado. Únete al Dr. Liker y a mí mismo a darles la bienvenida a alumnos y coaches de todo el mundo mientras se unen a nuestra comunidad online.

www.LeanLeadership.guru/Community.html.

Debes entender que cuando consigues tu objetivo siempre hay uno nuevo ahí delante, esperándote. Esta es la razón por la que esto será siempre un viaje Lean para mí. Yo he disfrutado de mi viaje hasta ahora. Estoy deseando escuchar tus historias una vez que conectes con este libro y con nuestra red online de practicantes Lean.

Al principio he dicho "Lean rara vez funciona como esperamos", y para algunas empresas nunca funcionará sin el proceso de liderazgo Lean que deben seguir para desarrollar sus habilidades y las de sus subordinados. Esto es por lo que éste libro contribuye como ninguno otro. Llega al corazón del asunto, ¡tú! ¿Qué es lo que puedes hacer para desarrollarte a ti mismo? ¿Qué puedes hacer para desarrollar a los demás? ¿Cómo puedes desarrollar una cultura de mejora continua para conseguir objetivos impresionantes y estar a la cabeza de la competición? Todas esas preguntas se contestan en el interior de éste libro. Todas ellas secundadas con casos estudio.

Agradezco al Dr. Jeff Liker por este regalo, y por permitirme unirme a él para difundirlo por el mundo.

George Trachilis, P.Eng.
President & CEO, Lean Leadership Institute Inc.
www.leanleadership.guru
Author, *OEM Principles of Lean Thinking*
Winnipeg, Canada, 2014

ACERCA DEL AUTOR

El **Dr. Jeffrey K. Liker** es profesor de Ingeniería Industrial y de operaciones en la Universidad de Michigan, Presidente de Liker Lean Advisor, LLC y Consejero y socio en el lean Leadership Institute Inc. Es el autor del Bestseller international The Toyota Way: 14 Management Principles from the World´s Greatest Manufacturer, 2004 y coautor de otros siete libros acerca de Toyota, incluyendo Toyota Culture and The Toyota Product Development System. Sus últimos libros, de 2011, son The Toyota way to Continuous Improvement y The Toyota way to Lean Leadership. Sus artículos y libros han Ganado once premios Shingo for Research Excellence. En 2012 fue investido en la Association of Manufacturing Excellence Hall of Fame.

Las maravillas líder sobre todo, quiere aprender lo más que puede, está dispuesto a tomar riesgos, experimentar, probar cosas nuevas. Él no se preocupa por el fracaso sino que abarca errores, sabiendo que va a aprender de ellos.

Warren Bennis, *On Becoming a Leader*, 1989

CAPÍTULO 1

LIDERAZGO Y LEAN LEAN

Visión General del Lean Leadership y Notas de Gente que Está Haciendo el Curso.

Libro y curso

Este libro es un vivo y espontáneo debate de liderazgo Lean tal y como he llegado a comprenderlo a través de los últimos 30 años, y durante mi colaboración en *The Toyota Way to Lean Leadership*, con Gary Convis, ex jefe de North American Manufacturing and Managing Officer de Toyota. Desde que éste libro vio la luz en otoño de 2011, mis colegas y yo hemos estado impartiendo cursos y trabajando con empresas interesadas en desarrollar líderes Lean. He aprendido a cómo aplicar la técnica del desarrollo del liderazgo que aprendí en Toyota y en otras empresas alrededor del mundo. Éste libro refleja ese aprendizaje adicional, y habla de aquellas personas centradas en la excelencia, que quieren desarrollar líderes altamente capacitados que comparten una filosofía común y que desean crear una cultura corporativa coherente.

En ésta introducción tengo dos propósitos:
- Proporcionar información de antecedentes sobre la historia y conceptos del Lean, que son el centro de desarrollo del liderazgo Lean.
- Proporcionar una visión del curso online que desarrollé con George Trachilis.

Este libro fue el resultado del desarrollo del curso online. Asumimos que no todo el que lea el libro va a hacer el curso, pero aun así, encontrarás útil ver cómo hemos conseguido trasladar el desarrollo del liderazgo Lean en un curso que podría convertirse en modelo para tu empresa. Nuestro objetivo es simplificar el liderazgo

Lean, el cual creemos que está basado en unos principios que se pueden aplicar a cualquier tipo de organización. Los líderes Lean hacen más con menos. Consiguen objetivos que en un principio parecen imposibles, desarrollan equipos e individuos y son capaces de adaptar procesos a pesar de la incertidumbre de su entorno. ¡Te deseamos lo mejor en éste viaje!

Antecedentes sobre el libro y el curso

Me gustaría empezar a contaros acerca de Gary Convis, sobre mí mismo y sobre el curso. He sido profesor de la Universidad de Michigan en operaciones industriales e ingeniería durante más de 30 años. Durante todo ese tiempo he estado estudiando las diferencias entre los sistemas de gestión japonés y americano, específicamente Toyota, esto me llevó a escribir mi libro *The Toyota Way,* en 2004 y una serie de libros más específicos sobre Toyota.

Más recientemente, Gary Convis ha escrito *The Toyota Way to Lean Leadership,* que compila lo que hemos aprendidos en Toyota sobre desarrollo de liderazgo y lo resume como un modelo de cuatro etapas. He recreado esa estructura para éste libro.

Gary empezó su carrera en la automoción en General Motors dónde estuvo un breve periodo de tiempo para unirse después a Ford. Allí trabajó en control de calidad, ingeniería y producción durante unos veinte años. Mientras trabajó para Ford, hizo gala de una serie de hábitos poco habituales para un director de Ford. Pasaba más tiempo en la planta que ninguno de los directores en aquella época, hablaba con los trabajadores, intentaba encontrar la raíz de los problemas. Allí desarrolló contramedidas con sus trabajadores.

Gary hizo algo que no se había oído nunca en la Ford de los años 80, paró la línea de producción porque hubo un problema de calidad. El resultado fue que el jefe de operaciones entró a su despacho dándole una patada a la papelera y atravesando el cristal de la ventana. Esta reacción tan violenta estaba causada porque parar la línea de producción era un pecado en Ford en esa época. Gary estaba avanzando rápidamente en Ford, pero sabía que tenía que haber un camino mejor. Lo que estaba haciendo de forma natural era similar a lo que se hacía en Toyota; sin embargo en Ford se encontró con problemas. Frustrado por sus experiencias en GM y Ford, decidió hacer una entrevista de trabajo en las instalaciones de New United Motor Manufacturing, Inc. (NUMMI). NUMMI era una planta en Fremont, California, una apuesta arriesgada, una planta propiedad conjunta de General Motors y Toyota. Gary se mudó con su familia a California, plenamente consciente del riesgo que corría.

En NUMMI fue formado como un líder Toyota. Toyota manejaba la planta de California, basándose en el Toyota Production System. NUMMI ofrecía la oportunidad de experimentar con el Toyota Production System en una planta de montaje Americana, y trabajando con la United Auto Workers Union. Tras ésta experiencia, Gary ascendió en la jerarquía de NUMMI y finalmente le ofrecieron un puesto en la planta de Toyota en

Georgetown, Kentucky. Se convirtió en el primer presidente americano de la planta. Después continuó ascendiendo en la jerarquía de Toyota y se retiró siendo el Jefe de Operaciones para Norte América, así como gerente ejecutivo de Toyota en Japón.

Cuando dejó Toyota se dio cuenta de que no estaba preparado para retirarse, así que aprovechó una oportunidad para ser CEO temporal, Vicepresidente y finalmente consejero de Dana Corporation. Ayudó a Dana a sobrevivir a la crisis de la emergente bancarrota durante la Gran Recesión. Gracias a Gary y al liderazgo de su colega, el presidente John Devine, Dana volvió a ser financieramente solvente. Utilizamos éste ejemplo como un caso estudio sobre otro tipo de liderazgo. Después Gary se fue como COO a Bloom Energy Corporation, una empresa centrada en energía respetuosa con el medio ambiente, y se ha retirado por tercera vez.

Conocí a Gary cuando estaba considerando retirarse de Toyota y me preguntó si me gustaría colaborar con él en un libro. Quería compartir con empresas de todo tipo alrededor del mundo todo lo que había aprendido en Toyota, Ambos llegamos a la conclusión de que la clave del éxito de Toyota, así como de otras empresas que estaban tratando de aprender Lean, Six Sigma y The Toyota way, era el liderazgo.

Enseñar liderazgo Lean es un reto, especialmente en masa, pero creemos que es posible combinar la experiencia online con el trabajo de "campo". También es posible ejercer de coach online mientras se trabaja en proyectos reales en la empresa. La clave, de nuevo, es el coaching, la calidad de los coaches, la relación que se desarrolla entre el alumno y el coach. Simplemente escuchándome hablar o leyendo éste libro no te llevará a desarrollar habilidades y la mentalidad necesaria para el liderazgo Lean.

George Trachilis dice "Es posible, se ha hecho, lo he hecho. Estoy deseando trabajar con nuestros coaches y contigo, Jeff, para hacer de esto otra gran experiencia".

"Gracias George", le digo yo, ya que es él es quien detrás de la escena organiza a los coaches, así como reuniones y webinars semanales, en muchos de los cuales yo participo. La manera en que los coaches trabajan con los alumnos para darles feedback y guía es fundamental para el proceso de mejora continua de cada alumno.

Qué pretende conseguir el curso online

Cuando empezamos el curso online, George y yo nos planteamos objetivos nobles. Todos los que terminen el curso tendrán reconocimiento, incluyendo certificados y cinturones de diferentes colores. Para aquellos de vosotros familiarizados con Six Sigma, decidimos seguir ese modelo desde el cinturón amarillo hasta el negro de maestro. Quizá os parezca inusual, ya que Toyota no utiliza éste tipo de reconocimiento y yo, a veces, he sido contrario al mismo, pero los cinturones ofrecen un reconocimiento y reflejan un aprendizaje profundo y un pensamiento adelantado.

El propósito empieza con nuestro deseo de enseñar la auténtica filosofía del Liderazgo Lean. La filosofía, tal y como Gary y yo aprendimos es diferente de las técnicas. Ésta es la razón y estos son los principios que estas tratando de conseguir como líder lean.

Tanto George como yo, hemos visto empresas que estaban luchando por tratar de conseguir el tipo de cultura necesaria para fomentar la Mejora Continua. Hemos visto implementar muchas herramientas con poco éxito y a veces los resultados no se sostenían. Hemos llegado a la conclusión de que el ingrediente que faltaba era el liderazgo Lean.

El liderazgo Lean debe extenderse desde los niveles ejecutivos y bajar hasta los supervisores y a lo que Toyota se llama "team leaders", trabajadores de producción a los que se les da papeles de liderazgo. Queremos expandir esto a nivel mundial, pero para ello hay un límite en los cursos "cara a cara". Al editar éste libro estamos intentando acelerar la verdadera transformación lean. La verdadera transformación lean significa seguir la filosofía, desarrollar a las personas, desarrollar la cultura en el interior de la empresa de manera que, siguiendo esos principios, sea capaz de reaccionar de manera apropiada hacia la consecución de sus objetivos empresariales, al mismo tiempo que mejora cada día en el servicio al cliente.

A parte de con éste libro, estamos intentando conseguir esto a través de un curso online muy accesible. De hecho, la génesis de éste libro fue transcribir lo que yo decía en el curso online. Después se mejoró con feedback y aportaciones de otros, especialmente de George.

Para mí, el curso online es una preocupación, porque la parte más importante de la filosofía de The Toyota Way, es contar con el apoyo de un coach, no solamente escucharme a mi hablar en un video o mirar transparencias de PowerPoint^{TM}.

George y yo hemos desarrollado una red de coaches altamente cualificados, gente con vivencias. Requerimos un mínimo de 10 años de experiencia y que hayan desarrollado herramientas, que hayan estudiado el libro, y que, con la ayuda de un mentor (quizá de su empresa), haya llegado a ser un Líder Lean. Es lo que llamamos un maestro, cinturón negro. Su papel es darte, como alumno, un seguimiento personalizado.

El seguimiento será menos extenso en el nivel de cinturón amarillo y se volverá más exigente en los niveles de cinturón negro y maestro cinturón negro. Además, estos líderes te facilitarán un método que combinará el curso online con lo que estás haciendo actualmente en el gemba. Habrá guías, instrucciones, formularios de feedback y muchas oportunidades de aprender con tu coach.

Condiciones de los cinturones Liderazgo Lean

La categoría de cinturón verde incluye, observar, escuchar y varias pruebas. Hay actividades específicas que puedes realizar en ciertas partes del curso y algo de trabajo para casa. Pero más importante todavía es el proyecto que acometas bajo la vigilancia de tu coach. Este proyecto debe tomarte entre tres y seis meses. Pero ¿Qué pasa si empiezas el curso pensando que vas a conseguir todo lo que te propones, pero no funciona? En ese caso tenemos el cinturón amarillo.

En la categoría de cinturón amarillo, tendrás una comunicación menos intensa con tu coach. Seguirás el curso, realizarás las pruebas y aprenderás con el material tal y como harías en un curso cualquiera. Reconocemos que habrá una porción de alumnos en ésta categoría, aunque no es lo que buscamos si queremos un desarrollo profundo de nuestras habilidades.

Habrá una gran variedad en el punto en el que comenzarán nuestros alumnos, lo cual es una ventaja para poder individualizar las instrucciones online. Cada uno seguirá su camino. Hemos tenido alumnos que están aprendiendo a ser consultores por ellos mismos, han dejado sus empresas, tienen experiencia en lean y ahora quieren enseñar y ayudar a otros a desarrollarse. Por otro lado, tenemos empresas que nos están pidiendo comenzar a un nivel alto en su organización.

Cuando se consigue esto dentro de una empresa, representa oportunidades muy interesantes. Porque, por un lado piensas cómo estas desarrollando nuevos líderes; por el otro, ¿Cómo quieres desarrollar esto de una manera estratégica?, ¿Desarrollando una masa crítica de líderes en partes específicas de la empresa? Podrías empezar haciéndolo desde los niveles superiores, empezando por los niveles ejecutivos y después seguir escalón a escalón. Entonces, los de arriba se convierten en formadores y forman a la gente de un nivel más bajo. Este es el sistema que utiliza Toyota para enseñar el Toyota Way, para enseñar su metodología de resolución de problemas llamado Toyota Business Practices y su método de coaching llamado On-The-Job Development

Aprendiendo a vivir el "True North": El modelo de desarrollo del Liderazgo Lean

Cuando empecé a estudiar Toyota en 1983, no existía nada conocido como "Toyota Way". Fujio Cho lo introdujo finalmente cuando fue presidente de Toyota en 2001. Pasó muchos años en América, como presidente de la planta de Georgetown, Kentucky y fue allí donde identificó la necesidad de crear específicamente el Toyota Way. La gente en Japón lo aprende en su trabajo y casi siempre pasan su vida laboral trabajando para Toyota. La gente fuera de Japón, que no tiene tanta intensidad de entendimiento en su equipo de trabajo, necesita una manera de aprender más específica. El modelo es simple, con sólo dos pilares: Mejora continua y Respeto por la personas.

Toyota reconoce que el ideal de que cada uno pueda mejorar sus procesos y a sí mismos, es realmente un sueño. Lo llaman "True North" porque ofrece una visión inalcanzable de lo que debería pasar en un mundo ideal. Nunca vas a ser perfecto, pero puedes buscar la perfección.

Fujio Cho describió el Toyota Way como "un ideal, un estándar y un faro guía para las personas de la organización global Toyota". Hablan de un solo Toyota. Lo que significa que todos los trabajadores Toyota están guiados por la misma visión "True North". Están consiguiendo trabajar hacia esa visión. Consiste en una serie de valores que forman el centro de nuestro modelo de desarrollo de liderazgo, de lo que hablaré a continuación. Somos conscientes de que cualquier tipo de desarrollo de personas debe comenzar con ciertos valores y propósitos. Por ejemplo, el propósito de la empresa debería ser satisfacer, sorprender y deleitar a sus clientes con un continuo desarrollo y ser un negocio sano.

Tu propósito cómo individuo es vivir esos valores y continuar desarrollándote para contribuir mejor a la sociedad, a tu empresa o la organización para la que trabajas y tu familia. En el caso de Toyota, estos valores empiezan con **Estímulos**. Toyota cree que la gente necesita estímulos para llegar a mejorar hasta el extremo del que son capaces. Se necesitan, además, habilidades y confianza para aceptar los nuevos retos con entusiasmo y energía.

El siguiente valor es el desarrollo de una **Mente Kaizen**, (ya piensas en términos de mejora). Abiertamente revelas cualquier imperfección, cualquier desperdicio, cualquier cosa que no encaje con el ideal. Una creencia relacionada directamente con Toyota, es que la mejora continua depende de la implicación de la dirección para **Ir y Ver** las cosas de primera mano. Hay que ir al Gemba para conocer los hechos. Allí es donde el trabajo se hace, donde los clientes están probando el producto o donde tus proveedores están creando tu producto. Allí es donde puedes crearte una visión clara de la situación, a través de la observación sistemática de lo que allí ocurre.

Toyota cree en el **Trabajo en Equipo**. Toyota tiene una visión compleja del trabajo en equipo, que incluye, tanto individuos que están desarrollando a otros, como individuos que están desarrollándose trabajando juntos. El equipo será más fuerte que los individuos, pero obviamente será más fuerte cuanto más aprendan los individuos que lo forman. El desarrollo del equipo y el desarrollo individual están estrechamente ligados.

Finalmente el **Respeto** debe estar presente en todo lo que hagas y con cada persona con la que interactúas.

Estos cinco valores son el centro de nuestro modelo de Lean Leadership. Hay cuatro etapas en la evolución de una empresa para desarrollar estos valores y que ellos sean la verdadera fábrica de la cultura.

Para trabajar hacia tu propia perfección necesitas estar comprometido con tu propio desarrollo. Esto es la Fase I. Necesitamos aprender, paso a paso, como vivir los valores *True North*. No podemos pasar de ser un violinista aficionado a ser un virtuoso concertista. En algunas empresas, a los líderes se les envía durante un par de semanas a cursos universitarios; asisten a reuniones externas y se les asigna una serie de retos en diferentes departamentos de la empresa para que se hagan una visión general de la misma. No se les asigna el tiempo necesario para que desarrollen las habilidades específicas que necesitan, tanto para mejora continua como para respetar a la gente y vivir siguiendo los valores.

Al empezar a desarrollarte a ti mismo, deberías empezar la Fase II, coach y desarrollo de los demás. La clave para ser un líder es desarrollar a otros. Tu objetivo como Lean Leader no es forzar a los demás a seguir tu camino, sino desarrollarles de tal forma que sean capaces de contribuir a la empresa de la forma adecuada, guiados por la cultura corporativa. Así entenderán los valores profundamente y se esforzarán en su propio desarrollo.

Conforme avance el tiempo, te estarás esforzando en alcanzar el nivel del Daily Kaizen, la mejora continua, Fase III en nuestro modelo. Como líderes de grupo y de desarrollo de equipos, se consigue que el equipo de trabajo llegue a ser independiente.

En la Fase IV puedes conseguir objetivos complicados, que estén alineados con la organización y de arriba abajo. En Japón, éste método de alineación se llama *Hoshin Kanri*. Toyota no es la única empresa que utiliza éste método. Éste método es parte del *Total Quality Management*, y es el método que Toyota ha adoptado para alinear objetivos en su grupo empresarial año tras año. No puedes alinear objetivos y esperar obtener resultados, a menos que tengas una organización con personas que dominen sus habilidades, sus conocimientos y que tengan la motivación suficiente para conseguirlos.

Con todo esto os he revelado el fondo del curso, os he dado parte de los fundamentos del modelo de desarrollo de liderazgo que vamos a enseñaros. A los alumnos se les pedirá que pasen por estas fases para desarrollarse, tanto ellos mismos, como a otros.

Utilizar un coach para auto-desarrollo

Aquellos que leáis el libro, pero no sigáis el curso, podéis pensar en cómo podéis simular el proceso de conseguir el cinturón verde. El primer propósito para alcanzar el cinturón verde como estudiante es entender claramente las características de un Líder Lean. Debes también tener claro el concepto de lo que hace falta para desarrollar a un Líder Lean; lo que necesitas para llegar a ser tú mismo un Líder Lean. Después necesitas empezar a progresar empezando con la fase del auto-desarrollo, el mayor foco del curso y de éste libro. Proporciona los cimientos para desarrollo de los demás, soporte del daily kaizen y finalmente tener a tu organización alineada a través del Hoshin Kanri.

Para aprender trabajando, deberías estar liderando un proyecto actualmente en el Gemba, utilizando un proceso estructurado de resolución de problemas. Te pediremos que te centres, no solamente en el proyecto de mejora y de consecución de objetivos, sino también en tu propio desarrollo como líder Lean. ¿Estás trabajando en tus criterios day-to-day? ¿Estás interactuando con los demás? ¿Cómo estás consiguiendo información? ¿Estás asignando las tareas a las personas adecuadas? ¿Te aseguras de que tu equipo progrese, tanto en su aprendizaje como en el proyecto? Para que controles todo esto te vamos a pedir que lleves un diario en el que simplemente anotes pequeñas reflexiones diarias de tus experiencias lean. Éste diario, deberías compartirlo con tu coach. Éstas anotaciones te ayudará a diagnosticar cómo vas en el proceso de formarte cómo un Líder Lean.

Una herramienta clave para compartir el progreso de tu proyecto con tu coach es la versión A3. A3 es simplemente el tamaño de la hoja de papel 29,7x42 cm. La idea no es el tamaño del papel, sino que puedas desarrollar la versión de principio a fin en esta pieza de papel. No se escribe durante un solo día, sino que es una evolución cuadricula a cuadricula, del progreso con tu coach durante el proceso.

En lo que se refiere a la resolución de problemas, nos centramos en el procedimiento Plan-Do-Check-Act. El primer paso es definir el problema. Este podría revisarlo tu coach. Él te hará preguntas que te desafíen, y te sugerirá tareas adicionales que te ayudarán en tu desarrollo. El coach te dará feedback y seguirá la evolución para ver si funciona lo que has probado. Todo esto hará que la relación con tu coach evolucione de modo muy favorable.

Tu coach te guiará a través de un proceso que hemos definido y que seguiremos mejorando, a través del cual seguirás la evolución del proceso de resolución de problemas empezando ya desde un nivel alto y comprendiendo la situación. Después, con tu coach, definirás un proyecto que sea apropiado para ti y que sea posible de completar en pocos meses. Debe tener un significado para ti, ya que será el vehículo que te ayudará a desarrollar tus habilidades Lean. El contenido del proyecto, o incluso los resultados, son menos importantes que lo que llegas a aprender.

Define el Problema

En la primera fase de definición del problema, se exige un gran nivel de abstracción. El siguiente paso es crear un equipo con el que vas a trabajar para avanzar en el proyecto. Debe incluir a alguien en el equipo de dirección que pueda ayudarte a romper las barreras que surjan en el camino hacia la consecución del objetivo. También te dará feedback adicional en el papel que estás haciendo como líder.

El proceso de solución de problemas de Toyota es conocido como Toyota Business Practices. Éste procedimiento de ocho pasos estipula un modelo para todos los niveles de Toyota. No hace falta que utilices el procedimiento Toyota, pero necesitarás incluir sus elementos clave. Por ejemplo, tu estrategia de resolución del problema debe definir cuidadosamente el problema y debes trabajar para comprender la causa o causa raíz. Finalmente, el coach debería centrar la mayor parte de su atención en tu auto-desarrollo. Empezarás a ver las otras tres fases del Liderazgo Lean, pero fundamentalmente, debes liderar un procedimiento de resolución de problemas. Esto es auto-desarrollo. Y es aquí donde debes gastar la mayor parte de tus energías. Mientras llevas a cabo éste proyecto, liderarás un equipo de personas, tu papel será desarrollarlas y ser su coach.

Durante el proceso, para comprobar lo que haces en el Gemba, te pediremos que desarrolles un sistema visual de mando rudimentario, así como la cadencia de la resolución de problemas, mediante reuniones periódicas. También te pediremos que identifiques la clave de actuación de los indicadores y los siguientes pasos a seguir para otros problemas. Será como una mini versión de Hoshin Kanri.

Los Principios Lean

Antes de definir el liderazgo lean, tenemos que definir Lean y sus principios. Vamos a utilizar la filosofía Toyota como modelo. No vamos a entrar en detalle sobre las herramientas. Hay un curso online Principles of Lean Thinking (www.Lean.ca) en el Lean Leadership Institute que cubre la herramientas básicas, así como una amplia variedad de libros, algunos de los mejores, en el Lean Enterprise Institute.

Después de que sepas lo que es Lean, y la historia de su evolución en Toyota, comprenderás sus principios. En el Capítulo Dos te daremos un juego de herramientas para tu proyecto, incluyendo resolución de problemas y el método informe A3. Existen herramientas adicionales que son necesarias en cualquier buen proyecto Lean, incluyendo (standard work) trabajo estandarizado y gestión visual (Capítulo Tres).

Después pasaremosmos al modelo de los cuatro pasos (capítulos del cuatro al siete): Compromiso de auto-desarrollo, desarrollo de los demás, soporte a grupos de trabajo, y alineación de objetivos hacia una visión común.

Finalmente en el Capítulo Ocho, ligamos los conceptos a través de la historia de cómo Toyota desarrolló la sucursal Scion, la cual fue diseñada para atraer a los jóvenes Americanos bajo la marca Toyota. Toyota comenzó estratégicamente lo que llegó a ser Scion. Pasaron un tiempo intentando comprender al consumidor, entonces definieron las bases para que Scion pudiera satisfacer a los jóvenes americanos. Después tuvieron que definir las características de su funcionamiento y los sistemas Lean de forma que pudiera satisfacer a sus clientes. Veremos cómo todo el proceso se integró desde la estrategia hacia la excelencia.

Estos son los aspectos que cubre el libro, pero en lo concerniente a nosotros, estás solamente comenzando el camino que te llevara a ser un Líder Lean. Esperamos guiarte hacia un buen comienzo y en la dirección correcta. No podemos obligarte a seguir con el esfuerzo, más que puede forzarte un entrenador personal a trabajar y comer correctamente cada día para el resto de tu vida. Deseamos sinceramente que aproveches ésta oportunidad y todos los recursos a tu disposición, para que esto sea un comienzo en tu desarrollo como líder. Necesitamos muchos como tú para que el mundo pueda mejorar continuamente.

Esperamos poder seguir formándoos. Habrá una gran variedad de recursos disponibles, más allá del coach y del curso online. Uno de ellos es nuestra red online de consultores y profesionales en www.Leanleadership.guru/Community.html

También te sugerirnos que leas un segundo libro, *Managing to Learn*, de mi colega John Shook, que trabajó durante años para Toyota en Japón. Allí aprendió el proceso de resolución de problemas A3 guiado por el Toyota Way. Otro acercamiento, que provee un marco muy estructurado para la práctica de Lean es el libro *Toyota Kata* de Mike Rother. También represento en Linkedin el grupo Toyota Way y tengo una página pública en Facebook. En todos esos grupos tenemos debates y también puedes enviarme tus comentarios. Esperamos que saques partido de todos estos recursos.

¿Qué es Liderazgo Lean?

La principal cuestión que abordamos en éste curso es "¿Qué es el Liderazgo Lean y qué hace falta para desarrollarlo?" Lo que voy a hacer es explicarte lo que Gary Convis y yo hemos aprendido durante 30 años y el modelo que hemos desarrollado para resumirlo. Como antecedentes, voy a ofrecerte una visión de conjunto de *The Toyota Way* y su "4P Model" como lo presentan en *The Toyota Way*. Esto te ofrecerá un contexto para comprender el Liderazgo Toyota.

Imagen 1-1. *The Toyota Way*   **Figure 1-2.** *Good to Great*

Al final del libro *The Toyota Way*, hay una referencia al trabajo de Jim Collins. Lo que hablamos en éste pequeño sumario es lo que llamamos Liderazgo "Nivel 5". Cuando estaba escribiendo el último capítulo de *The Toyota Way* (ver imagen 1-1) un estudiante de doctorado me llamó y me preguntó "¿Ha leído *Good to Great*? (ver imagen 1- 2), cosa que no había hecho. Me dijo "tiene que leer acerca del nivel 5 de liderazgo, porque suena exactamente igual que el liderazgo Toyota". Lo leí y añadí una pequeña parte en el último capítulo de mi libro. Después tuve la oportunidad de leer el libro entero con más detalle. Fue una revelación para mí. Grité: "¡Dios mío, está hablando de Toyota!"

De hecho, Jim Collins no había estudiado a Toyota, ni siquiera empresas Japonesas. Describía grandes empresas Americanas y cómo estas Grandes empresas superaban financieramente, década tras década, a sus competidoras. Lo que es más, se hacía una pregunta. "¿Qué es lo que las hace grandes? ¿Cuál es la diferencia entre las empresas que lo hacen bien y las grandes empresas?".

Sintetizó una lista de características en ese libro. Me di cuenta de que estaban en consonancia con lo que yo estaba intentando explicar cómo los principios de *The Toyota Way*. Toyota comienza con una focalización en los clientes. Jim Collins hablaba de la pasión por darles valor a los consumidores. Decía que las grandes empresas empiezan por ahí. No empiezan pensando ¿Cuándo dinero vamos a ingresar éste trimestre? Ni ¿Cuál va a ser nuestro próximo producto estrella? Las grandes empresas empiezan pensando ¿Quiénes son nuestros clientes y que podemos hacer para solucionar sus problemas, añadir valor al producto de la forma que ellos necesitan, y de forma que superemos a nuestros competidores?" El cliente es siempre el centro.

Internamente, las grandes compañías crean valores base que van más allá de los beneficios a corto plazo. Por supuesto, el primero y primordial es satisfacer al cliente, obviamente, queremos hacer negocio. El segundo es "¿Estamos creando el entorno de trabajo correcto para que nuestros trabajadores crezcan y tengan una buena calidad de vida? Deberíamos conseguir que los miembros de nuestro equipo sean mejores cuando dejen la compañía que cuando llegaron a ella"

Estas empresas tienen pasión por la excelencia, empezando por el CEO, el cual en la mayoría de las grandes empresas es también el fundador. Por ejemplo, Walt Disney, como fundador de Disney Corporation estaba obsesionado con esta pregunta: ¿Cómo puedo crear algo grande, que me sobreviva y que sea mi legado? Para él todo tuvo mucho que ver con hacer realidad su sueño. "Primero sueño, comparo mis sueños con mis creencias, tomo riesgos y ejecuto mi visión para hacer esos sueños realidad" Disney construyó mucho más que una empresa, creó un legado, una gran empresa que le sobrevivirá durante mucho tiempo.

Para continuar su legado, las grandes empresas forman líderes que puedan sucederles, a los que les apasione la empresa tanto como a los propios fundadores, que se compromete con los clientes y con la cultura que se ha creado. Es muy difícil crear ese nivel de compromiso en un CEO al que has fichado de otra empresa, en la que se dedicaba, por ejemplo a incrementar el valor de las acciones en tiempo récord.

Los líderes necesitan estar comprometidos, durante su vida laboral, con su empresa. Esto no significa que no puedan tener una vida fuera del trabajo, pero seguro que te has dado cuenta que conforme van subiendo en la empresa, la gente pasa más tiempo en la oficina y menos tiempo con su familia.

Se obsesionan con adaptarse al entorno. El estudio de ese entorno es muy importante. Si trabajas en Walt Disney, por ejemplo, tienes competidores en tu industria, como otros parques temáticos. De ese modo, sabes todo acerca de los otros parques, como piensan, lo que piensan y probablemente qué es lo siguiente que van a hacer. No te interesas por la industria del automóvil, ni por los semiconductores, ni por hospitales. Te interesas por tu negocio. No eres un CEO estándar que puede ir a cualquier negocio, sino un experto en tu sector.

Collins también utiliza los términos "MáS" y "O" como opuestos pag 22, un concepto que es clave para el *kaizen*. Si le sugieres a tu jefe que puedes obtener productividad "O" calidad, él te va a preguntar ¿Por qué no ambas? ¿Qué es lo que te hace pensar que debes renunciar a una de las dos? Por favor, consigue las dos.

El líder sabe que es posible alcanzar las dos, y está absolutamente convencido de ello porque lo ha conseguido varias veces durante su carrera. Una de las frases que hizo famosa Walt Disney es: "Si puedes soñarlo, puedes hacerlo"

La particularidad de Collins de que las grandes compañías innovan mediante la experimentación y el aprendizaje me asombró, porque el paradigma estándar de la innovación es el creador único. El creador de repente tiene un momento Eureka que le lleva a un prototipo, que después llega al mercado mediante el proceso de comercialización.

Historia de The Toyota Way

Cuando estudio la forma de pensar de los líderes de las grandes empresas americanas, los paralelismos con Toyota son increíbles, lo que sugiere que el gran liderazgo es universal. Vamos a echar un vistazo a la historia de Toyota y lo que la llevó a ser una gran empresa

Imagen 1-3 foto de uno de los primeros telares automáticos y de su inventor, Sakichi Toyoda

¿Dónde empezó Toyota Way como empresa, sobre cómo mejorar procesos, sobre el papel de los líderes? Yo empecé con Sakichi Toyoda, que fue el fundador de Toyoda Automatic Loom Works, Ltd (imagen 1-3)

Puede que conozcas la historia de los telares de madera de Sakichi Toyoda y su motivación para crearlos. Era el hijo de un carpintero muy humilde en un remoto pueblo arrocero, observó que las mujeres del pueblo se dejaban los dedos tejiendo ropa para que sus familiares la vendieran, y todo esto tras un día de duro trabajo. Su misión era ayudarlas a reducir ese trabajo. Fue capaz de inventar el telar porque era carpintero y conocía la madera.

Tenía una gran habilidad para el trabajo de artesanía, era imaginativo, podría pensar soluciones inteligentes y después hacerlas realidad con sus propias manos. El primer telar que creó era muy sencillo, utilizaba la gravedad. Veía a las mujeres trajinar atrás y adelante con unos hilos y después con sus propias manos debían empujar una pieza de madera para apretarlos. Pensó que posiblemente la acción de empujar la pieza de madera atrás y adelante podría hacerse con la gravedad. Creó una rampa de madera y un sistema de pedales. Con los pedales, podías hacer que la pieza se deslizara atrás y adelante y eliminar así la mitad del trabajo. Como resultado, las mujeres eran tres veces más productivas.

Éste era un buen ejercicio kaizen y se convirtió en una verdadera necesidad. Vino de alguien que había invertido tiempo en conocer el trabajo de la madera, que había estudiado los telares, que tenía habilidades manuales y podía hacerlo con sus manos gracias a sus conocimientos. Después lo mejoró, y volvió a mejorarlo. Su visión de crear un telar totalmente automático. 38 largos años después, el telar "modelo G", el primer telar automático del mundo, se vendió a los hermanos Platt en Inglaterra, una de las pocas innovaciones japonesas que se exportaron en aquella época. El telar estaba a años luz por encima de lo que se hacía en la época. (Ver http://youtu.be/1SBxxIbeMgU).

Lo que hizo fue inventar una solución para un problema específico y lo hizo basado en la experimentación rápida, lo que ahora llamamos PDCA. Es más, evolucionó de la nada al primer telar automático del mundo. Lo que le movía no era una idea brillante, sino solucionar los problemas de las personas que trabajaban. No sabía lo que se iba a encontrar más allá de éste primer telar hasta llegar al telar automático, pero sabría que tras ese primer problema habría un siguiente problema, después otro y así, si seguía solucionando los problemas que iban surgiendo, se iría acercando a su visión.

Una de sus innovaciones más conocidas vino gracias a uno de esos problemas. Conforme los telares eran más potentes y semiautomáticos, las personas desempeñaban un papel más pequeño, normalmente observar y correr a corregir un problema cuando el telar se averiaba. Si un simple hilo se rompía en el proceso, todo el material desde ese punto sería defectuoso. Cuando uno de los trabajadores se daba cuenta de que esto sucedía, apagaba la máquina, quitaba el tejido defectuoso y volvía a fijar el telar. Los trabajadores necesitaban estar al lado de la máquina y controlarla, lo cual a Sakichi le parecía una terrible pérdida de tiempo.

Su contramedida fue lo que él llamo Jidoka. Cuando un hilo se rompía, una pesa caía y apagaba la máquina automáticamente. Esto liberaba a la persona de estar observando la máquina; con lo que una sola persona podía observar varias máquinas a la vez y reaccionar ante cualquier imprevisto. La persona pasó a ser un solucionador de problemas, no un controlador. Esto se convirtió en la creación del famoso andon system de Toyota, tirar de un cordón y parar la producción bajo cualquier cambio de las condiciones estándar de producción. Pensó el porqué del problema y lo que se podía hacer para solucionarlo.

Los valores fundamentales de Sakichi Toyoda son todavía el fundamento de Toyota hoy en día, contribuir a la sociedad, el cliente siempre es lo primero y la empresa después, el respeto hacia las personas, el conocimiento de tu empresa de dentro a afuera, ensuciarte las manos, trabajar duro, construir con calidad, la disciplina, trabajo en equipo y la constante innovación hacia la consecución de una visión.

Sakichi pidió a su hijo que hiciera algo grande para la sociedad, más allá de los telares. Kiichiro eligió los automóviles, un reto mayor dado que empezaron prácticamente desde cero, y que compañías americanas como Ford dominaban el mercado. En un seminario Kiichiro dijo:

Planeo reducir el tiempo de nuestros procesos de trabajo...como principio básico para conseguirlo, voy a defender el enfoque de "Just in Time"

Podría haber dicho eso mismo hoy y tener un ejército de consultores detrás, o podría haber tenido mi libro y los demás del LEI (Lean Enteprise Institute) y todo el mundo hubiera sabido a lo que se refería acerca del Just-In-Time. Sin embargo, estábamos en 1939 y el concepto del Just-In-Time no se había inventado. Él lo inventó. Tenía una visión que no sabía cómo conseguir, al igual que el telar automático. La persona que guio a los demás e hizo realidad ésta visión fue Taiichi Ohno, un genio de la fabricación. (Ver imagen 1-4)

Taiichi Ohno y su equipo aceptaron el reto de Toyota de trabajar sin Descanso para desarrollar el Toyota Production System, paso a paso, a través de kaizen repetitivo.

Imagen 1-4. Foto de Taiichi Ohno

Taiichi Ohno y su equipo aceptaron el reto de Kiichiro Toyoda de trabajar sin descanso hasta desarrollar el Toyota Production System... a través del sistema de resolución de problemas al igual que hizo Sakichi Toyoda. (Pie de foto)

Él y su equipo aceptaron el reto de Kiichiro de conseguir el Just-In-Time, además de un objetivo "casi imposible"; alcanzar la productividad de Ford en tres años, teniendo en cuenta que Ford era nueve veces más productivo, con una producción de más de un millón de coches al año. En ese momento, Toyota estaba construyendo unos pocos miles de coches con mayor variedad de modelos.

¿Qué es el TPS?

Uno de los primeros experimentos de Taiichi Ohno fue crear células de fabricación en forma de V. Su objetivo era conseguir la misma productividad en cualquier nivel y tener flexibilidad para ajustarse a las demandas de los clientes. Aprendió a cómo llevar la célula con una, dos o seis personas dependiendo de la demanda. Sin embargo, se tropezó con un muro. Pidió a los miembros de su equipo que aprendieran varios puestos, a utilizar una broca, a manejar un torno... pero no querían. Se sentían mejor siendo expertos en un solo tipo de máquina.

Esto ayudó a Ohno a aprender cómo influenciar y motivar a los trabajadores. Se dio cuenta de que tenía que estar con la gente en la planta, preguntándoles, observándoles luchar, retándoles y aprendiendo a ser coach. Esto fue el principio del Toyota Production System (TPS), (ver imagen 1-5). Más tarde aprendió que para tener una célula productiva, necesitas trabajo estandarizado. También es necesario encontrar una manera de formar a los trabajadores. Un tiempo después descubrió y adoptó el método de formación americano Training Within Industry (TWI). Debías conectar la célula con otros procesos más distantes de la célula.

Una vez más, con el paso del tiempo, las piezas de Toyota Production System, las piezas del puzzle empezaban a encajar. Por último, se han puesto por escrito, por encima de las objeciones iniciales de Taiichi Ohno.

Imagen 1-5 Visual del Toyota Production System (TPS)

¿Por qué ponía Ohno objeciones a un simple diagrama? Bajo el punto de vista de Ohno, el Toyota Production System era un foco vivo de conocimiento que evolucionaba, era las ideas de las personas mientras estaban en el Gemba, descubriendo las debilidades, aprendiendo a superarlas mediante el proceso de mejora, y desarrollando sus propias capacidades. Temía que si se escribía se convirtiera en algo estático y que el kaizen terminaría. Ohno era famoso por romper cualquier papel en el que veía alguna imagen del Toyota Production System; solía decir: "Si lo escribes, lo destruirás"

Más tarde en su vida, Ohno aprendió a relajarse y permitía que la gente lo anotara y lo representara como una casa, porque una casa es un sistema. Si eliminas la estructura que sostiene el tejado, éste se desmorona. Si el tejado es débil, tendrá goteras. Si los cimientos son pobres, la casa en su totalidad se caerá. Cada parte es necesaria para que el sistema funcione. Y en el centro del sistema están los trabajadores mejorando continuamente.

Los dos pilares los reconocerás como la contribución de Sakichi Toyoda y Kiihiro Toyoda. Sakichi Toyoda introdujo el Jidoka, traducido hoy en día como "Parar y solucionar el problema" o "Resolver el problema cuando aparezca", para él fue crear un telar que se parara cuando detectaba un problema. Después tenemos el "Just-In-Time" de KiichiroToyoda: la pieza correcta, en el momento apropiado, con la cantidad correcta para el cliente, todo ello con el mínimo desperdicio. Lo ideal sería un flujo perfecto de piezas con la calidad perfecta para tu cliente, lo cual es un sueño imposible, si te paras a pensarlo. Si puedes imaginar cualquier tipo de servicio que funcione el 100% del tiempo, tienes algo mejor de lo que he visto nunca.

El objetivo no era implementar Just-In-Time. El objetivo era que Just-In-Time fuera una visión o un ideal, al igual que Jidoka, que significaría cero defectos, que todo lo que haces es perfecto. Esto es kaizen. Kaizen es buscar la perfección, es una tarea que nunca termina porque la perfección no se puede alcanzar.

En la base de la casa los cimientos son la estabilidad operacional. Esto incluye gente disciplinada que sigue un trabajo estándar. Ello requiere un equipamiento bien mantenido, lo cual significa tener a gente muy preparada que haga un trabajo preventivo de mantenimiento, que aprenda a solucionar los problemas con los paros de cada máquina. El control de la producción tiene la función de trabajar para crear una programación nivelada (heijunka), nivelada en volumen y en mix. Sin embargo, heijunka es realmente otra visión que se consigue a través de trabajar constantemente para reducir la variación en el horario, en la gente y en los procesos. Todo ello para conseguir un sistema que desafíe los estándares y que sea cada vez más potente.

Aquí se ve claramente porque las personas son el centro. Son los que deben tener el control y la disciplina para conseguir que cada aspecto del sistema pase por el kaizen y siga los nuevos estándares. Si la gente deja de pensar y simplemente se dedica a ejecutar lo que los expertos dicen, entonces el sistema fallará si esas condiciones cambian. Las personas en el puesto de trabajo son la única fuente creativa que se adapta continuamente al proceso.

Como ejemplo, imagina un piloto que tiene un plan de vuelo y se le dice que, pase lo que pase, debe seguir el plan; incluso en medio de una tormenta, debe seguirlo. Pero ¿qué pasa si el avión se va a caer? Necesitas que el piloto siga los estándares en muchas de las circunstancias, pero que se adapte a todo, dentro y fuera de las condiciones estándar.

Las personas son el centro del TPS, y necesitan líderes que les ayuden a motivarse para ser más efectivos, para seguir los estándares y mejorarlos. Muy pocas personas tienen la auto-disciplina para estar continuamente tratando de mejorar.

La filosofía Lean se ha convertido hoy en día en un movimiento a nivel global, pero desafortunadamente, lo que vemos más a menudo en las empresas es una sombra del Toyota Way o el Toyota Production System. Por ejemplo, entramos en una fábrica, una oficina o un hospital y vemos tableros, gráficos y sistemas Pull para reposición de piezas; pero normalmente es de cara a la galería. Si profundizamos para intentar comprender lo que hay detrás solamente encontramos normas y valores.

Las normas y los valores a menudo se traducen en: "Sigue las normas y consigue el objetivo". Se crean por expertos que son "cinturón negro" liderando proyectos. Esto es lo que llamamos burocracia. La burocracia estricta es lo que Frederick Taylor creó en su sistema de gestión científica. Él tenía claro que los únicos que debían pensar en la compañía eran los ingenieros industriales, y los trabajadores debían hacer lo que los jefes les dijeran, y los jefes les decían que siguieran las instrucciones creadas por los ingenieros industriales. Con un sistema como ese, en el que la gente no piensa, no puede haber adaptación, a menos que a los ingenieros industriales se les ocurran todas las ideas. Con lo que a menudo, en muchas fábricas es muy difícil implementar nada.

La hipótesis de ésta interpretación errónea del TPS, es que la parte más importante del Respeto por las Personas es respetar a los accionistas. Como son los dueños de la empresa esperan informes trimestrales, esto significa que deben aumentar los precios de las acciones, así que invertir en las personas y en los procesos de mejora debe tener un claro beneficio o retorno Return On Investment (ROI).

Si no consigues el ROI no deberías hacerlo. Esto significa que vas a escoger solamente los proyectos que vayan a tener una causa-efecto directa. Gastar el dinero para obtener resultados, cuantificarlos esos resultados monetariamente para ahorrárselo a los accionistas. La forma más clara y sencilla de conseguir resultados económicos es ahorrar en personas (trabajadores). Esto es algo muy distinto a forjar una fuerte aptitud y luchar para conseguir alcanzar una visión perfecta. Toyota diría que si buscas la perfección, estás constantemente mejorando productos y servicios, suministrando más productos por menos dinero, manteniendo a tus clientes satisfechos, los resultados llegarán. Por una parte, satisfacer a los clientes te aportará beneficios y por otra, al utilizar los métodos kaizen reducirás costes. Por supuesto hay otros objetivos como seguridad, calidad y el desarrollo de recursos humanos. Eliminando defectos, eliminaras desperdicio y reducirás costes. Eliminando problemas de seguridad, eliminarás desperdicio y reducirás coste. Sin embargo, si te saltas todo esto y dices que no harás nada a menos que puedas justificar el coste, nunca invertirás en las personas, en los procesos o en los productos, no satisfarás a los clientes y probablemente perderás fuelle y tu empresa estará fuera del negocio.

Una Mentalidad de Mejora Continua en todos los Empleados

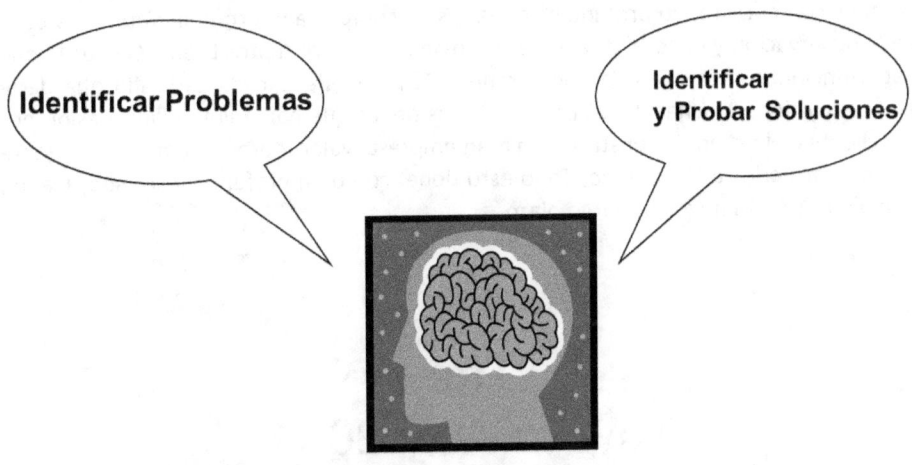

Fuente: Michael Balle
Imagen 1-6. The Thinking Production System (TPS)

¿De qué estamos realmente hablando cuando hablamos del Toyota Production System? Cuando pensamos en TPS podemos pensar en producción, herramientas y máquinas, pero realmente nunca fue esto lo que el TPS representó. Uno de los alumnos de Taiichi Ohno dijo "En Toyota cometimos un error, nunca debimos llamarlo Toyota Production System, deberíamos haberlo llamado Thinking People System, porque la finalidad de todo esto es hacer a la gente pensar". Incluso con un simple kanban, una señal visual que indica cuando estamos preparados para recibir más producto o información, hay un proceso de pensamiento subyacente. Tenemos un kanban en cada contenedor y si veo que uno de ellos no lo tiene tengo que pensar, ¿Por qué se está moviendo sin kanban? Si tenemos diez bandejas de inventario y quitamos una del kanban, entonces ahora tendré nueve bandejas con lo cual mis procesos se van a cortar más rápidamente si hay un problemas por Aquí también fuerzas a la gente a pensar. Realmente, la esencia del TPS es por un lado identificar problemas, y por el otro, identificar y probar la solución, así puedes aprender y mejorar. (Ver imagen 1-6)

¿Qué es el TPS (Toyota Production System)?

The Toyota Way 2001

Al contrario de Jim Collins, que observó un gran número de empresas y comparó las grandes con el resto, yo profundicé en una sola compañía y formé un sistema, a base de la observación y el aprendizaje, de cómo aplicar los conceptos Lean. ¿Qué es lo que hace funcionar a Toyota y la hace grande? El punto de partida es la filosofía de la empresa y tiene muchas de las características de las que habla Jim Collins: pasión por sus clientes, el deseo de construir una gran empresa, valorar profundamente a la gente joven y formarlos a largo plazo. Todo esto tiene, como un profundo valor subyacente, que pienses en tu negocio a largo plazo.

Imagen 1-7. *The Toyota Way 2001* (Toyota Motor Company)

La filosofía se escribió en Toyota por primera vez en 2001, antes de que saliera mi libro en 2004. The Toyota Way 2001 (ver imagen 1-7), resumido antes, tiene los dos pilares de la mejora continua y el respeto hacia las personas. Para ellos estos dos pilares están totalmente entrelazados, no puedes tener uno si no tienes el otro. La mejora continua significa literalmente que mejoramos todo el tiempo en todo lo que hacemos. Si estás envasando, mejoras cómo hacerlo. Si estás desarrollando el próximo Camry, mejoras el proceso de cómo hacerlo. Todo esto incluye mejorar el proceso de feedback con el cliente, el proceso por el cual transformas ese feedback en nuevas características, el modo en el que tus ingenieros procesan el producto para que sea fácil de producir.

A cada departamento de la empresa, finanzas, ventas, tecnología, se les desafía continuamente para mejorar. La filosofía es que queremos ver continuamente reflejado cómo lo estamos haciendo. ¿Vamos a mejorar? ¿Quién va a ser el genio que propicie que mejoremos? No tenemos un súper ordenador que haga esas cosas. No tenemos un robot que pueda hacerlo. Solamente los seres humanos pueden. Para conseguir la mejora continua necesitas un equipo de gente que comparta los valores y que se identifique con la compañía. Que tenga respeto.

En términos Toyota el respeto va más allá del buen trato, no hay gritos, ni maltrato y tu ambiente de trabajo va a ser agradable. Respeto significa que te retaremos a seguir mejorando, porque eso es lo que hace que seas válido para la empresa y lo que te llevará a ser mejor persona. A cambio, así es como la empresa podrá seguir pagándote y dándote seguridad. Los cimientos de todo esto son los cinco valores básicos.

El primero es Reto. Continuamente se reta a cada una de las partes de la empresa, desde los ejecutivos hasta los trabajadores de planta, a mejorar tanto ellos mismos como sus procesos. El reto viene de objetivos o metas específicos. Debe partir de un claro entendimiento de hacia dónde queremos llegar comparado con dónde estamos ahora. En unos principios básicos ideales de minuto a minuto, hora a hora, día a día, hace falta una actitud en la que, cualquiera que sea el reto, encontraremos la forma de alcanzarlo.

Cuando el más devastador seísmo de la historia destruyó Japón, en 2011 y hubo 500 piezas de las que utilizaba Toyota no disponibles, y muchos de las empresas proveedoras estaban reducidas a escombros, Toyota tuvo que detenerse, saber los problemas que había y encontrar modos de ayudar a sus proveedores a solucionarlos. Uno a uno, tuvieron que ayudar a las plantas a conseguir las piezas. Entretanto, tuvieron que ver cómo racionaban las piezas que tenían en todas sus plantas alrededor del mundo. A posteriori se preguntaron qué era lo que podían aprender de todo éste desastre. Se dieron cuenta, por ejemplo, que había proveedores de proveedores y que en algunos casos, solamente había un lugar en el que se fabricaban algunas piezas vitales. Se dieron cuenta que debían incidir más en la cadena de suministros y pidieron a sus proveedores que buscaran un segundo lugar de fabricación en un área geográfica totalmente diferente.

Hay un proceso distintivo dentro de la Mejora Continua en Toyota, se llama resolución de problemas. Un problema actual no es solamente lo que hoy va mal, sino también el vacío entre el estado deseado y el actual. La resolución de problemas es un anhelo, el de conseguir un alto nivel de rendimiento mayor al actual. Hablaremos en el capítulo II sobre Toyota Business Practices, los 8 pasos en el proceso de resolución de problemas. Es interesante que Toyota haya insertado un proceso de resolución de problemas en sus prácticas empresariales básicas. Esto es porque cualquier parte de la organización que trabaja para mejorar, para adaptarse a los cambios del medio, para satisfacer mejor a los clientes, para cooperar con la sociedad, debería seguir el patrón de pensamiento de Toyota Business Practices.

A un alto nivel, esto se encuadra tras el modelo de Deming Plan-Do-Check-Act, y constantemente oirás PDCA en Toyota. La estructura de PDCA previene que saques conclusiones precipitadas acerca de dónde quieres llegar, qué problema solucionar primero y cuáles son las contramedidas a adoptar. Te fuerza a reflexionar en lo que ha pasado y compararlo con lo que esperaras que ocurriera y a pensar lo que has aprendido de todo ello. En Toyota Kata, Mike Rother apunta que la resolución de problemas debería implicar más correr a arreglar las cosas que aspirar a conseguir un reto a través de un proceso de mejora. En Toyota la resolución de problemas significa mejorar el camino hacia una visión clara.

Genchi Genbutsu significa literalmente el lugar actual, el cual se denomina más generalmente como Gemba. Está muy relacionado con kaizen. Genchi Genbutsu significa que tratas el problema en el lugar donde ha ocurrido. Podría ser en el diseño, podría ser donde los clientes están probando el coche. Podría ser en la pista de ensayo donde se conduce el vehículo; donde sea que pase el problema, vas, estudias las condiciones e intentas comprender los puntos fuertes y las debilidades, este es el punto de partida para la mejora. No es suficiente. Necesitas una visión de hacia dónde quieres ir, pero la visión debería estar basada en la realidad, para que puedas ver los vacíos que hay entre el punto en el que te encuentras y la meta.

Respeto detalla lo que significa el respeto hacia las personas. Esto incluye respeto, confianza mutua y responsabilidad. La responsabilidad se describe como "Aceptamos la responsabilidad de trabajar de manera independiente, esforzándonos honestamente para ser los mejores en nuestras habilidades, y hacer honor a nuestras promesas de rendimiento".

Trabajo en Equipo Lo único que es diferete es que cuando Toyota habla acerca del trabajo en equipo, no separa el desarrollo individual del desarrollo del equipo. Piensan que el mejor equipo tiene individuos a los que se está retando continuamente, crecen y se convierten en mejores miembros de ese equipo y trabajan conjuntamente hacia la consecución de los objetivos comunes del equipo. Si vas a formar a un equipo ganador, harás un proceso de selección. Querrás que los miembros pasen por un entrenamiento. Quieres los mejores jugadores y quieres que esos jugadores cooperen entre ellos. El desarrollo del equipo y el desarrollo individual están interrelacionados.

Como se indica en The Toyota Way, "Estimulamos el crecimiento personal y profesional, compartimos las oportunidades de desarrollo, y maximizamos la actuación personal y del equipo".

¿Qué significa la casa para Toyota? ¿Es una receta a implementar? ¿Hay un set de herramientas asociadas con cada una de ellas y que mida cómo lo estás haciendo en cada una?

Tienen sistemas de medición para esos valores base, y los utilizan para valorar a las personas, pero realmente lo más importante es alimentar lo que en Toyota llaman True North, un ideal, una guía.

Son totalmente conscientes de que alcanzar la perfección es un sueño imposible. Siempre habrá algún momento del día en el que no se está mejorando en algún lugar de la fábrica. También es un sueño tener un respeto total por las personas. Siempre habrá alguien, especialmente si tienes cientos de miles personas en tu organización, que en algún momento va a hacer algo irrespetuoso. No es posible evitar la variabilidad, pero el objetivo es reducirla y acercarse lo más posible al True North.

Cuando hablamos de Lean, ¿Qué es lo que tratamos de conseguir? Lean, a veces, desafortunadamente, se percibe como la búsqueda de un objetivo estrecho. Para algunos significa reducir costes reduciendo los costes de mano de obra. Para otros reducir costes de inventario para liberar efectivo. Para algunos otros, los retrasos en las entregas son un gran problema que necesitan resolver. Si estás en un hospital, deberías observar a los pacientes y preguntarte cuanto tiempo transcurre desde que entran hasta que finalmente salen por la puerta. Si lo reducimos tendremos pacientes más contentos, sistemas más eficientes; el tiempo de acción se asocia a lean.

Todos ellos son objetivos legítimos y si utilizamos correctamente los procesos de mejora de lean podemos conseguirlos. No obstante, nosotros visualizamos lean en un contexto más extenso. Lo que realmente queremos conseguir es alcanzar la satisfacción completa de los clientes de muchas maneras, abaratar costes de muchos modos y facilitar a los miembros de nuestros equipos de trabajo una buena calidad de vida. En la imagen 1-8 explicamos algunos ejemplos un poco diferentes al pensamiento habitual. Utilizar la ingeniería para solucionar los problemas de los clientes es un objetivo legítimo. No es tiempo de acción ni reducción de costes. Se trata de innovación y creatividad. Si puedes crear y producir productos sin defectos, lo que llamaríamos diseño con calidad, esto ayuda a satisfacer al cliente. Abajo verás un amplio abanico de objetivos como ejemplos de que se pueden obtener si las personas se comprometen en la mejora continua.

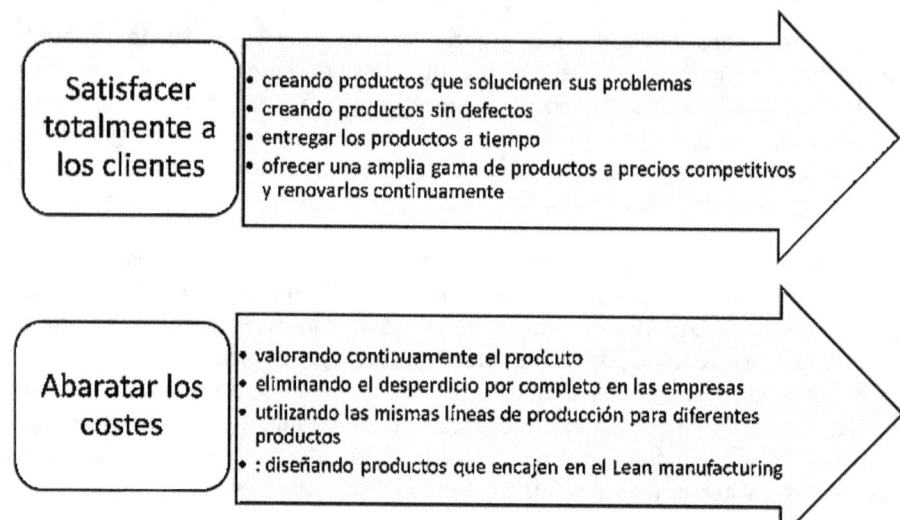

Imagen 1-8. Típicos objetivos Lean – Satisfacer Clientes y abaratar costs

Si mira estos ejemplos, verás porque me identifiqué con los descubrimientos de Jim Collins acerca de las grandes empresas, es una idea mucho más amplia de lean que simplemente acortar el tiempo de entrega eliminando el desperdicio. Afectan cada parte de la empresa, así como la capacidad de la compañía para añadir valor al cliente.

Desafortunadamente, Lean se reduce a menudo a un conjunto de herramientas para reducir el desperdicio. Se relaciona con eliminar cosas. Eliminar los pasos innecesarios; las actividades innecesarias y así hasta el siguiente desperdicio. ¿Era esto lo que Taiichi Toyoda hacía? ¿Inventó Saiichi el mejor telar del mundo bajando a la tienda y buscando qué debía eliminar? Obviamente no. El innovaba para alcanzar su visión.

El modelo 4P conecta Pensamiento (Philosophy), Procesos, Personas y Problemas

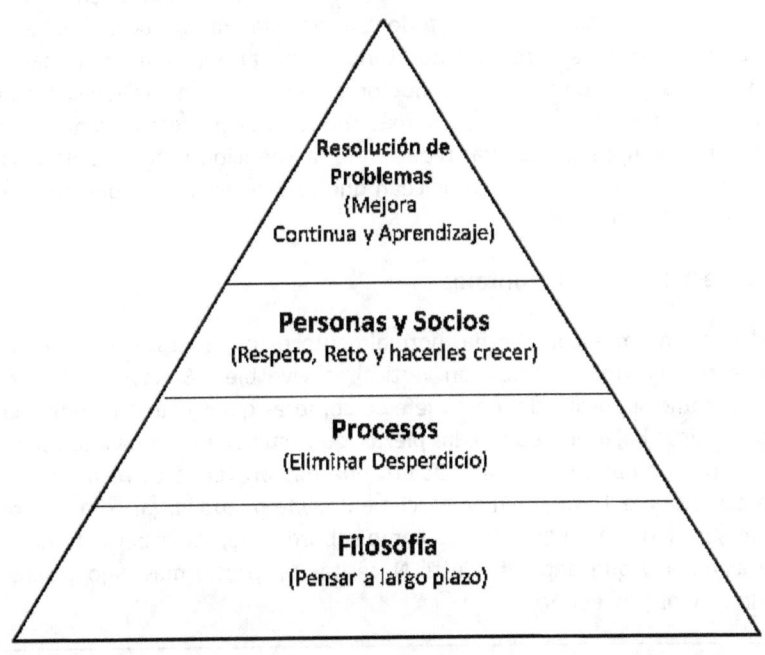

Imagen 1-9 Piramide de Liker (4P) del Toyota Way

Toyota representa el Toyoya Way como una casa. Yo desarrollé una pirámide (ver imagen 1-9). Los cimientos son tu forma de pensar sobre la compañía, la filosofía. Es un proceso a largo plazo. Estás creando una empresa grande. Lo haces basándote en procesos que pasan por toda la empresa y se centran en los deseos del cliente. The Toyota Way 2001 en su totalidad refleja el pensamiento Toyota.

Los procesos, contrariamente a lo que la gente piensa, no son cosas que se hacen solas. Incluso consiguiendo el proceso más automatizado que exista, necesitas estar continuamente comprobando, controlando, ajustando y mejorando su funcionamiento. Esto requiere ingenio y aquí es donde intervienen las personas y la resolución de problemas.

Procesos Lean como Sistema

La filosofía es un panorama amplio, lo que llevará a tu empresa a ser grande a largo plazo, lo que nos sobrevivirá y la seguirá haciendo grande. Queremos satisfacer a nuestros clientes y necesitamos un modo de conseguirlo. Necesitamos un mecanismo de entregas, para lo cual sigues una serie de procesos en tu organización- sea cual sea tu empresa, sea lo que sea lo que tus clientes demandan.

En asistencia médica, por ejemplo, hay infinidad de procesos que afectan directamente a los consumidores, que le añaden valor. Si te hacen un análisis de sangre y tienes el resultado enseguida, te diagnostican y si es grave te operan rápidamente. A parte de esto hay muchos procesos que hacen todo esto posible. Hay gente que debe preparar el quirófano, llevar la sangre al laboratorio, manejar equipamiento médico muy complejo, limpiar los uniformes de doctores y enfermeras, rellenar formularios, prescribir medicamentos, y así muchos más. Todos estos procesos pueden mejorarse, reduciendo los tiempos de espera, reduciendo la variación y haciéndola más fiable. Existe un proceso, y hay herramientas Lean que te ayudarán a mejorarlo para que el cliente esté satisfecho.

Procesos Verticales y Horizontales

Para hacer la vida más complicada, normalmente estos procesos abarcan todos los departamentos. En una organización vertical se vive bien. Si soy el jefe, sé lo que quiero de ti como subordinado. Como jefe de compras quiero que tú, como agente de compras, consigas bajar el precio de las piezas, que estas sean de una alta calidad y que se entreguen a tiempo. Esto es así. Quiero que mis proveedores respondan, pero al menor precio posible. Lo puedo medir fácilmente, y te puedo juzgar como subordinado basándome en si lo consigues o no. Tú, como subordinado, sabes perfectamente cómo se te va a medir y que depende de ti. Necesitas un precio más bajo y sabes cómo negociarlo con los proveedores.

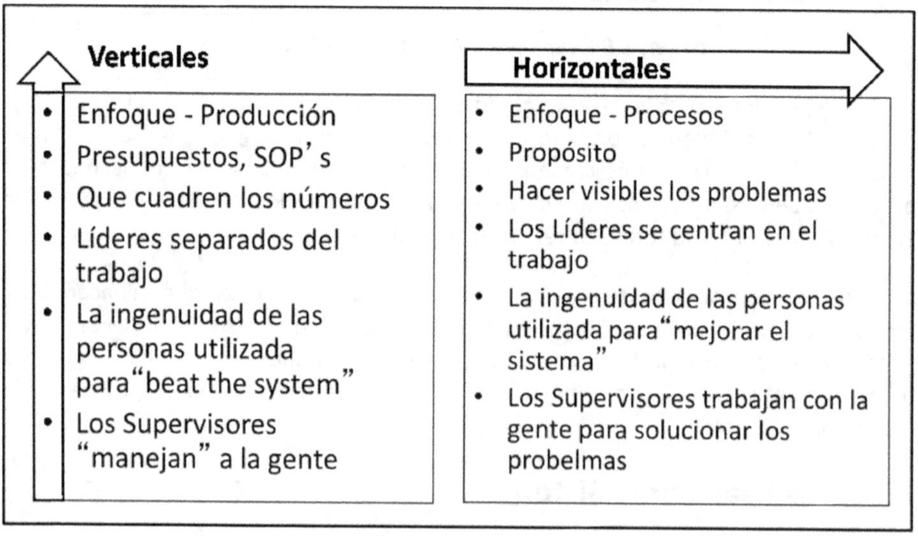

Verticales	Horizontales
• Enfoque - Producción	• Enfoque - Procesos
• Presupuestos, SOP's	• Propósito
• Que cuadren los números	• Hacer visibles los problemas
• Líderes separados del trabajo	• Los Líderes se centran en el trabajo
• La ingenuidad de las personas utilizada para "beat the system"	• La ingenuidad de las personas utilizada para "mejorar el sistema"
• Los Supervisores "manejan" a la gente	• Los Supervisores trabajan con la gente para solucionar los probelmas

Imagen 1-10. Organizacián Vertical versus Horizontal

Los supervisores emparejan a los trabajadores con sus tareas y sienten que tienen el control porque supervisan unas pocas cosas. La gente sabe lo que tiene que hacer para conseguir los resultados (Ver imagen 1-10). Éste es un tipo de cultura, una cultura de hacer números, de ascender en la jerarquía y se convierte en una cultura de compras y ventas. El cliente, realmente, no importa. Al cliente no le interesa lo que negocias con los proveedores. Se interesa por el producto que les entregas, el coste, la calidad, la innovación en su diseño, y cómo les tratas si tienen un problema; el servicio en general. Les importa lo que les afecta.

Lo que afecta a los clientes no sucede en un único departamento. Depende de la colaboración con otros departamentos. Por ejemplo, el departamento de compras intenta conseguir el precio más bajo posible para cada una de las piezas y el departamento de ingeniería trata de resolver los problemas de un cliente concreto, lo cual requiere condiciones tan específicas que solamente un pequeño número de proveedores del mundo puede conseguir. El departamento de ingeniería va a tener un conflicto con el de compras, porque compras quiere la producción más económica mientras ingeniería requiere una gran calidad en la producción para hacer esa pieza especial. Lo que encontramos es un conflicto en la cadena de valores de los objetivos marcados, lo cual afectará negativamente al cliente final.

El enfoque horizontal pasa por los departamentos con un único propósito, y este es satisfacer a los clientes. Es calidad conjunta, costes y entregas así como internamente, seguridad. Tienes más variables que manejar, no tienes que trabajar solamente con la gente que te reporta y de repente, la vida no es tan fácil ni divertida. Tienes que hablar con otras personas y cooperar con ellos. Esto puede llegar a ser difícil, particularmente si hacer lo correcto para satisfacer a los clientes puede afectar al modo en cómo te van a evaluar.

Lo que quieres ahora es que las mismas persona que han trabajado en el sistema vertical durante años, colaboren en el sistema horizontal. Es un gran cambio cultural. Necesitas canalizar su ingenio. Ese ingenio que les permitió obtener buenos resultados aún cuando el proceso era terrible, es el que vas a utilizar para hacer que el proceso sea brillante. Los supervisores, en lugar de controlar a su gente según los resultados, van a trabajar con ellos para resolver los problemas.

Como verás es un gran cambio de mentalidad. Vamos a darle la vuelta a la empresa y cambiar el modo de pensar de los trabajadores, lo que hacen, la forma en la que se relacionan unos con otros y el modo en el que ellos mismos se ven dentro de la empresa. No es algo trivial. Herramientas como VSM (mapa flujo de valor), si las usas correctamente, ayudan a los grupos de trabajo a entender lo que sucede, si están haciendo algo más en sus puestos, dónde está el desperdicio y así poder desarrollar un panorama de lo que necesitan hacer para que su trabajo sea más efectivo y así satisfacer a los clientes. Por supuesto, para que esto se materialice y no sea sólo una visión de futuro, necesitas tomar medidas..

Demasiados procesos desconectados y Stock

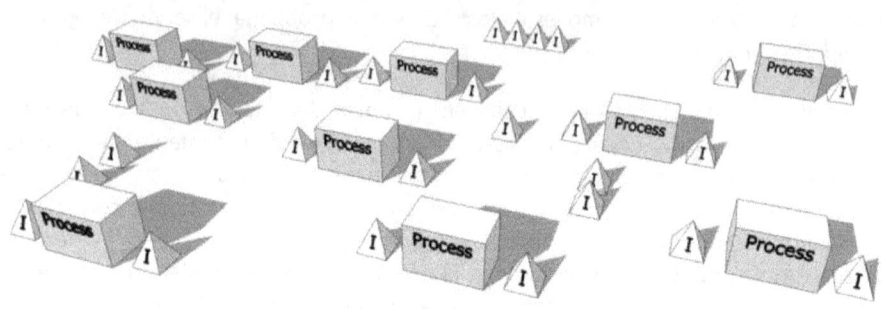

Process = Procesos   Inventory = Stock

Fuente: *The Toyota Way to Continuous Improvement*
Imagen 1-11 Procesos desconectados y problemas de inventario ocultos.

Procesos Desconectados Ocultan Problemas

Hay una forma de pensar sobre Lean. Empezamos preguntándonos ¿Cuál es el proceso? hay inputs y outputs. En un proceso tradicional, los inputs llegan a montones, por ejemplo, lotes de stock, o tenemos muchos correos en la bandeja de entrada, o estamos recibiendo muchísima información de los ingenieros, o montones de resultados del laboratorio. Seguimos produciendo basándonos en nuestra propia lógica, con nuestros recursos, con nuestras prioridades y simplemente, vamos quitándonos de encima las cosas: información, productos, servicios. Es el proceso de inventario (ver imagen 1-11).

En una empresa tenemos muchos procesos. Son más o menos independientes y basados en lo que se hace en los diferentes departamentos: Compras, estampación, pinturas, departamento financiero... Tenemos procesos desconectados que trabajan para un mismo fin.

Algo que sabemos del inventario, y que aprendimos de Taiichi Ohno, es que el inventario esconde problemas. Dijo: "cuanto más stock tengas, menos probabilidades tendrás de llegar a donde quieres". Mientras esté ocupado y no conecte con mi cliente, puedo ser feliz, mudo e ignorante; así no tengo porque saber que no le estoy dando la información adecuada y él debe luchar por entender que es lo que estoy ocultándole. Puedo ignorar el desperdicio que estoy creando y pensar que lo estoy haciendo bien si sigo ocupado consiguiendo mis objetivos de productividad.

Realmente estoy apagando fuegos. Trabajo, soy una buena persona porque trabajo muchísimo. El stock y la desconexión entre proceso permite a la gente seguir en su silo. Cuanto más grande sea ésta carga, ya sea una carga de tiempo, psicológica, o demasiados informe o analíticas, más te costará resolver los problemas sin que afecte a tus clientes

Procesos Conectados Muestran Problemas

Cuando se consigue el flujo de una pieza, se genera exactamente lo que necesitas, lo que hace falta. Como cliente interno, consigues lo que quieres y cuando alguien para, todo se para. Inmediatamente es visible y de repente todo el mundo te mira porque has detenido el proceso. Así es como se hace visible un problema. En la imagen 1-12 no estamos mostrando el flujo de una pieza, sino pequeños buffers controlados por sistema pull. Yo cojo una pieza y tú puedes fabricar una para reemplazarla. Cuanto más pequeño sea el buffer antes salen a la superficie los problemas.

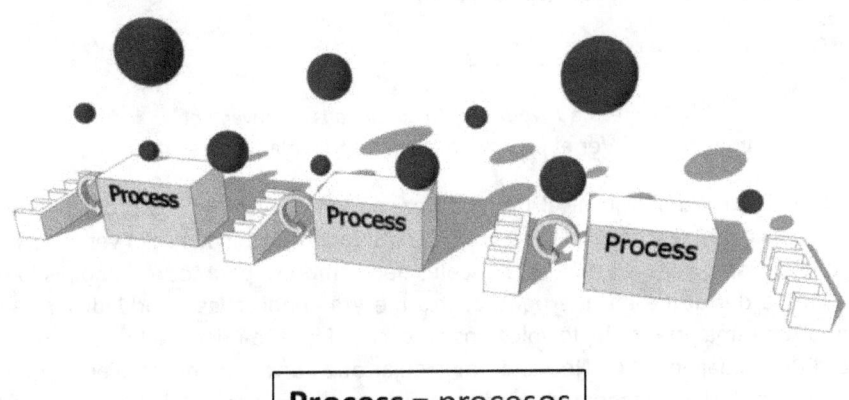

Fuente *The Toyota Way to Continuous Improvement*
Imagen 1-12 los procesos conectados muestran los problemas

Hay muchos problemas, tenemos que centrarnos

Los problemas pueden ser pequeños, medianos o grandes. Uno de los grandes podría ser cómo planificamos la producción. Uno pequeño podría ser que las piezas no están bien orientadas; debes cambiar la orientación. Hay muchos problemas y debes priorizarlos. Parte de esa priorización es no centrarte en los grandes e ignorar los pequeños. Existe un proceso de asignación.

Asignamos prioridad a los problemas y a los que trabajan para mejorarlos. De los problemas pequeños se pueden encargar los grupos de trabajo. Los grandes deberían ir a la gerencia y a departamentos especializadas como planificación o programación. Clasificamos y asignamos, así cada uno debe asumir su responsabilidad en el proceso de resolución de problemas (imagen 1-13).

Captura y Clasificación Problemas

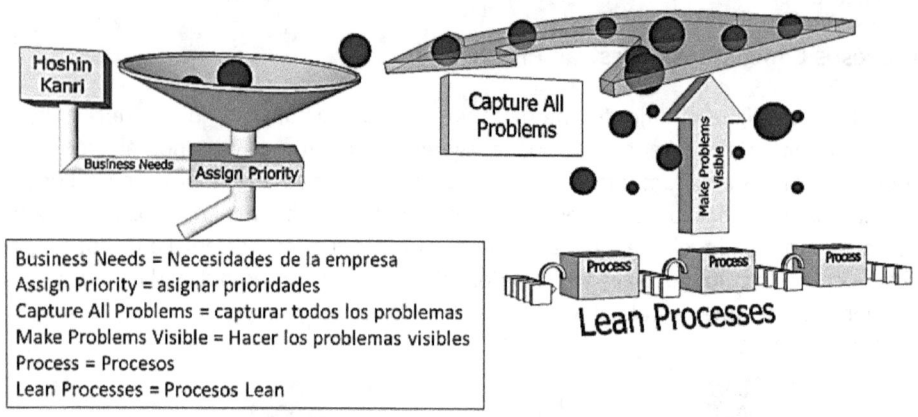

Business Needs = Necesidades de la empresa
Assign Priority = asignar prioridades
Capture All Problems = capturar todos los problemas
Make Problems Visible = Hacer los problemas visibles
Process = Procesos
Lean Processes = Procesos Lean

Fuente *The Toyota Way to Continuous Improvement*
Imagen 1-13 Ver el problema, asignar prioridades y resolverlo

Cuando se llega a un gran nivel de madurez, podemos priorizar los problemas para mantener la estrategia general de la empresa utilizando Hoshin Kanri, lo veremos en el capítulo 7. Proporciona los objetivos anuales de la empresa para todo el año. Es lo que me ayuda a decidirme en que debo centrarme y a conocer las prioridades. Cuando tenemos un tema prioritario, lo volcamos en el ciclo Plan-Do-Check-Act que se muestra en los PDCA (imagen 1-14). Necesitaremos dejar atrás una serie de problemas que no son tan prioritarios, a menos que afecten directamente a la calidad o la seguridad interna. Intencionadamente ignoramos problemas para centrarnos en nuestras prioridades.

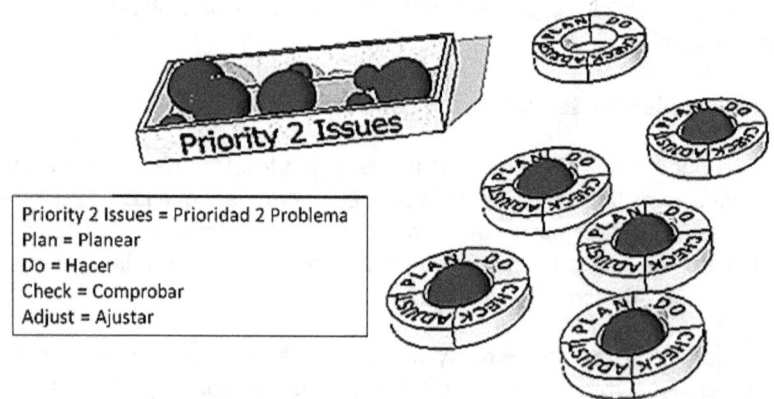

Priority 2 Issues = Prioridad 2 Problema
Plan = Planear
Do = Hacer
Check = Comprobar
Adjust = Ajustar

Fuente *The Toyota Way to Continuous Improvement*
Imagen 1-14 Problemas con Prioridad 1 (PDCA) y problemas con prioridad 2

Plan-Do-Check-Act es el motor de la mejora continua

El siguiente paso es Plan-Do-Check-Act, con el que conseguimos dos cosas. Primero, estamos mejorando los procesos para hacerlos más Lean, más consistentes, de mayor calidad y en tiempo. Segundo, estamos desarrollando a las personas. Son ellas las que están resolviendo los problemas. Si hay gestión visual (ver imagen 1-15), todos los trabajadores están viendo la misma información, separada claramente entre rojo (por debajo del objetivo), amarillo (por debajo del objetivo, pero las contramedidas van avanzando) o verde (en el camino). Así vemos claramente dónde está el problema, para que las personas adecuadas con el líder adecuado, puedan utilizar el proceso de resolución de problemas; entender la situación, planificar y probar las contramedidas, comprobar lo que saben, decidir qué es lo que pueden utilizar de esos conocimientos y trabajar para sostener esas mejoras.

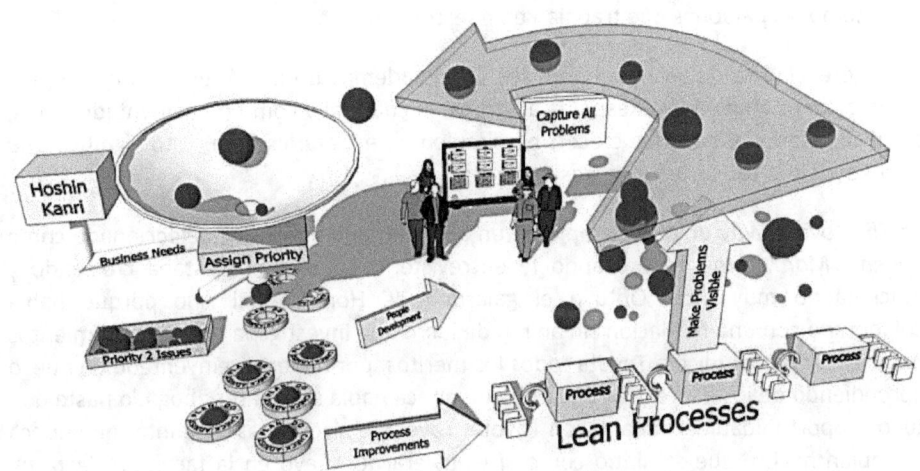

Fuente *The Toyota Way to Continuous Improvement*
Imagen 1-15. Sistema Lean al completo

En algún momento, el sistema será relativamente estable y surgirán cada vez menos problemas. Entonces forzaremos el sistema reduciendo el inventario, haciendo que los procesos estén más conectados, para que salgan más problemas a la luz.

Ahora tienes un día en lugar de una semana para hacer las entregas. Cuando lo consigas tendrás medio día, y en algún momento lo harás en una hora. Cuando comprimes el proceso, los pasos se enlazan y los problemas, incluso los más pequeños, se solucionarán antes. Lo que nos encontramos más a menudo son proyectos Lean que se centran en los grandes problemas, mientras ignoran los más pequeños. Necesitas insistir en el camino de la mejora continua. Conforme vas resolviendo los grandes problemas, van surgiendo problemas más pequeños. Por ejemplo, el trabajo estandarizado llega a un gran nivel de detalle, se encuentra con problemas muy pequeños, mientras el programa general se centra en problemas muy grandes. Es necesario centrarse en los pequeños problemas de vez en cuando, si se quiere llegar a tener la precisión de entrega que la grandes compañías Lean aspiran conseguir.

Desarrollando Gente Excepcional en Resolución de Problemas

En un principio empecé haciendo esto de los 4P con gente del tercer nivel, pero vino un ejecutivo de Toyota y me dijo "¿Dónde están nuestros socios?"

Le dije, "Bueno, con ésta gente también hay que contar"

Me dijo, "Tenemos que centrarnos especialmente en el trato a nuestros socios externos, ya sean proveedores de piezas o vendedores de equipos, abogados o distribuidores. Son negocios independientes, y son tan importantes para que tengamos éxito como las personas que trabajan en nuestra empresa".

Su sugerencia era dedicar tiempo a los socios además de a las personas en las que piensas como empleados. Respetas a ambos, lo cual, tal y como he comentado antes, significa retarles y hacerles crecer, no simplemente tratarles bien. Esto significa que debes ayudar a tus socios externos a mejorar.

En *The Toyota Way* doy un ejemplo de un abogado que había sido seleccionado como *Phoenix Man of the Year* cuando le entrevisté, y su empresa estaba creciendo y funcionando muy bien. Obtuvo el galardón de Hombre del Año porque había colaborado con una fundación sin ánimo de lucro que investigaba nuevos tratamientos para cáncer. El adjudicó a Toyota todos los méritos, por haberse reinventado de nuevo aprendiendo de los líderes Toyota. Dijo que nunca había sabido ser abogado hasta que tuvo la oportunidad de trabajar con Toyota. Toyota le hizo tantas preguntas que nunca le habían hecho, que se sintió como si estuviera de nuevo en la facultad. Hasta un abogado sacó provecho de interactuar con Toyota. En la mayoría de las empresas esto no existe.

Invertir en Personas y en los Socios

Pregunta de George- "Has dicho que para la mayoría de empresas no es habitual invertir en desarrollar a la gente tal y como hace Toyota. ¿Qué es lo que encuentras atípico?

Respuesta de Liker- Buena pregunta. ¿Las empresas no necesitan gente excepcional que esté comprometida con la compañía? La respuesta es SI. No creo que encuentres una sola que te diga que NO. Aquí es cuando necesitas echar un vistazo al interior de la empresa y ver lo que está haciendo, y aquí es cuando viendo la historia del liderazgo en Toyota, ves cómo invierten en las personas.

Las empresas típicas envían a la gente a formación y cuentan la inversión en sus trabajadores en horas de formación. Si has hecho 40 horas de formación, estás más formado que si has recibido 10 horas. Recuerdo cómo en Ford luchaban con la Dirección para incrementar el número de horas de formación.

En Toyota nunca han creído en eso. Piensan que lo que realmente importa no son las horas de formación, sino que lo que se ha aprendido durante esa formación, se convierta en una habilidad útil. Lo que necesitan aprender es una nueva forma de pensar que sea rigurosa y técnicas nuevas. De lo que estamos seguros, es que no se aprenden técnicas nuevas ni nuevos modos de pensar sentados en una clase. Una clase es posiblemente el peor sitio para ello. El mejor sitio es el Gemba. Si quieres aprender golf no te sientas en un sitio con aire acondicionado y observas cómo el instructor golpea la bola. Vas al campo de golf –el Gemba- y empiezas a golpearla tú.

El punto de vista de Toyota es que casi todo el aprendizaje importante, se consigue en el trabajo. Utilizan el termino OJD (On the Job Development) (Formación en el Puesto de Trabajo). Hay un pequeño entrenamiento en aula y a esto le sigue el Gemba. Por supuesto, el Gemba no es útil si lo que haces lo estás haciendo mal. Es crítico que tu coach te controle hasta que domines lo que debes implementar. Debes practicar una lección hasta que la domines y entonces pasar a la siguiente. El aprendizaje se convierte en un proceso continuo.

Lo que suelo escuchar en las empresas que visito son cosas como ésta: "Tenemos un departamento Lean, les hemos reclutado y han hecho varios cursos. Están certificados, son *cinturón negro*." Mi respuesta es que prácticamente todo el aprendizaje importante se consigue en el puesto de trabajo. Deben realizar proyectos, pero cuanto mayor sea el alcance del proyecto que quieren conseguir, mayores técnicas necesitarán aplicar. Pienso que es más efectivo empezar aprendiendo con un proyecto de pequeño alcance, por ejemplo, desarrollar trabajo estandarizado para un proceso individual. Incluso llegar a conseguir esto es un gran reto, ya que consigues entender más profundamente el trabajo estandarizado. Debes aprender las técnicas individuales, hacerte una idea de cómo conseguir que ese grupo de personas trabaje unido y guiar al líder en ese proceso de colaboración. Hay multitud de técnicas y habilidades sociales que dominar, y por ello se precisa un aprendizaje de por vida.

Así que cuando llego a una empresa pregunto "Vamos a hacer un poco de formación, pero en lugar de hacer un curso de 40 horas en cinco días, ¿Por qué no hacemos un curso de dos horas a la semana durante todo un año?"

La respuesta del Director es: "No, eso es imposible".

¿Por qué no es posible?

Director - "Porque no podemos juntar a la gente por tan poco espacio de tiempo de un modo rentable"

"Bueno, ¿Y si vamos a donde ellos están? Podemos trabajar en grupos pequeños en su área, así podrán ir trabajando en proyectos, después vamos y comprobamos los resultados. "

Director - "Eso sería demasiado caro porque debo pagarte las horas más los gastos"

Entonces ¿Cómo lo hacemos?

Director - ¿Puedes hacer un curso de cinco días?

"¿Qué tal si hacemos un curso de dos días y medio, luego trabajan un poco en el Gemba ellos solos y dos semanas y media después volvemos a hacer otro curso de dos días y medio más?"

Director- "Vale, eso lo podemos gestionar"

Así consigues un mayor compromiso comparado con lo que sabemos que es el modo de aprender convencional. Una lluvia de información en un corto periodo de tiempo no se puede absorber, ni mucho menos llegar a convertirse en al aprendizaje de una técnica. No existe la formación continua, el probar, hacer, la reflexión ni el aprendizaje.

Resolución de Problemas, la Dinámica de *The Toyota Way*

La última P es la de Resolución de Problemas. Como ya dijimos antes, lo que Toyota llama Resolución de problemas es la lucha hacia un objetivo claro. El objetivo se define como el espacio entre la condición deseada y la actual. Estás aquí (condición actual) y quieres llegar allí (condición deseada). El enfoque creativo para todo el mundo en la empresa es, cómo podemos utilizar el proceso de mejora continua para alcanzar objetivos que nos motiven, mientras se diseña la última generación de coches de consumo inteligente o tratamos de eliminar gastos.

Yo llamo a la resolución de problemas "La dinámica del Toyota Way", porque la manera de llegar del estado actual a uno mejor es a través de la resolución de problemas. La filosofía subyacente de la Resolución de Problemas es lo que a menudo se atribuye a Dr. Deming, el llamado Plan-Do-Check-Act o Plan-Do-Check-Adjust o Plan-Do-Study-Act, es una rueda (que en Japón se denominó "La rueda de Deming"), porque siempre está girando. Se mueve continuamente. Lo que hacemos es planear antes de hacer, entender la situación actual, definir los objetivos, identificar las causas, desarrollar y probar contramedidas, después comprobar el proceso, por último reflexionar sobre lo que has aprendido y sobre cuál va a ser el siguiente paso. "Yoketen" o compartir con los demás lo que has aprendido y que les pueda ser útil. Seguir un ciclo PDCA conduce naturalmente a identificar el siguiente problema, lo que te lleva a empezar a planear de nuevo. Sin importar lo grande o pequeño que sea un objetivo, debes resolver una serie de problemas a través de varias repeticiones de PDCA. En el Capítulo dos se amplía éste fundamento de la mejora continua.

Ahora Redefinimos Lean

¿Cómo definimos Lean ahora? He hablado de *Good to Great*, empresas excelentes, resolución de problemas, filosofía, personas y buenos procesos. Pero una cosa es decir que Lean es eliminar el desperdicio. Eso es muy fácil. Encontramos y eliminamos el desperdicio, pero ¿Nos va a llevar eso a la excelencia?

Todos nosotros hemos experimentado una empresa poco organizada, en la que las personas no se comunican bien unos con otros, donde no hay una clara visión de las necesidades del cliente, en la que se intenta llegar a los números. Digamos que nosotros gestionamos algunos procesos que eliminan desperdicio (rellenamos formularios, redefinimos algunos procesos, escribimos nuevos procedimientos para operaciones estándares). Pero con eso ¿Hemos cambiado fundamentalmente la empresa para que le llegue mayor valor al cliente, a un mejor precio y teniendo beneficios? La respuesta es no. No se puede "eliminar los residuos" su manera de ser grande.

> **Lean es**
> *Una Estrategia para la Excelencia Operacional, basada en objetivos claros y definidos, para Comprometer a las Personas en la Mejora Continua, Calidad, Seguridad, Moral, Coste, y Productividad.*

La visión de Lean, según mi modo de verlo, debería ser conseguir la excelencia operacional basándose en un sistema de valores claramente definido y que las personas se comprometan con la mejora continua. Los objetivos se pueden agrupar en Seguridad, Moral, Calidad, Coste y Productividad. Si consigues todo esto, vas a tener más éxito en tu negocio, vas a satisfacer a tus clientes y vas a tener más trabajo.

Debes hacer todo esto. No es tan simple como decir que Lean se centra en el lado de los costes y que el tema de seguridad se lleve aparte. Todos estos objetivos están basados en los mismos fundamentos que los de la resolución de problemas, la de asumir los problemas, cómo aplicar contramedidas y probarlas, aprender cómo mejorar la seguridad, reducir los problemas de calidad, reducir costes o satisfacer a los clientes. La dinámica de PDCA es el fundamento para aprender el camino hacia la excelencia.

CAPÍTULO 2

RESOLUCION DE PROBLEMAS, MEJORA Y PENSAMIENTO A3

Resolución de Problemas tu Camino Hacia el Estado Ideal

Bienvenido al que puede que sea el capítulo más importante de éste libro. Hablaré de resolución de problemas y de una manera de representarlo visualmente a la que se llama Informe A3. Me voy a referir a él cómo razonamiento A3. De hecho, es una forma de pensar científica sobre la mejora, más que una forma de plasmar la información en un trozo de papel. También resumiré Toyota kata, un enfoque más reciente de cómo mejorar hacia la consecución de un reto.

La razón por la que éste es el capítulo más importante es porque en *The Toyota Way*, la resolución de problemas es el conductor de la Mejora Continua y el Respeto por los demás. Está presente en todos los valores básicos, sobretodo en el Desafío, en Kaizen y en Genchi Genbutsu. Esta es realmente la habilidad básica de un Líder Lean y no suele ser precisamente la que la mayoría de los líderes dominan. Conforme vayamos entrando en la resolución de problemas, verás cómo en *Toyota Way* es diferente a cómo se suele solucionar normalmente un problema.

Por ejemplo, piensa en palabras que te vienen a la mente cuando piensas en resolver un problema. Podrías decir apagar un fuego, o tenemos una crisis. Podrías decir que algo se ha roto y que hay que arreglarlo. Mientras que en Toyota cuando oyen "resolución de problemas" oyen **tenemos una brecha entre el estado deseado y el actual**. Queremos tener la mayor calidad y ser los fabricantes más seguros del mundo y hay otros competidores que están acercándose, cerrando esa brecha en nuestro estado. Necesitamos incrementar ese espacio entre nosotros y el resto para ser mejores. Para ellos, la resolución de problemas es una aspiración, es mejora. No es simplemente reaccionar al problema que surge en la lucha diaria. Esto está muy bien explicado en el libro *Toyota Kata* de Mike Rother, el cual ha elegido abandonar el término resolución de problemas y reemplazarlo por el *Kata de Mejora*.

Resolver los problemas a tu modo hacia un estado ideal, es cómo Toyota practica la Mejora Continua. Podría ser algo tan pequeño cómo simplemente organizar la carretilla que contiene las piezas para reducir algo de desperdicio, ganar algo de tiempo, andar menos, o algo tan grande cómo empezar una nueva marca, como Scion (analizada en capítulo 8), o podría ser que necesitamos innovar o dejar en la mitad el tiempo que cuesta diseñar y crear un cuño para estampar cierta pieza. Por lo tanto, necesitas incorporar mejoras pequeñas (que algunos llaman kaizen) y cambios radicales (que algunos llaman kaikaku).

Podemos pensar en la resolución de problemas como una serie de pasos a dar, lo que llamamos Mejora Continua, hacia un objetivo hacia el camino de un estado ideal y ese estado debemos definirlo nosotros. Toyota tiene sus ideas cómo empresa en conjunto, tal y como se representa en Toyota Way 2001. Para un problema específico como el caso de Scion, era atraer un mercado de compradores más jóvenes hacia Toyota.

Empezaré por un ejemplo de cómo pasas desde dónde te encuentras hasta la situación actual de tu propósito. Podría tratarse tanto de un **propósito personal** como de un **propósito profesional**. En otras palabras, conseguir beneficios para asegurar una estabilidad financiera y recompensar a los accionistas, es un reto profesional. Cuando Toyota se refiere a que se quiere mejorar la calidad y la seguridad para los clientes, suena más motivador para los equipos de trabajo, pero aun así es un reto profesional.

Después tienen un propósito más enfocado hacia las personas, que es que quieren desarrollar a sus trabajadores a todos los niveles para que sean mejores en la resolución de problemas, en la mejora continua, para que confíen más en ellos mismos, que asuman objetivos interesantes que no saben cómo van a conseguir, contribuir a su crecimiento personal, a su bienestar y al de sus familias. También tienen un objetivo externo que es contribuir a la sociedad y a las comunidades en las que Toyota trabaja, incluyendo actividades filantrópicas. El objetivo de las personas y del negocio es muy general. Éste es el propósito general para el negocio, la gente que trabaja para ellos, sus socios externos y la sociedad.

Después defines el estado ideal. ¿Cómo sería si alcanzáramos la perfección? Sabemos que no podemos alcanzarla. Tenemos que fijarnos objetivos interesantes pero alcanzables, que me vayan llevando hacia ese estado ideal. Puede ser el True North del diseño de una nueva planta, o la creación de una nueva marca. Es interesante ver que el True North de algunas cosas es precisamente no necesitarlas. Por ejemplo, kanban es una forma de manejar el stock basado en tirar, pero aquí el True North sería que no existiera kanban.

El espacio del estado ideal debe quedarse en un reto asequible y concreto. Más tarde os daré un ejemplo, en el que se pidió a Gary Convis liderar un proyecto en Estados Unidos para reducir un 60% los costes de las garantías. En ese momento, Toyota ya era la mejor empresa del mercado, siendo ese coste el más bajo en la industria. Parecía un reto imposible, pero Gary dijo, "Si, lo asumo", y dio inicio al proceso de resolución de problemas.

Un reto específico puede ser tanto llegar a un resultado, cómo a una condición deseada, tal y como lo define Mike Rother en Toyota Kata. Por ejemplo, como resultado queremos iniciar una nueva planta a tiempo, dentro de presupuesto, y con objetivos concretos en calidad y productividad. Cómo condición, podríamos querer un modelo mixto de montaje, que se pudiera ajustar a la demanda de los clientes, sin ningún cambio en los niveles de productividad. Es algo visible, que puedes medir y observar y que te ofrece unas condiciones para luchar y conseguir el resultado que deseas. Algunos han hablado de gestión de medios en lugar de gestión por objetivos. A lo que se refieren es a que hay que pensar en las características del proceso necesarias para llegar al resultado deseado, en lugar de ir directamente a los resultados. Para poder procesar cualquier idea abstracta, debes partirla en retos concretos, los cuales a su vez, deben partirse en otros incluso más discretos, realizables a corto plazo con los que podamos experimentar rápidamente.

Plan-Do-Check-Act es el Proceso de Resolución de Problemas

Una vez sepas la dirección que quieres tomar, necesitas entender tu punto de partida, la situación actual. En Lean enfatizamos *genchi genbutsu* o ir al *gemba*. Damos énfasis a ir, ver y entender la condición actual, lo que allí está pasando. Esto incluye ver los datos. Incluye recoger datos que puede que no tengas y la observación directa de los hechos. Incluye hablar con las personas que trabajan en el área y pasar tiempo observando, más que el recorrido habitual de dos minutos que haces cuando vas de paso.

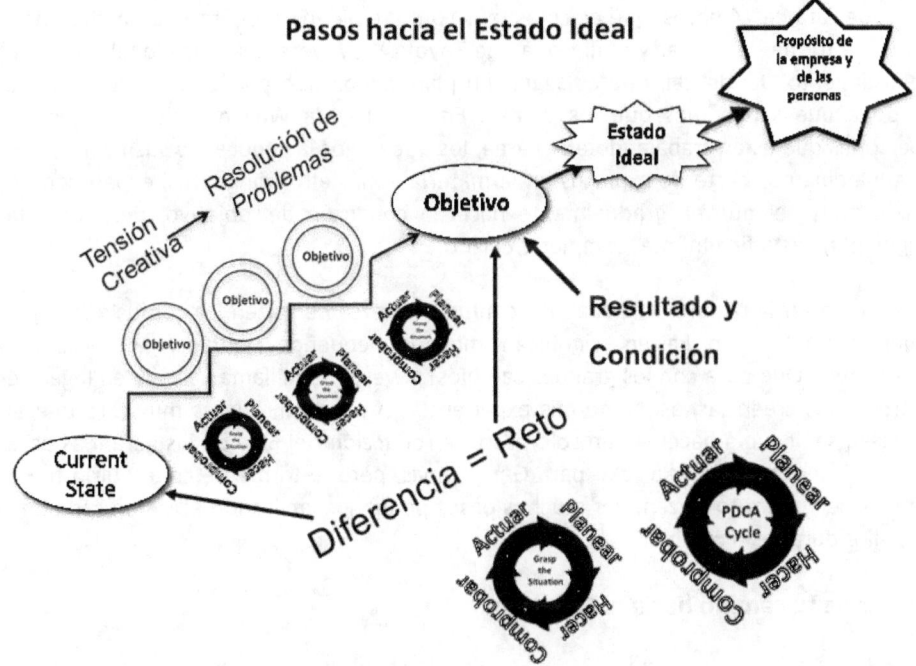

Fuente: *The Toyota Way to Continuous Improvement*
Imagen 2-1: Resolución de problemas a tu modo, hacia el estado ideal

Cuando entiendas tu objetivo, compáralo con tu condición actual; has identificado esa brecha o diferencia que va a ser tu reto (imagen 2-1). La manera de conseguirlo es mediante Plan-Do-Check-Act (PDCA), del cual hablaremos más durante éste capítulo. El PDCA es el método científico de innovación y aprendizaje. Es la manera de pensar. La filosofía. Sugiere que vamos a empezar con un plan, que nos llevará a ejecutar contramedidas. Toyota las llama "contramedidas" en lugar de soluciones, porque no sabe si van a funcionar hasta que las prueban. Después, basándose en la comprobación y en lo que se ha aprendido, se deciden las siguientes medidas a tomar.

Vamos a aplicar PDCA a nuestro modo, desde la situación actual hasta el objetivo y lo haremos estableciendo objetivos intermedios. ¿Cómo debe ser el proceso para llegar a conseguir el resultado deseado? En una línea de montaje, por ejemplo, el objetivo podría ser reducir a la mitad los defectos de calidad antes de que termine el año. El objetivo abarca un año. Empezamos por una de las tareas, solamente una cada vez, y vamos eliminando los defectos, primero al 25% del objetivo, luego al 50% y después al 75%, así llegamos al 50%-100% del objetivo. En la mejora kata vamos más lejos, estudiamos los patrones de trabajo, para establecer nuevos patrones, con los que deseamos obtener la menor tasa posible de defectos. Después cogemos la siguiente tarea. Vamos extendiendo la resolución de problemas en pasos a través del tiempo, tal y como haríamos si tuviéramos frente a un ambicioso objetivo para perder peso.

La diferencia entre PDCA, aprender tu camino paso a paso hacia la meta, o utilizar una hoja de ruta de 14 pasos, que ejecutas tal y como te piden, es enorme. Es la diferencia entre la forma de pensar y la filosofía The Toyota Way versus la tradicional forma de pensamiento Occidental, que es seguir un plan establecido por los expertos, que se supone que saben más que los demás. En The Toyota Way necesitamos que las personas que están trabajando en el área, los que mejor la conocen, y sus líderes, con alguna guía por parte de expertos en la materia y más altos dirigentes, experimenten cada día y se muevan gradualmente hacia la condición del objetivo, después a la siguiente, hasta finalmente, completar el reto.

Ésta debe ser la razón por la cual hay confusión acerca de kaizen. La confusión es que mejora Continua o kaizen, significan muchos pequeños cambios. Entonces me pregunto, ¿Qué pasa con los grandes cambios? A veces se le llama kaikaku en lugar de kaizen. Mis creencias, así como mis experiencias me indican que es muy raro que el kaikaku se llegue a hacer en un solo paso. La reducción del 60% de las garantías para Norte America, fue un kaikaku para Gary Convis, pero la forma de conseguirlo fue a través del gran reto kaizen, dar muchos pasos pequeños, aplicando PDCA en cada uno de ellos durante el camino.

Aprende tu camino hacia el Objetivo

PDCA es ambos, el gran objetivo general desde la situación actual a la deseada, y los muchos pequeños pasos para llegar hasta esa situación. Cuando tenemos un objetivo que parece estar fuera de alcance y es mucho más agresivo que nuestra situación actual, creamos tensión creativa. Esta tensión es la que nos lleva a innovar, pero sólo si la persona que acepta el reto cuenta con un proceso definido para la mejora, confianza, motivación y un buen coach.

Piensa en el reto de John F. Kennedy de llevar un hombre a la Luna antes que Rusia. Esto creó una enorme tensión creativa. La NASA no sólo lo consiguió, sino que inventó muchas cosas que utilizamos hoy en día, incluyendo herramientas inalámbricas, tejidos ligeros que resisten tanto el frio como el calor, recubrimientos UV para gafas y muchos más. Todos esos inventos, o esa energía creativa se causaron por la tensión de un reto que entendían, que estaba relacionado con lo que hacían, y que estaban desesperados por conseguir, así como la situación en la que se encontraban.

George: "Jeff dirías que el gran ciclo PDCA y los tres pequeños ¿Podrían llamarse Mamá A3 y sus Niños A3?

Jeff: es una forma de pensar interesante que el gran PDCA podría ser considerado como la madre y los pequeños PDCA podrían ser sus hijos, como metáfora está bien".
Como ejemplo, vamos a decir que Toyota ha empezado el proceso de desarrollo de la siguiente generación Camry. El proceso completo de desarrollo del Camry a gran escala es la madre PDCA. Es un PDCA enorme. Hay un proceso de definición de lo que quiere el cliente, cual es el problema, la visión del vehículo y centrarse en alguna de las características del futuro vehículo, las contramedidas, que sorprenderán a los clientes y pondrán al Camry a la cabeza de los vehículos de la competencia. Después se ejecuta, se comprueba y en el proceso hay aprendizaje, reflexión, para que en el siguiente vehículo pueda hacerse incluso mejor.

A ese nivel, se convierte en un bucle PDCA que lleva varios años, pero que se descompone. Si yo fuera, por ejemplo, el ingeniero responsable del parachoques del coche, voy a tener varios PDCA para ese parachoques, de nuevo, un gran PDCA desde el inicio a la meta, y muchos pequeños PDCA para diseñar las características del parachoques, para mejorar la fuerza y la protección frente a los golpes.

Toyota Business Practices: Una empresa, un Proceso de Mejora

Las Cuatro Fases de la Resolución de Problemas PDCA

Las cuatro fases del PDCA empiezan con Planificar (Plan) (ver imagen 2-2), empezando por definir el problema. Como ya hemos dicho, el problema debería basarse en la brecha que existe desde tu situación actual, hasta la deseada. Encuentras lo que piensas puede ser la causa raíz de esa brecha. Lo siguiente es formular las contramedidas. Lo hacemos plural porque deberías tener más de una para poder elegir, debes ser creativo y conseguir cuantas más ideas mejor.

Sabes lo que tienes que hacer, las posibles contramedidas, y ahora necesitas actuar. Para hacerlo necesitas desarrollar e implementar un plan para empezar el proceso de experimentación, que incluye saber quiénes van a llevarlo a cabo y cuando. Necesitas comunicar tu plan y ejecutarlo. Debes controlar el proceso de implementación, el primer paso de Chequear (Check). Mientras controlas, estás también actuando. Estás ajustando el plan conforme lo chequeas, y hay muchos PDCA mientras lo haces, lo controlas, y lo ajustas hasta que alcanzas el nivel en el que sientes que has alcanzado tu objetivo.

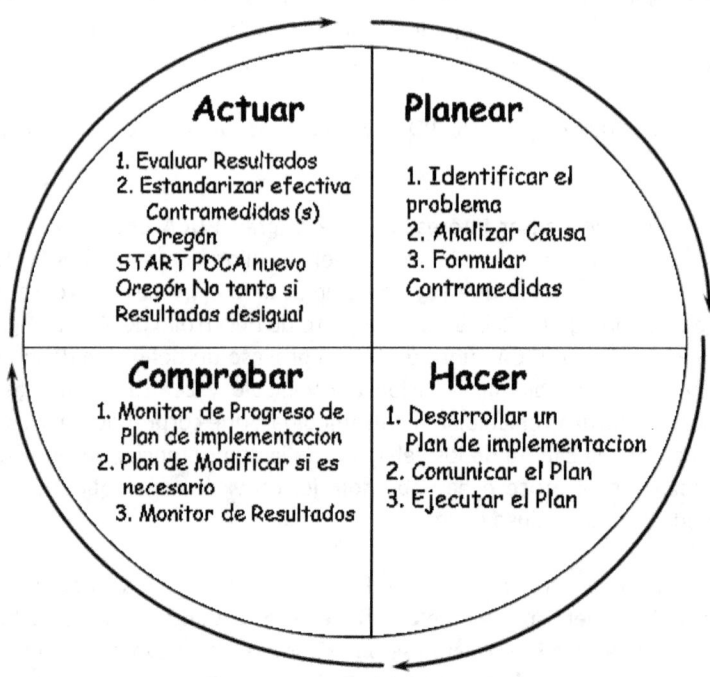

Imagen 2-2. Ciclo Plan-Do-Check-Act

En la etapa Act, haces una evaluación final de los resultados. Si hay algo que está funcionando y que te lleva a conseguir los resultados, lo que quieres es estandarizarlo, establecerlo, que se aprenda y se practique para convertirlo en rutina. Algunas veces, te darás cuenta de que has fallado, y tendrás que volver a empezar, y otras te encontrarás con ambos casos; estandarizarás alguno de los aspectos y empezaras de nuevo otros. Act también incluye comunicar lo que piensas que has aprendido y compartirlo, para que los demás sepan que pueden utilizarlo. Y empiezas a planear el siguiente PDCA para el siguiente reto.

George: actualmente los trabajadores Toyota ¿Utilizan el PDCA? ¿Utilizan la terminología? ¿Buscan estos pasos? ¿Los puntos a seguir en los pasos son uno, dos, tres, tal y como los has descrito o van surgiendo de forma natural?

Jeff: Toyota utiliza el concepto PDCA tal y como lo he establecido aquí, de manera deliberada, para los trabajadores más avanzados en la resolución de problemas también es lo natural. Lo hacen sin ni siquiera hablarlo, de éste modo. Como explicaré más tarde, Toyota Business Practices consiste en una serie de pasos que pasan por el Plan-Do-Check-Act y que se diferencian un poco de lo que he comentado cómo caso genérico. Es lo que utilizan formalmente para mejoras significativas. Lo que no hacen, por ejemplo, es que cada vez que la línea se para y cada vez que un líder del grupo resuelve un problema, es que se paren a pensar, que vean cual es el plan, que es lo que deben hacer y prueben a ver qué es lo que ha pasado y qué es lo que han aprendido. Van resolviendo los problemas diarios de manera natural para que el sistema vuelva a su condición estándar. Según vas siguiendo PDCA muchas veces, ya se convierte en una manera natural de pensar.

Por otro lado, cuando se plantean problemas intencionadamente, cuando los documentan en A3 y deben entenderlos en profundidad, sí que deben refrescar los conocimientos y la práctica porque vamos cayendo en malos hábitos. Es como cualquier técnica que aprendes, para mantener un nivel alto, debes volver a los conceptos básicos y practicar

La Trampa de Abarcar Demasiado

Un error común es no tener una idea clara de las necesidades de la organización y cómo están relacionadas con los pasos lógicos a seguir hacia la Mejora. Muchas empresas quieren saltar de un nivel a otro, antes de tener las competencias o la estabilidad necesarias en el proceso.

Estaba trabajando con una importante empresa Rusa. Trataban un material de minería en bruto, y lo procesaban para su uso en centrales eléctricas. Habían estado trabajando con un *sensei* que Toyota les había proporcionado gratuitamente, uno de los mejores que tenían. Era un acuerdo entre presidentes.

El *sensei*, en una de las visitas, estaba entrevistándose con el CEO, el cual estaba mostrando por toda la planta un mapa de flujo de valor de minería. Era enorme, y muy complicado. El CEO lo había creado con un grupo de personas y estaba muy orgulloso de estar haciendo Lean a un nivel ejecutivo. La respuesta del *sensei* de Toyota fue sorprendente. Dijo con un sutil sarcasmo "Oh no! Demasiados problemas, demasiados ¿Por dónde vais a empezar?".

Por supuesto el CEO y su equipo se mostraron un poco ofendidos, "¿Cómo puede estar criticándonos éste tío? Es una persona Lean, y estamos haciendo Lean, tiene que ser un buen trabajo". Lo que preocupaba al *sensei* era que queriendo abarcar tanto, no entendieran los problemas en detalle. No tenían un modo de priorizar los problemas. Podrían estar programando a largo plazo, pero este no era el mayor problema del negocio. A menudo escucharás de un *sensei* Toyota ¿Cómo sabes cuál es tu mayor problema? ¿Cómo sabes que lo has resuelto? ¿Beneficia a la empresa, tanto en términos de negocio, como en desarrollo de las personas? Lo que el *sensei* eligió como medida durante el primer año fue trabajar en una planta de procesado y sólo en una línea de producto, desarrollando un modelo del que pudieran aprender TPS como sistema. Hasta que los líderes de la empresa entendieron esto, no confió en ninguno de los proyectos que empezaban.

Toyota Business Practices (TBP): Fase Plan

Toyota Business Practices (TBP) es el Proceso de Mejora aprobado oficialmente. Tal y como he mencionado antes, no debes seguirlo para cada pequeño problema que pueda surgir en el día a día. Deberías seguir el PDCA mentalmente, pero si te encuentras frente a un proyecto formal, quizá un proyecto a tres o seis meses, si el proyecto es reducir los errores en la calidad a la mitad, y vas a contar con múltiples A3, deberías seguir TBP religiosamente.

Déjame enfatizar de nuevo que Toyota está estandarizando el proceso de mejora, no en soluciones específicas o "buenas practicas", tal y como las llaman a menudo. Hay mucha preocupación en Toyota sobre estandarizar, sobre concretar, y cómo consecuencia de ello matar el *kaizen*. Lo que si les gusta hacer es especificar en detalle el proceso de mejora. El contenido de lo que mejoras va a ser diferente en cada parte de la empresa. Nadie puede copiar a ciegas las "buenas prácticas", sin pasar por el proceso de mejora e identificar las contramedidas que les funcionan.

Toyota Business Practices es un proceso de ocho pasos (ver imagen 2-3). Podríamos preguntarnos ¿Por qué un proceso de mejora de ocho pasos se llama Toyota Business Practices? ¿Por qué no lo llamamos simplemente proceso de resolución de problemas y podemos aprenderlo en un workshop?

Poco después de que Fujio Chao introdujera *The Toyota Way 2001*, introdujo Toyota Business Practices, cómo el método concreto de poner en funcionamiento *The Toyota Way*. *The Toyota Way* es una serie de principios. Toyota Business Practices es el método de hacer de *The Toyota Way*, incluyendo los valores fundacionales, una realidad viva en la cultura Toyota.

La mejora continua es un pilar del Toyota Way y necesita hacerse con respeto por los demás, el segundo pilar. Esto se refleja en una fuerte asunción de las bases de la empresa, sabiendo que la única forma de luchar contra un entorno exigente que cambia constantemente y nos enfrenta a nuevos retos, es adaptándonos constantemente y mejorar utilizando PDCA en cada parte de la empresa. Toyota Business Practices es el patrón de mejora que permite que esto suceda. El mismo patrón de mejora aplica a cualquier problema, grande o pequeño, desde el terremoto más grande en la historia de Japón, que llevó a una gran escasez de piezas, hasta hacer que una planta sea más eficiente.

DESARROLLANDO LÍDERES LEAN | 45

Planea PASO 1: Clarifica el problema vs el Estado Ideal
[Clarifica el problema y el True North]

Planea PASO 2: Entiende la Situacion Actual y conoce las Diferencias
[Problema Básico para mayor claridad]

Planea PASO 3: Desmenuza el Problema y Establece Objetivos
[Desmenuza el problema en objetivos más manejables y establece y medidas]

Planea PASO 4: Analiza las Causas subyacentes
[Como ciertas causas raíz]

Planea PASO 5: Desarrolla Contramedidas
[Identifica Qué, Cuando y Quíen]

Haz PASO 6: Aprende a Ver a través de las contramedidas
[Sigue el plan y anota las desviaciones]

Comprueba PASO 7: Controla tanto los Resultados Como los Procesos
[Controla los resultados vs objetivos]

Actúa PASO 8: Estandariza y Difúndelo
[Toma las acciones para que los efectos se sostengasn y practica el yoketen en otras áreas}

Imagen 2-3 Los Ocho pasos del Toyota Business Practices (TBP)

El Plan-Do-Check-Act se muestra durante los ocho pasos tal y cómo se ve arriba, según la definición Toyota. PDCA aparece repetidamente en los modelos e imágenes Toyota.

Planea **PASO 1:** Clarifica el problema vs el Estado Ideal
[Clarifica el problema y el True North]

Imagen 2-4. Planea Paso 1

El primer paso (ver imagen 2-4) es clarificar el problema versus el estado ideal, del cual ya hemos hablado. Debes tener una visión del *True North* que hayas definido, pero el *True North* para una empresa, por ejemplo, en el caso de Toyota, ser el mejor productor de soluciones de movilidad del mundo, es el estado ideal de la empresa. También debes tener un True North para tu proceso en particular. Quizás sea en una planta, y el estado ideal sea conseguir la calidad perfecta cada vez que se produce, con cero desperdicios. Es imposible. Nunca serás capaz de ese nivel de perfección del 100%, pero al menos puedes empezar a dirigir la mejora.

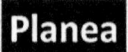 **PASO 2:** Entiende la Situacion Actual y conoce las Diferencias
[Problema Básico para mayor claridad]

Imagen 2-5. Planea Paso 2

En el paso dos (ver imagen 2-5) necesitas llegar a entender la situación actual y ver la brecha. Ahora vamos a entender el problema. Tenemos el estado ideal imaginado. Vamos a basarnos en que la diferencia entre el estado en el que nos encontramos y el estado ideal es como saltar un desfiladero. Esto es lo que pasa en Toyota. Cuando definen la perfección, de verdad, con una mente clara, cuando son brutalmente honestos, el salto hasta el estado ideal es siempre enorme. Esto les mantiene humildes y les conduce a la mejora.

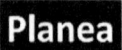 **PASO 3:** Desmenuza el Problema y Establece Objetivos
[Desmenuza el problema en objetivos más manejables y establece y medidas]

Imagen 2-6. Planea Paso 3

Cuando nos fijamos en la brecha hacia la perfección, no vamos a saber cómo empezar a no ser que nos fijemos en el paso tres (imagen 2-6), y desmenucemos ese gran cañón en áreas más pequeñas de mejora, con objetivos definidos. Puede que sean modestos comparados con el ideal, pero serán retos agresivos y desafiantes. Aquí es donde quizás te pregunten "¿Por qué has escogido éste problema? Entiendo tu estado ideal, has hecho un buen trabajo identificándolo, pero con todas las diferencias que te separan de él, ¿Por qué has escogido ésta en concreto? ¿Cómo lo has priorizado?". En Toyota debes tener un razonamiento cuando te preguntan algo así.

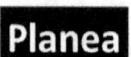 **PASO 4:** Analiza las Causas subyacentes
[Como ciertas causas raíz]

Imagen 2-7. Planea Paso 4

En el paso cuatro, (ver imagen 2-7) ahora que sabemos en qué áreas nos vamos a centrar y cuáles son los objetivos que vamos a tratar de conseguir, por ejemplo, recortar a la mitad los defectos del equipo de trabajo del que soy responsable, entonces podemos empezar a preguntarnos cuales son las causas subyacentes. No hace falta que encontremos todas las causas posibles para todos las brechas. Debemos encontrar las de la siguiente área que vamos a trabajar. Vamos a hacerlo utilizando métricas y preguntando por qué cinco veces. No tienen por qué ser exactamente cinco, pero nos hacemos una primera impresión de la causa, ejemplo, una persona está cometiendo errores, (esto es la superficie del problema), pero suele haber razones más profundas, por ejemplo, las piezas no están diseñadas para acoplar correctamente

 **PASO 5:** Desarrolla Contramedidas
[Identifica Qué, Cuando y Quíen]

Imagen 2-8. Planea Paso 5

El paso cinco (imagen 2-8) es el desarrollo de las contramedidas. Tendrás una serie de contramedidas para probar, seleccionas las que piensas debes priorizar, las que crees que tienen más oportunidades de éxito, quizás la que son más económicas y fáciles de experimentar. En la medida de lo posible, evitarás las que sean más caras, o las que requieran equipos nuevos o software. Puedes utilizarlas más tarde si las primeras no funcionan para lo que quieres conseguir. En éste momento, debes desarrollar un plan y determinar quién va a hacer cada tarea, y por último, empezar a actuar. Podrías argumentar que el cuándo, cómo y el qué es parte del procedimiento, o podrías decir que es parte del plan. Estas planeando actividades embebidas en cada aspecto del Toyota Business Practices.

Toyota Business Practices: Experimentación y aprendizaje

Do Check Act

Ahora estás preparado para "Do" "Hacer". Es como cuando oímos "Just do it". A menudo pensamos que significa que hay que omitir el plan y empezar a hacer cosas al azar. Hay veces en las que te gustaría actuar así. Si ves que tu equipo está parado y que temen cualquier cambio, que están analizando hasta el último decimal, quieres que se liberen, que se suelten. Aquí podrías organizar alguna actividad *kaizen*, en la que el coach lanza un desafía como dirección y "Just do it".

Cuando Toyota trabaja con otras empresas, es normal que el *sensei* empiece pronto la acción lanzando un gran reto. Esto es lo que pasó, por ejemplo, en Gran Haven Stamped Products, un proveedor de automoción en Michigan. En la primera visita, el *sensei* bajó a la planta de producción y vio que los procesos estaban desconectados. Decidió asignarles una tarea y un cambio dramático. Les pidió montar una célula, lo que incluía mover un robot de soldadura de un extremo a otro de la planta. Dijo que volvería al final del día siguiente para ver cómo funcionaba la célula. Esto fue "Just do it". Fue enorme. El equipo entero de dirección, incluido el presidente, bajaron a la planta a empujar el robot, deslizándolo por el suelo para llegar hasta la posición que les había pedido. No era el modo en el que quería que mejoraran su empresa en el futuro, pero fue una forma de "soltarlos".

El paso "Do" es tanto seguir el plan, cómo desviarte de él cuando hace falta, viendo ese desvío como parte del proceso de aprendizaje. En cada uno de estos pasos hay un ciclo Plan-Do-Check-Act, que está incluido en el ciclo general Plan-Do-Check-Act. En el paso

"Do" vas a planear algo, vas a realizarlo, chequear lo que pasa, hacer ajustes y continuar PDCA hasta conseguir tu objetivo.

En el caso de Gran Haven Stamped Products, la célula no funcionó a la primera. El robot, por ejemplo, no funcionaba suficiente tiempo y paralizaba la célula. El trabajo no estaba equilibrado. No podían trabajar con tanta variedad de productos y los diferentes ciclos de tiempo. No había trabajo estandarizado. Necesitaron mucho PDCA después de ese primer día para conseguir que la célula trabajara a buen nivel. El *sensei* les había pedido que fabricaran stock, sabiendo que, al principio, iban a tener problemas, pero les retó a solucionarlos para poder sacar la producción adelante. El resultado de todo esto fue que obtuvieron mucha más producción con alta calidad. Aprendieron el valor de aprender en el proceso, involucrando en el proceso al equipo directivo.

En la fase Check, debemos entender lo que hemos conseguido y a lo que no hemos llegado. En *The Toyota Way*, me refiero a *hansei* o reflexión, y *hansei* es lo que pasará durante éste proceso. En ésta fase habrá gran hansei cuando reflexionemos en lo que ha ocurrido, tanto en métodos de resultados cómo de procesos. Por ejemplo, podríamos haber conseguido resultados y haber tenido la suerte de que la idea de una persona haya funcionado, pero esa persona era el director, nadie más se ha involucrado, así que el proceso ha fallado aun cuando el resultado parece bueno.

En el paso "Act", vamos a hacer otra reflexión del proceso al completo. Después vamos a estandarizar aquellas tareas que pensamos que podemos extender. Esa extensión es lo que Toyota llama yokoten. Yokoten (en Japón) sería trasplantar una preciosa planta de un entorno a otro. Debes preparar el nuevo entorno y conocer las condiciones, para hacer que esas nuevas condiciones en las que va a vivir, permitan que esa exótica planta prospere. Los detalles del entorno serán diferentes a los que ahora tiene, aunque le traigas plantas similares a las que convivía en el entorno anterior.

No se trata solamente de implementar "best practices" sin pensar. Debes pensar profundamente en tu condición. Si la implementación de las "best practices" parece una medida útil, debes aprender de ello; sin embargo, lo que quizás haya funcionado en otros lugares, puede que no funcione para ti, sin ajustes o incluso algunas mejoras. Pueden surgir nuevas ideas de las que la idea original se puede enriquecer, y así ir avanzando.

George: "Jeff la palabra yokoten tiene el significado de preparar el terreno y la palabra "extensión" no lo tiene. Es bueno aprender algunos términos en japonés, ya que tienen varios significados, ¿verdad?

Jeff: "Yokoten significa literalmente "extendido por todas partes", y aun así no es la interpretación que le da Toyota. Podría interpretarse así en otras empresas japonesas. De todas formas, la pregunta es si ¿Debemos entender suficiente japonés como para ser capaz de traducir literalmente? Si hablas con un lingüista, te traduciría "extender por todas partes". No significa que Toyota este explicando lo que significa. Es más importante comprender el pensamiento subyacente y los principios que el significado de la palabra. No recomiendo pues aprenderse un puñado de palabras en japonés, por ésta misma razón.

Toyota Business Practices para Reducir el Coste de Garantía

Tal y cómo he mencionado antes, a Gary le encomendaron el reto de reducir considerablemente el coste de garantía en estados Unidos. Le planteó el problema un miembro de la junta. En esa época, Gary era un jefe ejecutivo que representaba la fabricación Americana en Japón. Era también el Jefe de Operaciones Norteamericanas. El jefe mundial de calidad sugirió a Gary que sería una buena idea si redujera ese coste de garantía al 60%. Si un miembro de la ejecutiva te hace una sugerencia entras en acción. No es simplemente una buena idea, sino algo que debes tomarte muy en serio, así que la respuesta de Gary fue tomarlo como un deseo en lugar de como una sugerencia amigable.

En el avión de vuelta a casa, Gary estuvo pensando. Estaba angustiado.

"¿Cómo puedo conseguir ese 60%? Ya somos los mejores del sector. Hemos estado reduciendo durante años. ¿Cómo puedo llegar a un 60% más?"

Bueno, la buena noticia es que no tenía que conseguirlo en un año. Podría extenderlo durante seis o siete años. Por lo tanto, un 10% al año parecía más manejable que ese 60%. No debía preocuparse por el 60%. Su preocupación debía ser alcanzar el primer 10% (el primer año) e incluso podía dividirlo en meses, lo cual era mucho más manejaba aun. A menudo escuchamos en algunos deportes "No nos preocupamos por ganar el campeonato, nos centramos en ganar el siguiente partido". Gary debía preocuparse por el siguiente partido.

¿Qué harías si fueras como Gary jefe de fabricación? Lo que harías es asignarlo a alguno de tus mejores ingenieros. Pero **eso no se hace** si trabajas en Toyota. Gary era responsable personalmente. Dijo sí. Se comprometió personalmente a liderar éste reto, y era lo suficientemente importante que debía tratarse a nivel de la vicepresidencia, de la gerencia Americana de producción. Gary sabía que no solamente se podía hacer internamente desde producción. No había forma de conseguirlo sin entrar en ingeniería de producción, lo que automáticamente implica a compras, porque mucho del diseño proviene de los proveedores. Esto significa que debes introducir también a ventas, porque son los que trabajan con los datos de los problemas de los costes de garantía y los que la manejan. Gary estaba ya liderando horizontalmente, lo que en Toyota está considerado el más alto nivel de liderazgo. Esto es liderar sin utilizar tu autoridad para recompensar o sancionar.

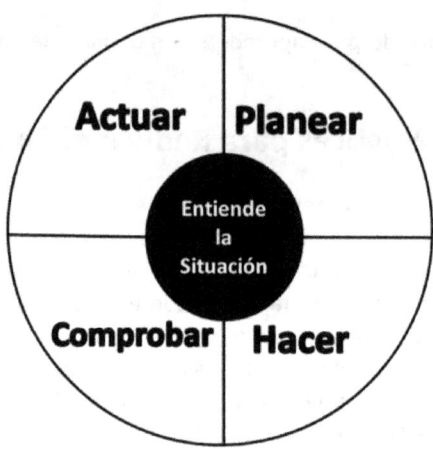

Imagen 2-9 Entender la situación es el centro de PDCA

Entonces, ¿Cuál fue el primer paso de Gary? Obviamente, debía definir el problema en términos de Toyota Business Practices. Antes de hacerlo, había que dar un paso previo. Comprender la situación (imagen 2-9). Debes saber lo suficiente como para poder entender lo que está pasando. De este modo, al menos sabes que estás en el terreno de juego cuando estás definiendo el problema. Entender la situación significaba visitar a todos los líderes que influían en los costes de garantía. Se reunió con el Jefe de Venta de Toyota Motors, con el jefe de Toyota Technical center en Michigan, con algunos de las jefes de diferentes partes de producción, por ejemplo, del grupo de calidad. Fue a Japón y allí se reunió con el jefe de Calidad de Japón, y también con el de Ingeniería.

Durante todas estas reuniones, no estaba solo reuniéndose, sino haciendo algo más, algo de lo que hablaremos más tarde. Es algo llamado nemawashi. Estaba empezando a crear una coalición de soporte, y esas personas que visitaba acabaron estando en su grupo de trabajo, en su equipo. Estaban a su mismo nivel. No podía mandar sobre ninguno de ellos, pero era capaz de llegar con ellos a un acuerdo de que esto algo era importante, algo serio, estaban a bordo y podrían contribuir a lograr el objetivo.

Entonces se reunieron y empezaron a trabajar con las Toyota Business Practices. El estado ideal es que los clientes estén totalmente satisfechos y que nunca deban traer sus coches a reparar dentro de los plazos de garantía, por cierto, si traen el coche para una reclamación eso es otra garantía. De la que hablamos es la que implica consecuencias para la seguridad, y también otros problemas. Traer el coche es una molestia para el cliente, aunque sea sin cargo lleva tiempo. Significa que debe dejar el vehículo durante un día o que debes esperar a que terminen con él. Significa también que la impresión de su vehículo Toyota baja y está un poco preocupado, si debe hacer tres o cuatro reparaciones de garantía en un corto periodo de tiempo, se pregunta ¿Puedo confiar en éste coche? ¿Puedo confiar en ésta empresa?

> El ideal es tener clientes completamente satisfechos. Actualmente alguno de los inconvenientes se deben a problemas automáticos.

Imagen 2-10. Paso 1: Clarificar el problema comparandolo con el Estado Ideal

La situación actual (imagen 2-11) era que, incluso Toyota que era mejor que los demás, no era lo suficientemente bueno. Había muchos clientes que seguían llevando sus coches para trabajos dentro del periodo de garantía, y esto le suponía a Toyota costes elevados.

> Demasiados clientes traen sus coches para trabajos dentro del periodo de garantía, lo que les supone una pérdida de tiempo y satisfacción y le cuesta dinero a Toyota.

Imagen 2-11 Paso 2 Plan: Entender la situación y ver las diferencias.

El problema, (ver imagen 2-12) fue confinarlo a dos áreas que el equipo identificó cómo las fuentes de las cuestiones relacionadas con la garantía, una era producción y la otra desarrollo del producto. En el área de desarrollo del producto deberían haber diseñado el producto de modo que fuera fácil de distinguir. Por ejemplo, deberían haber hecho cosas como prueba de errores para evitar confundir un retrovisor izquierdo con uno derecho.

> Los problemas de garantía se originan en el desarrollo del producto (por ejemplo, pocas pruebas de errores), a ésto se suman los errores en producción que luego los clientes descubren en el terreno. Hay que centrarse en la producción, a través del feedback del cliente y su respuesta. Objetivo 60% reducción.

Imagen 2-12 Paso 3 Plan: Descubrir Problemas y Establecer Objetivos

Si no lo están haciendo bien, podrías ver problemas en producción causados por el diseño, pero también hay problemas en producción, y en la inspección final de producción que puede estar dejando pasar algunos defectos.

El foco inmediato, al decidir delimitar el problema, era **no** empezar con el diseño de un nuevo vehículo. En lugar de ello, se fijaron en los vehículos que estaban fabricando. Observaron todo, desde el punto de vista de producción hasta el punto de vista de los clientes frente al problema y cómo llevar todo esto hasta el estado correcto. Ya fuera en calidad, producción, o ingeniería, y cuáles eran las acciones a emprender. El objetivo ya estaba establecido al 60%, ellos lo desmenuzaron al 10% anual.

Toyota debía analizar los mayores problemas que aparecían en ese plazo de garantía, esto era fácil, y analizar las causas subyacentes, no tan fácil. Al ir añadiendo a directivos de nivel medio e ingenieros, para hacer el trabajo más detallado, el equipo fue creciendo hasta varios cientos de personas. Analizando encontraron que los mayores problemas ocurrían, fundamentalmente, en ingeniería, no en producción. Ingeniería era parte del equipo. No obstante, en producción había errores, y cada una de las fábricas necesitaba saber las causas raíz de esos problemas (imagen 2-13). Por ejemplo, un problema interesante era en la última estación de pruebas, en la que todos los coches pasaban por la planta, había demasiado ruido ambiente. A veces esto impedía que el inspector escuchara algún cimbreo o chirrido. La solución fue bastante directa. Insertaron unas casetas en las que el inspector hacia esta pruebas de ruidos. Lo probaron en la planta de Georgetown, Kentucky e inmediatamente comprobaron la reducción de defectos de inspección.

Para ingeniería, sin embargo, no fue tan fácil. Había demasiados problemas, e incluso era difícil encontrar la causa raíz de un problema ya conocido. Me imagino que estás familiarizado con el procedimiento, tienes un problema con tu coche, y debes llevarlo al taller. Lo retienen por algún tiempo y después te lo devuelven, normalmente reparado en condiciones. Puedes ver las piezas defectuosas que te devuelven.

Mala comprensión de los errores potenciales en el proceso de producción y dejar pasar errores en inspección.
Feedback y respuesta a los problemas en la calle mal diagnosticados o mal comunicados, así como las peticiones de cambio difusas e ineficaces.

Imagen 2-14 Paso 5 Plan: Desarrollar contramedidas

En Ingeniería ¿Qué podían hacer para llegar a la raíz del problema de plazo de garantía? Podrían hacer cosas cómo ir a pedirles las piezas defectuosas a los clientes, devolverlas a Toyota Motor Sales, para que así el inspector de mantenimiento pudiera aproximarse lo más posible a la causa del problema. Se les ocurrió una idea mejor. Se dieron cuenta de que ya tenían un buen grupo de clientes dentro de la empresa. Los empleados Toyota tenían buenas ofertas de leasing, trabajaban en Toyota y podían pedirles que trajeran sus coches, para así poder diagnosticar las causas de los problemas.

¿Cómo hicieron esto? Escogieron Toyota Motors Sales, en donde trabajan varios cientos de empleados. Les pidieron que participaran en el programa. Les pidieron que trajeran sus coches al trabajo y, mientras trabajaban, ellos podrían hacer las reparaciones. Colocaron un centro de satisfacción al cliente dentro de Toyota Motors Sales y, uno por uno, fueron diagnosticando las causas de cada uno de los problemas.

Poner al frente una Red Internacional de Líderes que tomen Responsabilidades

Imagen 2-15 Paso 6 Do. Ver a través de las Contramedidas

También hablaron con otras áreas de Toyota. Tenían líderes de todas las partes de Toyota en el equipo, y les dijeron que cualquier requerimiento de cambio en ingeniera debía pasar por el centro de satisfacción al cliente (imagen 2-15). Iban a filtrar cada cambio y priorizarlo ellos, antes de que volviera a Toyota Technical Center o a Ingeniería en Japón a los proveedores. En la medida de lo posible, cualquier análisis del problema raíz se haría en América y se priorizarían los problemas antes de enviarlos a Ingeniería.

DESARROLLANDO LÍDERES LEAN | 53

> Controlar de cerca, durante siete años, con ajustes continuos

Imagen 2-16 Paso 7: Controlar ambos, Resultados y Procesos.

Fue un proceso continuo de perfeccionamiento y mejora (imagen 2-16). Esto es por lo que se tardó siete años en llegar a ese 60% que querían. Lo fueron consiguiendo continuamente ajustando el proceso. Cuando llevaban cuatro años, Gary se jubiló de la compañía, pero para entonces, Toyota ya había hecho progresos y había estandarizado los nuevos procedimientos dentro de los departamentos de producción, ingeniería y ventas. Hicieron más progresos basándose en los problemas raíz. Se convirtió en un proceso continuo, pero este nuevo proceso, debía convertirse en algo rutinario, una nueva manera de hacer el trabajo en Norte América (imagen 2-17).

> Muchos procesos nuevos se estandarizaron en producción, Ingeniera y Ventas. El trabajo profundizó en las causas raíz: mejor formación, y desarrollo de ingenieros, estandarización del trabajo en Ingeniería, dominio de la calidad en producción y mejora de los plazos de garantía en ventas.

Imagen 2-17 Paso 8: Extensión y Estandarización del Aprendizaje.

Vista General de los Costes de Garantía en Norte América a los 3 meses del servicio

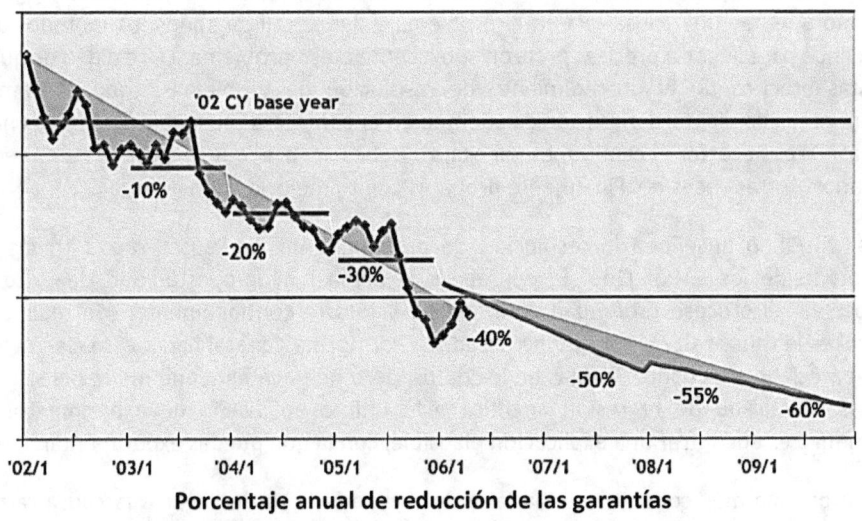

Fuente: Toyota Engineering and Manufacturing of America, Inc.
Imagen 2-18: Plantas Norteaméricanas tras 3 meses de puesta en marcha

Te estarás preguntando cómo fue. La respuesta es que fue muy bien, tal y como puedes ver en la imagen 2-18. Las líneas horizontales eran los objetivos. Como puedes ver, era un 10% anual partiendo desde el año 2002. La línea de puntos representa lo que ocurrió durante el reinado de Gary. Consiguieron un 40% tras cuatro años, y cuando el salió de la empresa, verificaron el proceso y consiguieron el 60% en el séptimo año.

Por supuesto, el plazo actual de reparaciones en garantía no ha bajado de ese 10% anual. Puedes ver que en ocasiones se estaba por debajo del objetivo y otras por encima. Es mejor planteártelo como los ciclos PDCA en los que estamos trabajando, se prueban cosas, parece que funciona y estamos por encima del objetivo, después y tenemos algún problema con alguna parte del coche, así que tenemos que arreglarlo, y nos ponemos por debajo. Es un proceso continuo.

Esto no pasó porque Gary ordenó a todo el mundo que redujeran ese 10% como pasaría en algunas empresas. Fue Gary, como miembro de la ejecutiva, quien lideró activamente a un grupo de ejecutivos. Tenían cientos de personas trabajando para ese equipo, y pasando por el PDCA, consiguieron ese objetivo tan difícil. Yo llamaría mejorar continuamente a tu modo, consiguiendo así un objetivo radical. Es *kaikaku* hecho a través de mucho *kaizen*.

Llegar a la Causa Raíz mediante los 5 ¿Por qué?

Llegar a la causa raíz sea quizá la parte más incomprendida en el proceso de resolución de problemas y es muy importante. Eso de la causa raíz suena muy científico, algo así como que hay una causa raíz en el problema y debes utilizar todos los métodos a tu alcance para llegar a precisar la razón subyacente a ese problema. La realidad es que si estás practicando el procedimiento de resolución de problemas, todo el tiempo, durante cada día, tardarías todo ese tiempo en encontrar la causa raíz y no harías nada más. Debes acortar el camino, tomar atajos. Debes aceptar que a veces vas a dar en el blanco y otras veces no. Finalmente probarás con tu mejor opción.

Taiichi Ohno enseñaba la resolución de problemas de las causas raíz a través del método de los 5 Por Qué. Él pensaba que había mayor oportunidad de éxito en observar el proceso profundamente, pensar y retarte continuamente. ¿Sé realmente cuál es la causa raíz? ¿Por qué ha pasado? ; Por norma general hacer esto cinco veces le parecía lo adecuado. Te fijas en los datos, pero no hace falta que utilices el sistema más sofisticado de regresión analítica o lo último en diseño de experimentos. El objetivo es encontrar una explicación plausible, con la que puedas experimentar.

El problema más común no es la falta de rigor a la hora de llegar a la causa raíz, el problema más común es que ni siquiera lo intentamos. Enseguida suponemos que conocemos el problema, que sabemos cuál es la causa, e inmediatamente saltamos del problema a la solución.

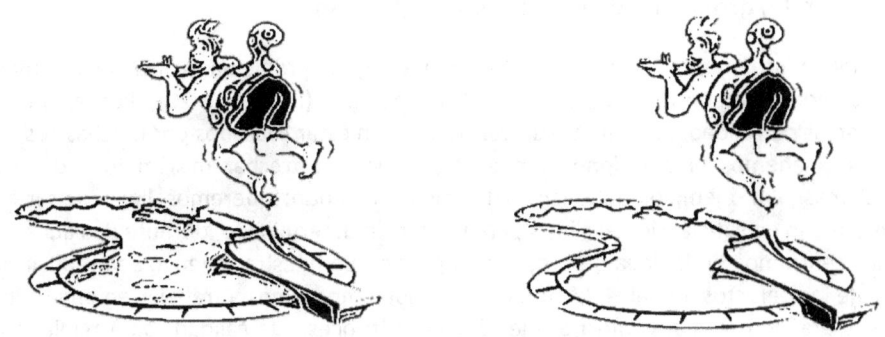

Imagen 2-19: Hombre saltando a una piscina llena (izquierda) y a una vacía (derecha)

Podéis ver a un hombre saltando a una piscina con agua (imagen 2-19). Imagina que la piscina no tuviera agua, el hombre simplemente saltaría sin mirar, y esto es lo que suele pasar. Cuando te enfrenas al problema, empiezas a pensar ideas y después las implementas, es como volar a ciegas. A veces es lo necesario cuando te enfrentas a problemas pequeños. Por ejemplo, podrías formar un equipo que reporte hora a hora, cada hora le dices a la gente del equipo que anote si llegan al objetivo. Si no llegan a conseguirlo, les preguntas porqué, aquí podrías tener una columna de contramedidas. Lo que estás haciendo es saltar de problemas a soluciones, pero lo haces para pequeños problemas que van surgiendo hora a hora y en los que a menudo, la causa es lógica (por ejemplo, una pieza que se ha atascado en la maquina). Cuando acumulas muchos de esos problemas y encuentras los más grandes, es cuando deberías hacer el análisis de la causa raíz., no saltar a los resultados.

Los 5 ¿Por qué?, no los 5 ¿Quién?

Taiichi Ohno dijo, "Observa la producción sin ideas preconcebidas y con la mente en blanco. Repite Por qué cinco veces para cada asunto". Fue muy famoso el círculo de Ohno. Consistía en estar parado de pie dentro del círculo, observar lo que está pasando, y seguir preguntando ¿Por Qué?, intentar entender el problema y la causa raíz. Así comienza. Dos horas después aparecía de nuevo y hacía lo mismo, quizás te pidiera que entraras también al círculo durante todo el día. Podías tener algún descanso, pero el resto del tiempo permanecías allí. Así observabas continuamente las mismas cosas. Cada vez que volvía, esperaba que le dieras un análisis más detallado. Cada vez tienes más información, has visto más temas y puedes haber pensado más profundamente sobre el ¿Por Qué? Te habrás dado cuenta de que lo que no hacía era buscar a los culpables. No quería que se encontraran los cinco "culpables". A menudo, cuando nos preguntan por qué, lo primero que solemos hacer es decir quien ha cometido el error, pero cuando nos preguntan por qué se ha cometido ese error, es cuando la respuesta nos llevará a la causa.

Estrechando, arrinconando y enfocando el proceso

Probablemente, nos estamos enfrentando a un gran problema o incluso estamos percibiendo solamente algún síntoma del problema (imagen 2-20). Por ejemplo, problemas de calidad, queremos resolverlos, pueden estar causados por muchas cosas, pero no sabemos ni por dónde empezar. Necesitas estrechar más el foco de tus problemas. Por ejemplo, deberíamos terminar sabiendo: queremos llegar a ser el número uno en satisfacción al cliente, en un artículo determinado, durante dos años. O si nos centramos en la línea de producción puede que nuestro objetivo sea reducir el 80% de los defectos a finales de año. Una vez que empezamos a trabajar en una parte de ese gran problema, como por ejemplo en el proceso de calidad, para minimizar defectos, profundizamos en las causas, empezando primero por la más probable, hasta que lleguemos a saber dónde se originó el problema. Así es como llegamos a saber la causa directa. Antes de empezar siquiera a plantearnos los 5 por qué, debemos tener clara la causa, el origen del problema, y en qué punto del proceso aparece.

DESARROLLANDO LÍDERES LEAN | 57

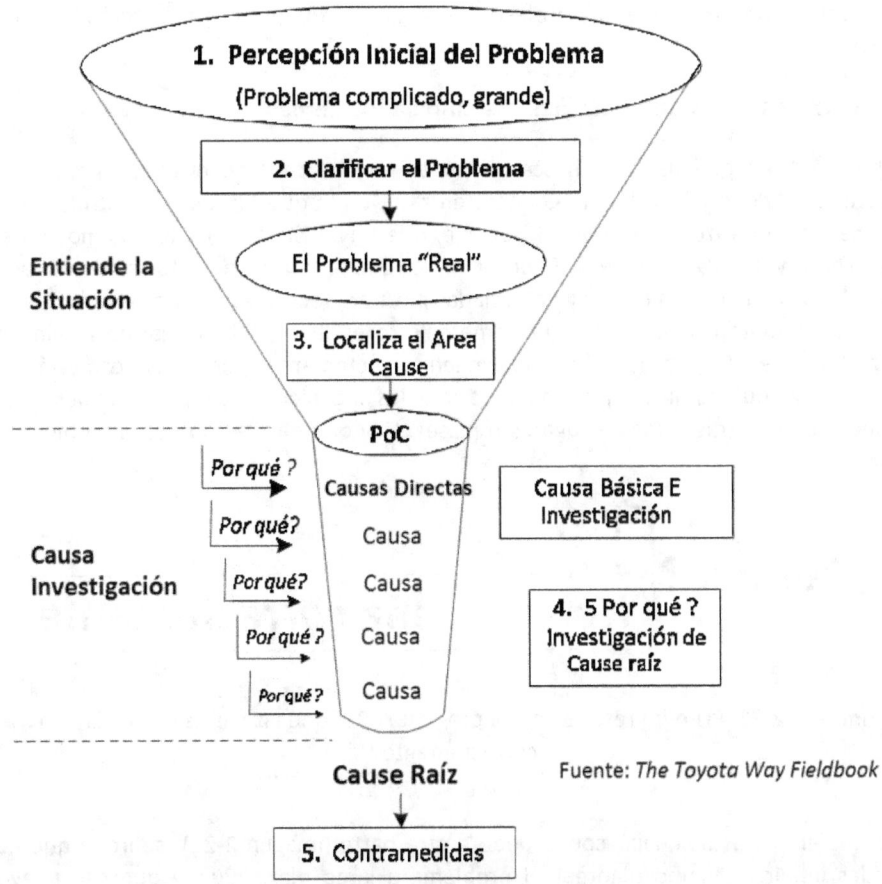

Imagen 2-20. Estrechando el foco.

Hay una historia muy famosa de Taiichi Ohno, en la que pidió a uno de sus mejores alumnos, Nampachi Hayashi que observara la línea de montaje hasta que viera un problema. Hyashi identificó un serio problema de calidad y quiso empezar a resolverlo enseguida. Entonces Ohno le preguntó, "¿Dónde ha ocurrido el problema? El problema era una pieza que no encajaba bien, y al pensar en ello, Hayashi se dio cuenta de que debía haber ocurrido en la producción de esa pieza. Ohno quiso saber por qué Hayashi se encontraba ahí si el problema había ocurrido en otro lugar de la planta.

Hayashi empezó a correr hacia allí, pero Ohno le detuvo preguntándole con dureza dónde iba "Voy a la cadena de producción, que es donde se ha originado el problema, a ver lo que ha pasado", le contestó Hayashi. Ohno le dijo "y ¿Qué pasa con el problema aquí en la cadena de montaje? ¿Vas a dejar que las piezas sigan montándose mal? Estaba haciéndole ver que debía pararse a reflexionar sobre el problema, pero que debía detener el problema en la cadena de montaje, antes de ir a buscar la causa a producción. Ohno no era un profesor muy simpático, pero era extremadamente efectivo.

Los 5 Errores más Comunes: Echar la culpa a los demás

Antes he dicho que hay que buscar el punto que ha causado el problema, dónde ocurre, pero debo advertirte que debes centrarte en lo que tú puedes controlar. Hay un análisis muy razonable de los 5 por qué, que David Meier y yo describimos en el libro *The Toyota Way Fieldbook*. El problema es que la tasa de defectos es demasiado alta y la razón de ello es que hay demasiadas piezas defectuosas. ¿Por qué? Porque los operarios cometen errores. ¿Por qué cometen errores? Por qué las piezas no se alinean correctamente. ¿Por qué las piezas no alinean correctamente? porque la pieza está mal diseñada, lo que significa que debemos ir a los ingenieros que probablemente se encuentren en otras ciudades lugares o países. Hay que decirles que diseñen bien las piezas.

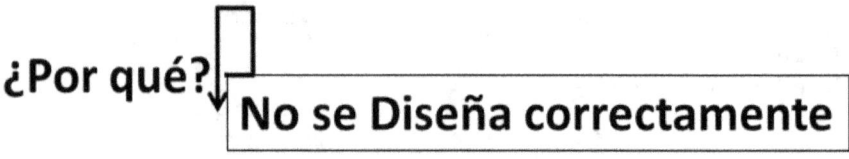

Imagen 2-21. Primera respuesta a la pregunta ¿Por qué las piezas no se alinean correctamente?

Una vez empiezas a señalar con el dedo a otra parte (imagen 2-21) sobre la que no puedes influir, es como plantear el problema a largo plazo. Puede que ese nuevo diseño no aparezca hasta dentro de muchos meses o incluso años. Debes preguntarte si hay una respuesta diferente a tu pregunta de los por qué, algo que puedas controlar tú.

Análisis eficaz de la causa raíz

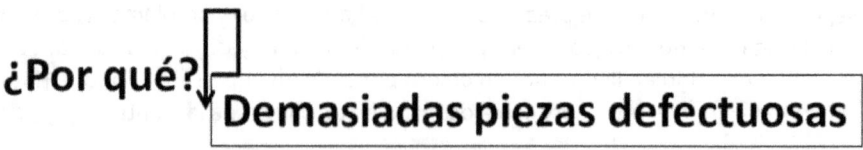

Imagen 2-22. Respuesta a la pregunta ¿Por qué la tasa de defectos es tan alta?

Esto es lo que llamamos análisis eficaz de la causa raíz. Es lo que hemos hecho aquí. Todavía contamos con los errores de los operarios (imagen 2-22) y sabemos que las piezas no se alinean correctamente, pero nos preguntamos "¿Hay algo que podamos hacer en la línea para alinearlas correctamente?" O sea, ¿Por qué no alinean correctamente?

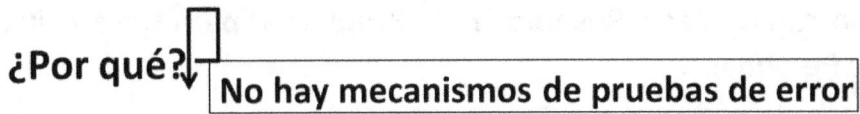

Imagen 2-23. Segunda respuesta a la pregunta ¿Por qué no se alinean las piezas correctamente?

No tenemos un dispositivo de prueba de errores que haga que la pieza no pase al siguiente puesto (imagen 2-23). El dispositivo podría ser algo tan simple como un soporte improvisado, un modo de fijar las piezas que actualmente no encajan para que el cliente esté satisfecho. De todos modos, vas a informar al departamento de ingeniería del error para que mejoren el diseño de algún modo para hacer que la pieza pueda encajar como debe, sin tener que utilizar ese soporte que has improvisado. Pero hay que contener el problema, hay que buscar una solución a ese problema de calidad en la línea de montaje. Apuntar a otro lado puede ser una excusa para "lavarnos las manos" y no hacer nada.

Una vez que tengamos la causa raíz, o al menos lo que pensamos que puede ser, debemos buscar ideas para eliminarla o eliminar lo que la causa. Tal y como he comentado antes, esto es lo que Toyota llama contramedidas, porque no sabemos si van a funcionar o podemos encontrar otras mejores. Una solución que hoy parece buena, puede reemplazarse mañana por una todavía mejor. Lo que pensamos es que es una buena contramedida, necesita probarse científicamente como si fuera un experimento. De momento es una hipótesis. Si finalmente se implementa, estamos reduciendo esa diferencia hasta nuestra condición deseada.

Un error común es que pensamos que sabemos más de lo que realmente sabemos. ¡Tengo la respuesta!, pensamos y vamos a por ella. Quizá funcione por un pequeño periodo de tiempo, pero ¿Es realmente la mejor? Quizá alguien del equipo tenga una mejor idea, una mejor contramedida. La enfermedad del exceso de confianza es una de las barreras más grandes con la que nos topamos en cuanto a la resolución de problemas. Si realmente piensas que sabes cómo resolver el problema, solo seguirás el proceso de resolución de problemas superficialmente, como mucho.

Contramedidas y Resolución de Problemas para Desarrollar a las Personas

"Nemawashi"

Una de las palabras japonesas que aparece mucho en los pasos del proceso de resolución de problemas es *nemawashi*. Quizá hayas oído esta palabra, *nemawashi*, hace décadas en los libros de producción japoneses. No es particular de Toyota. Una de las traducciones, basándonos en la naturaleza, es "preparar la tierra antes de plantar un árbol". En este caso, preparar la tierra significa que todas las partes que van a estar afectadas, hayan sido formalmente preparadas haciéndoles una propuesta. Lo que debes hacer es hacerles la propuesta cara a cara. Puedes hacerla por Skype, pero si es cara a cara mejor. Te comunicas uno a uno con los miembros, hablas con ellos, escuchas sus ideas. A la vez que escuchas y hablas con ellos, dales ideas y hazles saber si vas a utilizar sus ideas, debes llegar a un consenso. Así cuando haces una propuesta en firme, la gente ya ha ido aceptado las condiciones poco a poco.

Identificar y Seleccionar Opciones de Mejora (Plan)

Cuando identificamos y seleccionamos nuestras opciones de mejora, recuerda que las contramedidas que adoptamos son parte de ese proceso, vamos a utilizar *nemawashi* para generar muchas ideas. Después vamos ver cuáles de esas ideas son las mejores, utilizando diferentes medidas de efectividad, coste, simplicidad y su capacidad de rápida implementación. Puedes usar un conjunto de criterios y numerarlos en una escala de tres puntos. Puedes obtener aun mayor número de ideas. Usa también tu buen criterio para probar el menor número de elementos posible. En el proceso, incluso probándolos, y con los resultados, sigue consensuando y así el proceso *nemawashi* irá generando más ideas. En cada paso del proceso vas a ir haciendo *nemawashi*. Una de las cosas de las que hablaremos más tarde en este capítulo, es que A3 es una herramienta muy poderosa para el *nemawashi*. Puede ser parte del proceso de la búsqueda de consenso, pero solamente si la utilizamos de modo correcto para éste propósito, es decir, no podemos rellenarla solo nosotros mismos y comprometernos con nuestras propias ideas.

Planificar e Implementar Mejoras (Do)

En ésta fase no deseas esperar y permitir que los defectos aparezcan, o que el desperdicio persista, hasta que puedas llegar a saber cuál es la causa raíz y puedas empezar el proceso de los ocho pasos. Como he mencionado antes, necesitas contener el problema primero. Por ejemplo, en una planta Toyota, cuando alguien tira del cordón, el andon, una luz se enciende, y puede que un líder Lean aparezca corriendo. El primer trabajo que tiene, es contener el problema para poder seguir produciendo. Después, si el problema lo merece, el equipo puede dar un paso atrás y empezar a buscar contramedidas para más largo plazo. El primer "Do" podría ser contener el problema antes de empezar con el Plan-Do-Check-Act, y después ya pasas por todo el proceso Plan-Do-Check-Act, para enfrentar los problemas más grandes en los que te vas a centrar.

Una vez estaba en el almacén de Zingerman´s Mail Order donde estaban montando un nuevo estante para depositar cajas de distinto tamaño, de las que utilizaban para el transporte de diferentes productos. Seleccionar la medida correcta para cada envío, es una de las partes más difíciles para los operarios.

Estuvieron montándola y dejaron que los operarios la utilizaran, recogiendo sus ideas recolocaron algunas cajas y añadieron otras. Siguieron con el procedimiento do-check-adjust unas semanas más, y cuando finalmente estuvieron satisfechos, lo implantaron en las demás plantas. "Doing" es un proceso continuo de experimentar, reflexionar y ajustar.

La Resolución de Problemas es el Modo de Desarrollar a las Personas

El *Toyota Way* significa Mejora Continua y Respeto por las personas, y estos dos pilares deben estar completamente entrelazados. Esta interrelación llega cuando, a la vez que las personas están resolviendo problemas, aprenden nuevas técnicas. Estas técnicas incluyen las siguientes: *nemawashi*, tienen ideas creativas, expanden sus mentes, observan profundamente a su alrededor, piensan y preguntan ¿Por Qué? Las personas van desarrollando un amplio repertorio de técnicas y hábitos. Al mismo tiempo, van resolviendo problemas reales, y van siendo mejores. El resultado de la resolución de problemas es el desarrollo de las personas.

Cuando Gary lideró aquel reto de la reducción de los plazos de garantía, con algunos de los mejores trabajadores de Toyota, nadie cuestionó que debían conseguir el 60%, no preguntaron si era aceptable conseguir el 57%. El objetivo era 60% y tenían que conseguirlo, sabían que lo conseguirían. Sabían que iban a seguir el proceso de Resolución de Problemas, pero no sabían las soluciones específicas que iban a funcionar. Tal y cómo iban avanzando en el proceso, iban desarrollando técnicas de mejora de gran nivel, especialmente Gary.

Toyota Business Practices: Desarrollando a las Personas a través de la Resolución de Problemas

Lo que Toyota ha creado en Toyota Business Practices son dos conjuntos de cosas en paralelo. Una aborda la pregunta: ¿Cuáles son las acciones concretas y los pasos que seguiremos para resolver el problema? La segunda contesta a la pregunta ¿Cuáles son los valores que vamos a reforzar en las personas conforme vayan siguiendo el procedimiento? Lo llaman acción y dedicación, y utilización de técnicas reales mientras pasas por los ocho pasos. Por ejemplo, cuando estás intentado esclarecer el problema, deberías poner siempre al cliente primero, lo cual empieza preguntándote ¿Quién es el cliente? ¿Qué es lo que necesitan de mí para estar satisfechos? ¿Cómo puedo resolver sus problemas? Cuando estas desarrollando contramedidas, estás intentando afinar tu juicio basándote en cosas como por ejemplo saber priorizar los problemas. Debes involucrar a las partes interesadas, aprender a hablar con ellas, a cómo persuadirlas, pero a la vez escuchándolas y tomándote sus ideas muy en serio.

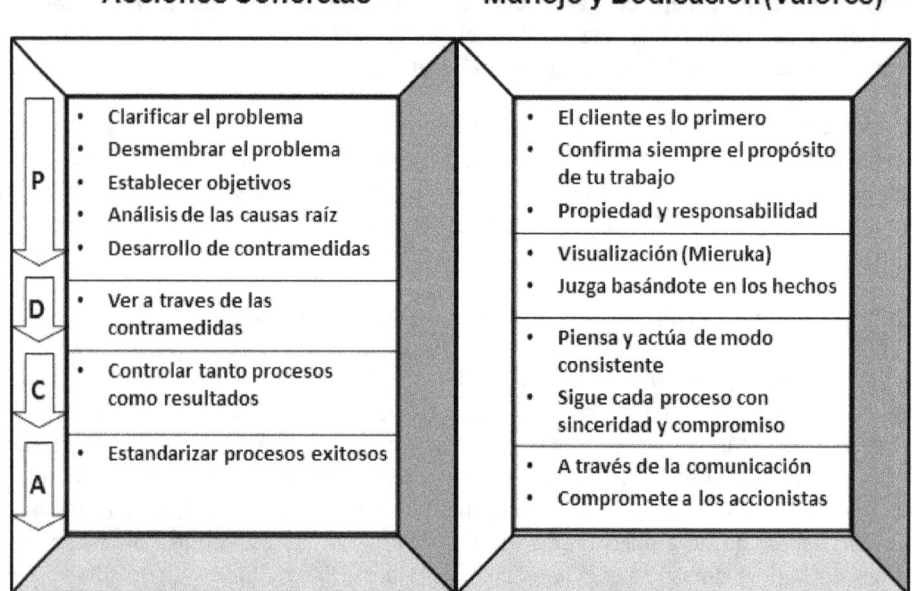

Imagen 2-24. Toyota Business Practices - centradas en la Resolución de Problemas

Un Plan de Acción Responsable

Cuando llegas al plan de acción y pruebas las contramedidas, vas a tener una programación visual que se colgará en algún lugar visible. Normalmente tendrás algún resumen en el gemba en el que aparezca la resolución del problema y que incluya quién va a ser el encargado de resolverlo y cuando.

Debería haber siempre nombres individuales, no equipos, no el nombre del grupo con el que se cuenta para el trabajo, sino el nombre de cada persona que va a hacer cada paso. Parte del checking en el proceso son los informes de esas personas y las reuniones. Cuando se supone que algo se debía haber hecho, es inmediatamente reconocible si lo han hecho o no, o si no han tenido el debido cuidado. Cada vez que te reúnas con alguien, cada vez que te informen de algo, es una oportunidad para esa persona de conseguir feedback y de mejorar en el proceso de resolución de problemas. Por consiguiente, el plan de acción se trata de responsabilidad y es otra herramienta de desarrollo de las personas.

Comprobar es Aprender

Podemos continuar con el paso Check (comprobar) de Plan-Do-Check-Act, el cual es otra oportunidad de desarrollar a las personas. Según te vas metiendo en situación, tu coach te va a ir controlando. Si le dices "Mira qué resultados más buenos" y solamente le muestras números, tu *sensei* te va a preguntar ¿Has observado el proceso? ¿Durante cuánto tiempo lo has observado? ¿Has hablado con las personas? Te enviará de nuevo al gemba.

Debes estar preparado para hacer ajustes. A menudo cantamos victoria demasiado pronto, debes ver el check como un paso de comprobación y actuación continua. Aprenderás observando, lo cual generara nuevas contramedidas que comprobar.

Has hecho progresos, pero aun no has llegado a conseguir lo que deseas. Asi que necesitas más. Después vas a volver a comprobar lo que has conseguido y volver a ajustarlo. El proceso entero está diseñado para que tanto las personas como la empresa aprendan. Se extiende lo que aprendes. No estás extendiendo las buenas prácticas, realmente estás extendiendo un aprendizaje, ello se convierte en un proceso en el que todo el que está dentro piensa y aprende.

La Acción Futura se Reflexiona en Profundidad

El Act final en el PDCA se basa realmente en una reflexión profunda y esto es así hasta que estás convencido de que el proceso se ha estabilizado. A menudo escuchamos que la solución no se ha sostenido. Vuelves unos meses después y las cosas no funcionan del modo que habías establecido. La gente no está siguiendo los estándares que habías diseñado, el problema suele ser que no has estado lo suficientemente cerca del proceso como para poder controlarlo y poder apoyar a la gente hasta convertirlo en rutina, una nueva forma de hacer las cosas. Tú eres responsable, como "propietario" del problema, de sostener la solución y de continuar la mejora.

A menudo vemos que una compañía va a hacer Lean en un área (a veces se llama proyecto "piloto"). Una vez que lo consiguen y tienen éxito, el director les ordenará que lo extiendan a todas las demás áreas, así que dejan de hacer lo que habían conseguido. El aprendizaje es una línea continua. Se puede seguir aprendiendo y avanzando en otras partes del negocio, pero normalmente están tan ocupados extendiendo lo que han aprendido que el área en la que habían conseguido mejorar empieza a ir para atrás. Además, conforme van extendiendo ese aprendizaje, seguramente los resultados no van a ser tan buenos como en la primera área. Esto es porque una solución que haya funcionado en un área, puede que no funcione fuera de ese contexto; además, la gente a la que les enseñan las "buenas prácticas" no han pasado por el proceso de aprender conforme iban surgiendo esos problemas, y no entienden lo suficientemente bien el ejemplo como para adaptar a su proceso las rutinas necesarias para mejorarlo.

¿Por Qué PDCA se Sigue tan Poco?

Fuente: *Toyota Way to Continuous Improvement*
Imagen 2-25. PDCA (Plan – Do – Check – Act or Adjust) Rueda o Rueda de Deming

¿Creéis que PDCA, tal y como lo he descrito se utiliza con frecuencia? ¿Es la forma típica en la que la gente lleva a cabo la mejora? En muchas de las empresas más reconocidas, se empezó con la revolución de la calidad entre 1980 y 1990. Ahora deberíamos ser expertos en calidad de producto. Aprendimos en esos cursos sobre Plan-Do-Check –Act (imagen 2-25), sobre las herramientas básicas de resolución de problemas y también cómo crear un diagrama de causa efecto. Entonces ¿Es algo obsoleto? La respuesta en teoría es que sí. No estoy diciendo nada que no hayáis oído ya, la realidad de lo que pasa en el día a día es lo que se muestra en la imagen 2-26.

Fuente: *Toyota Way to Continuous Improvement*
Imagen 2-26. Rueda PDCA solamente con Do- ¡Haz que suceda!

Entramos en una dinámica de "apagar fuegos" en la que no paramos de hacer, planear, comprobar o ajustar ¿Pero qué pasa? Hemos ido a un curso, hemos aprendido cómo hacer PDCA, pero cuando comprobamos el proceso y observamos a la gente trabajar, vemos que casi todo el tiempo lo utilizan en el paso "Do". ¿Por qué pasa esto?

El modo "apagar fuegos" se convierte en un círculo vicioso, esto tiene hasta un nombre en términos teórico. Es un bucle cerrado en espiral. Ajustas el sistema porque no funciona, pero aparece otro problema y lo intentas solucionar, mientras intentas solucionar éste segundo problema, te das cuenta de que el primero no está realmente resuelto, esto se convierte en una constante y acabas siendo un "apaga fuegos" de los problemas que van surgiendo diariamente. El sistema está empeorando en lugar de mejorar, ya que una vez entras en ese círculo estás atrapado, no tienes tiempo de hacer Plan-Do-Check-Act, solamente tienes tiempo de solucionar el día a día.

Una vez que cambias y empiezas el círculo del PDCA cómo debe hacerse, las cosas empiezan a ir mejor. Pasan a ser estables, y esto te da tiempo a planear, comprobar y ajustar, especialmente si puedes contar con el lujo de tener a un líder de equipo ajeno a la línea de producción, en lugar de que todo el equipo pertenezca a ese departamento, ya que se convierte en una ayuda extra en la resolución de problemas. Conforme las cosas se van resolviendo del modo correcto, todo va mejor en lugar de ir peor. Esto te permite el lujo de hacer *kaizen*. Como ves, podemos tener un ciclo de mejora continua o un ciclo destructivo. Muchas empresas están atrapadas en ese ciclo destructivo.

George: "Jeff, ¿Cuál sería tu contramedida para esas empresas atrapadas en ese círculo? ¿Cómo les haces volver a la rueda de Deming y empiezas tu trabajo de consultor?"

Jeff: La respuesta más sencilla es **Liderazgo**. Alguien tiene que dejar de apagar fuegos y empezar a resolver las cosas. Alguien tiene que tomar el papel de líder. Podría perfectamente ser un jefe o supervisor de un área que de repente piense "Ya estoy harto de llegar a casa enfadado todos los días, de estar frustrado y tratar mal a mi familia. Mi vida es una ruina, y ya no puedo más. Tengo que encontrar un modo diferente de hacer las cosas, voy a aprender Lean y cambiar el modo de liderar a mi equipo."

Hay gente que me escribe mail y me dice "He leído tu libro y he empezado a seguir los principios en mi área, paramos y vemos cuál es el problema y preguntamos ¿Por Qué? cinco veces. Hemos empezado a resolver problemas utilizando algunas herramientas Lean, y parece que las cosas funcionan mejor y nos podemos permitir resolver los "problemas reales" lo que pasa es que mi jefe me pregunta que es lo que he cambiado y por qué mi área funciona mejor que el resto. El resto de supervisores hablan de mí a mis espaldas porque piensan que le hago la pelota a los directivos. ¿Qué puedo hacer? Mi jefe no entiende lo que hago y mis compañeros están celosos y disgustados, no quieren aprender de mí."

Es un problema real, pero mi sugerencia es que sigan haciendo lo que saben que es correcto, el resto de los compañeros les seguirá con el tiempo.

Una situación mejor es cuando alguien con más rango en la empresa es a quien hace falta un cambio y se dice "Ya no puedo más, voy a cambiar" En The Toyota Way to Continuous Improvement, el Dr. Richard Zarbo, el cual dirigía los laboratorios de pruebas para el Henry Ford Health System, escribió un capítulo. Había pasado por la formación de la rueda de Deming hacía décadas y finalmente se miró el espejo y se dijo a sí mismo: "No vamos a seguir nada de lo que el Dr. Deming quería enseñarnos, voy a cambiar el modo de hacer las cosas, y voy a hacerlo en el laboratorio". El cambio fue dramático, y empezó por él mismo Richard Zarbo. Como veremos en el modelo de liderazgo, el primer paso para convertirse en líder Lean es el auto desarrollo. Tienes que desear cambiar. Solamente se puede cambiar lo que controlas.

Cuando la gente me pregunta "¿Qué puedo hacer? No tengo el apoyo de la dirección ni de mis compañeros" mi respuesta es sigue haciendo lo que haces, porque seguro que sales del trabajo más contento y al llegar a casa eres mejor marido, mejor padre o mejor miembro de la comunidad y tu vida es mejor. ¿Por qué querrías volver atrás?

Entretanto, cuanto más tiempo sigas haciéndolo, mejores resultados obtendrás y más probabilidades hay de que alguien se dé cuenta de que tiene algo que aprender de ti. Esto ocurre a menudo. Lo que hace falta es empezar, ya sea por abajo, por el medio o por la cima. Lo más efectivo es cuando los que están en la cima siente pasión por el cambio. A menudo pasa como resultado de una fuerza externa. Por ejemplo, tenemos una patente y nos estaban cobrando el 100% del margen de beneficio. Cuando se nos agota esa patente, debemos cambiar eso o morir, ya que tenemos competidores que están cobrando el 15% de los beneficios.

Una crisis, como veremos con el caso Dana en el capítulo siete, puede abrir las mentes de los directivos al cambio.

¿Por Qué las Empresas se saltan el PCA del ciclo PDCA?

Vamos a preguntarlo de nuevo: ¿Por qué las personas se saltan el Plan, el Check (comprobación) y el Act y van directamente al "Do"? ¿Por qué si ven el problema y, sobre todo si son directivos de alto nivel, piensan que la solución va a ser inmediata? Primero hay que ver el problema, y entonces enfrentarnos al reto de encontrar la solución. Después debemos estar seguros de que la nuestra es la mejor solución y después esperar el reconocimiento "Eres un héroe, has solucionado el problema". ¿Por qué actuamos así?

Hoy en día hay muchas investigaciones que nos ayudan a entenderlo. Existen investigaciones sobre las reacciones químicas del cerebro y hay un libro que es un éxito en ventas, llamado *Thinking, Fast and Slow* de Daniel Kahneman, un psicólogo cognitivo que pasó su carrera estudiando la manera en la que las personas razonamos y tomamos decisiones. Él y su colaborador, ganaron un premio Nobel por su trabajo.

En éste nuevo libro, en un nivel simple, dice "Piensa en tu cerebro como si tuviera dos partes independientes". No es realmente lo que pasa, pero es una forma simplificada de verlo. Es como si tuvieras dos ordenadores en tu cerebro. A uno de ellos le encanta saltar del problema a la solución, quiere reacción, piensa rápido. Los estereotipos vienen de pensar rápido, (intuición) vemos algo y enseguida nos formamos ideas preconcebidas. "Ésta persona parece inteligente" o "Ésta otra parece perezosa", "Este trabaja en un puesto poco cualificado", o "Éste debe ser un directivo". Muchas veces asociamos experiencias pasadas con la primera impresión de alguien, por ejemplo, su trabajo o su apariencia. Esta es la parte que piensa rápido de tu cerebro, la que saca conclusiones muy rápidamente. Tratar de ralentizar esta parte del cerebro es doloroso y frustrante.

Hay otra parte del cerebro que dice: "Espera un momento, Jeff, ¿Cómo sabes eso? Acabas de conocer a ésta persona ¿Cómo vas a saber nada de ella hasta que no empieces a preguntarle y vayas sabiendo cosas sobre él? Ten paciencia". Esas dos partes de tu cerebro están luchando entre sí, porque la parte rápida quiere la respuesta ya y la lenta quiere tomarse el tiempo de reflexionar y comprobar todos los datos. Mientras la parte rápida dice "Venga idiota, no tenemos tiempo para esto, hay que solucionar el problema, baja de las nubes", la lenta está diciendo "tranquilo, tranquilo, antes de que nos metamos en un lío vamos a pensar las cosas".

Una de las cosas que Kahneman nos enseña con sus experimentos es que cuando tienes escasez de información, nuestra parte rápida funciona como si fuere una máquina, para saltar a las soluciones, es decir que va a ganar si no tenemos la suficiente información "Como no sé nada sobre seguro, voy a hacer lo que creo que es correcto". Por lo que cuanta más información tengamos que sea visible y accesible, más posibilidades tiene la parte lenta de "ganar la pelea", de ralentizar a la parte rápida.

Una de las cosa que hacemos con Lean es Gestión Visual, en la que con un solo vistazo, puedes comprobar si el proceso está controlado o no. Es información crítica que nuestra parte rápida no puede discutir. Paramos la línea, así la parte rápida contiene el problema, pero ahora es el turno de que nuestra parte lenta del cerebro empiece a pensar un poco. ¿Por qué pasa esto?

George: "Es muy interesante. Entonces, ¿Merece la pena leer el libro, o ya hemos aprendido todo lo necesario con lo que nos has explicado?"

Jeff: "Habéis aprendido algo, pero el libro es largo, son 400 o 500 páginas escritas por un académico, un comunicador brillante. El libro estuvo más de un año en la lista de los 10 libros más vendidos del New York Times. Millones de personas lo compraron, y presumiblemente, lo leyeron, aunque personalmente pienso que muchos de ellos no lo leyeron entero. Yo no he leído todo el libro, pero la lectura engancha, ya que describe experimentos fascinantes de una forma amena."

George: "Lo que has comentado acerca de la gestión visual, nunca había pensado explicarlo de ese modo. La verdad es que es una buena forma de explicar cómo se convierte en decisiva esa lucha contra el lado humano de querer saltar al resultado sin apenas información."

Jeff: "Cierto. También es de gran ayuda si el director baja, mira lo que estás haciendo y se pone contigo a pensar y a plantearse lo que está sucediendo. Esa es una gran herramienta y otra de las conclusiones de Kahneman, que somos criaturas naturalmente visuales. Si estamos observando un informe y los datos y están enterrados tres páginas por debajo en la pantalla del ordenador, es como si no estuvieran, o si hay demasiada información junta, tampoco."

Debes contar con información clara y centrada que nos indique que hay un problema y a partir de ahí tomarnos el tiempo para resolverlo. En el capítulo tres hablaremos más de Gestión Visual.

La otra complicación es que la mayoría de las personas, (demostrado científicamente) prefiere el pensamiento rápido. Te hace sentir bien. Genera endorfinas. Es como un subidón, ¡he resuelto el problema enseguida! Sin embargo cuando lo haces del otro modo y empiezas a plantearte las cosas, a hacerte preguntas es todo lo contrario. Se activa el cerebro, lo cual cuesta. El aprendizaje cuesta trabajo. Kahneman se refiere a "La ley del mínimo esfuerzo", y el pensamiento rápido se corresponde al mínimo esfuerzo.

Lo positivo de todo esto, y que Kahneman ha demostrado es que, cuanto más utilizamos la parte del cerebro que razona, más poderosa se convierte, es como ir al gimnasio para estar más fuerte. Esa parte del cerebro se puede ejercitar y puede aprender, y al final sientes incluso más satisfacción al haber encontrado la raíz del problema y haberlo resuelto, que sentiste al obtener esas pequeñas rápidas victorias del pasado con el pensamiento intuitivo. La buena noticia es que hay beneficios al final del camino, si pasas por el duro proceso del aprendizaje y de entrenar tu cerebro para que piense más despacio, más profundamente y razonando.

Fuente: Planta Toyota en Georgetown
Imagen 2-27. Tablero de Gestión Visual

Es importante invertir en gestión visual, como una herramienta para motivar el pensamiento lento. Esta era el área de reuniones (imagen 2-27) de un líder de grupo en la planta de Toyota en Kentucky. Parece tan elaborada que parece para la planta entera, pero es solamente para un grupo de trabajo. Los grupos de trabajo en Toyota cuentan aproximadamente con unas 25 personas, y en Kentucky, Georgetown, trabajan 6.000 personas... hay muchos tableros. Todavía imprimen el papel y lo cuelgan en la pared. Puede que sea difícil de leer, pero en seguida visualizas las X marcadas en rojo, y ahí es donde el ojo debe posarse porque es dónde están los problemas. Un problema significa que no estamos siguiendo el camino. En el tablero se muestra lo que se debería haber conseguido ésta semana, tanto en mejora de calidad, como seguridad o reducción de costes, pero si vemos que no lo hemos conseguido en seguridad, por ejemplo, ya tenemos un problema. Ahí es donde vamos a necesitar el apoyo de un coach. Los directivos bajan y ven lo que ha pasado y lo hablan, dan una vuelta por la fábrica, hablan con el grupo de trabajo ahí mismo, delante del tablero y tratan de ayudar, normalmente haciéndoles las preguntas adecuadas.

Volveremos a éste tablero en el Capítulo Seis cuando hablemos de grupos de trabajo efectivos.

Modelo A3 para "Ralentizar" el Proceso de Resolución de Problemas

Los informes A3 se han convertido en parte habitual de las herramientas Lean, pero pocas veces se utilizan como se debe.

Una de las cosas para las que son muy útiles es para ayudar a la parte lenta de tu cerebro. En si se trata de una hoja tamaño A3, en la que rellenas casillas que representan el proceso que estas utilizando, como el de resolución de problemas. La forma correcta de utilizarlo es con un coach, e ir rellenando casilla por casilla conforme avanzas en el proceso. Por ejemplo en el caso de la resolución de problemas, puedes tardar semanas en definir un problema, esa sería la primera casilla, antes de que el coach te deje avanzar.

La historia del A3 es en cierto modo, decepcionante, ya que te gustaría creer que fue un descubrimiento novedoso, que alguien de repente dijo "Eureka, ¡He descubierto el informe A3 Y va a ser una herramienta esencial del *Toyota Way*! Pero no fue así. Lo que pasó fue que hubo una serie de acciones.

Una de ellas fue que se necesitaba documentar el proceso conforme iba sucediendo, como parte del *nemawashi*. Se debía contar con algo que poder mostrar a los demás, y cuando muestras algo a otras personas y es tú responsabilidad, quieres que la información esté lo más clara y simple posible. Cuanto más corto mejor, es difícil que la gente vea los puntos críticos en un informe de 40 páginas, que lee justo antes de la reunión. Pare eso están los resúmenes de los informes.

El A3 era un modo de recoger las ideas críticas en una pieza de papel, en la que tanto la gente con la que se iban a reunir, como el coach, fueran capaces de entender de un vistazo los puntos clave, seguir el proceso de pensamiento y proporcionar feedback. ¿Por qué un A3? Porque es grande, en esa época era el papel más grande que podías enviar por fax, y ese era el método principal de comunicación con otros que no estaban en tu edificio. Nadie se inventó un modelo para optimizar el tamaño del papel, fue simplemente que el A3 era lo más grande que podían enviar por fax.

El informe A3, en Toyota, se conoce como una historia, porque las cosas van evolucionando. Un informe es algo que haces cuando algo ya ha sucedido, pero para entonces es tarde porque lo que estas contando en ese A3 podría haber terminado siendo un fallo.

Cuatro Tipos de Historias A3

Mucho de lo que has oído acerca de informes A3 en Toyota, ha sido realmente desarrollado por americanos. Por ejemplo, en 1990, en Toyota Technical Center en Ann Arbor, detectaron que a los ejecutivos americanos no se les había formado formalmente en Resolución de Problemas. Hubo que asumirlo. Los empleados habían tenido un coach japonés para cada uno, y les habían enseñado cosas como "Por favor, haz un informe en una cara de una hoja de papel, eso te ayudará" los americanos estaban aprendiendo A3, aunque no lo llamaban así.

Conforme el R&D iba creciendo iba incorporándose gente que no habían aprendido del poco personal japonés que quedaba, por lo que se desarrolló un grupo de formación para formalizar el conocimiento, algo que no se había hecho en Japón. Desarrollaron cursos sobre *nemawashi*, sobre resolución de problemas y también cursos sobre A3 en el que tener nociones sobre resolución de problemas y *nemawashi* eran prerrequisitos. Definieron formalmente los diferentes tipos de historias A3 que habían aprendido de los japoneses. La imagen 2-28 muestra cuatro tipos diferentes de historias A3 en secuencia lógica, partiendo desde la base de que sabes que tienes un problema en tu situación actual.

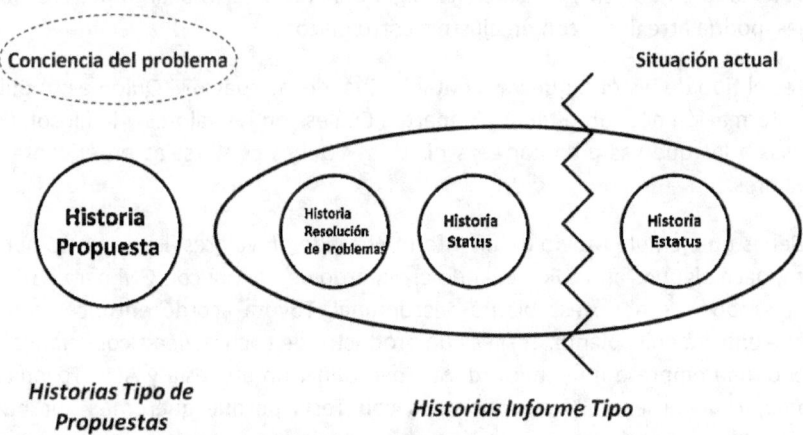

Fuente: Toyota Technical Center
Imagen 2-28. Cuatro tipos de Historia A3

La historia "propuesta" se da cuando eres consciente de que tienes un problema y necesitas aprobación para empezar a trabajar en él. Una vez tienes la aprobación, puedes empezar la historia de resolución de problemas y empiezas a trabajar por ejemplo con Toyota Business Practices. En algún momento durante el proceso de resolución de problemas, en tu trabajo diario, tendrás que informar sobre el estado de la producción, calidad, seguridad o cualquier otro punto, y querrás utilizar un A3 que muestre los datos clave. Te muestra el estado en el cual me encuentro, comparado con el que estaría si utilizara un estado A3.

Por otro lado, en algún momento querrás compartir información. Por ejemplo, podrías aprender algo técnico en ingeniería que quisieras compartir con el resto de ingenieros y utilizas una historia A3. Esto se traduciría en un trozo de papel a una cara que muestre el problema que tenías, las contramedidas que utilizaste y en la que puedas mostrar todos los datos.

Hay diferentes historias A3 como he dicho. Estamos más familiarizados con las de resolución de problemas. Explicaré brevemente algo de las demás y después me centraré sobretodo en la historia de resolución de problemas.

Informe A3: Planificación de Puntos Vitales

Independientemente del tipo de historia A3 que nos encontremos, hay varios puntos vitales o clave generales. Lo primero es comprender la situación a la que te enfrentas por completo antes de empezar el A3. Esto significa considerar un amplio rango de fuentes de información, conseguir que los demás se impliquen, tal y como hizo Gary yendo a los líderes clave y haciendo *nemawashi*. Ésa es la manera de formar un equipo que va a ayudarte a ejecutar el proceso. Intenta que te den hechos, no solamente opiniones, así cuando te den una opinión, actúa como un detective para saber si es o no verdad lo que te dicen y considera si alguno de los efectos a largo plazo en los que trabajas, podría arreglarse con un ajuste a corto plazo.

¿Cuál es el tipo de historia que vas contar? ¿Cuál de las cuatro? ¿Quién es tu público? ¿Qué información necesitan tener? Y aparte ¿Cuáles son los valores y la filosofía de las empresas a las que vas a contar esas historias? Debes contárselas en el contexto de esos valores.

Aquí tienes un ejemplo rápido de un informe basado en valores: Hubo un comunicado famoso, hace algunos años. Fue cuando el acuerdo de Toyota con GM para NUMMI se había cerrado y se abrió esa planta descomunal, Toyota acordó entonces con Tesla para que entrara en la planta. Tesla es un productor de coches eléctricos relativamente pequeño, una empresa muy innovadora. Toyota invirtió en Tesla y Akio Toyoda lanzó un comunicado diciendo "Nos asociamos con Tesla porque queremos aprender de ellos". Lo que querían era un poco de acción, dedicarse a innovar, para animar a los ingenieros que habían estado demasiado tiempo inmersos en asuntos burocráticos.

Yo vi uno de los informes para el RAV4, el cual incluía utilizar el motor de Tesla en el RAV4, debía funcionar con las transmisiones el RAV4. Había que solucionar un montón de problemas. Uno de los retos era que Toyota utilizaba tecnología propia en sus ordenadores, al igual que Tesla. No podían compartir los códigos. Lo trataron como si se tratara de una caja negra, vieron los inputs y los outputs y cómo intentaban solucionarlo. Tenían un plazo muy estricto, como la mitad del tiempo que podría llevar llegar a solucionar algo así. El equipo definió en su A3 su objetivo, llegar a un nuevo nivel de innovación y un nuevo nivel de trabajo en equipo, trabajando con Tesla. Obviamente, el RAV 4 debía salir al mercado, ése era el propósito del negocio, pero el propósito de las personas, los valores, eran realmente estar entre los mejores innovadores del mundo. Informaron de cómo habían conseguido los objetivos a tiempo, pero también de cómo aprendieron sobre innovación y lo que compartirían con otros. Eso era lo que realmente buscaba Akio Toyoda al colaborar con Tesla.

Informe A3: Ejecución de Puntos Vitales

Vamos a considerar unos cuantos puntos vitales. Como toda buena historia, el informe debe seguir un curso. En éste caso en particular, no vas a elaborarlo como una novela, no necesitas párrafos, solamente puntos clave, gráficos y prefieres la información visual a las palabras. Debe ser específico, debes evitar expresiones que los demás que vean el informe pudieran no entender, así como siglas a las que tú estás acostumbrado pero quizás otros no. Debes intentar que cada casilla del informe vaya dirigida visualmente a la audiencia deseada, que la información salte de la página y que la impresión que se lleven del informe sea buena.

Historia A3 Propuesta del Objetivo

Examinando los diferentes tipos de A3, el punto de inicio es la "historia propuesta", y vamos a utilizarla cuando, llegados a éste punto, no tenemos plan u objetivo, pero tenemos unos valores en la empresa que necesitan fomentarse o alguna idea sobre algo que queremos mejorar. Podría ser, por ejemplo, cómo hacer más agradable la experiencia a los clientes que visitan un concesionario y que los clientes siempre tienen la razón.

Podríamos, por ejemplo, tener un plan o un objetivo, pero que la política o cultura de la empresa haya cambiado y que necesites un plan para fomentar ese cambio. O podría tratarse de una nueva dirección o una política completamente nueva, que se va a emprender y necesitas un plan para desarrollarla.

Como ejemplo podría también tratarse de presentar un presupuesto. Una vez visité el Toyota Technical Center, me entrevisté con el vicepresidente, que estaba resoplando, enfadado y quemado.

Me dijo "Acabo de terminar un informe, en el que he estado trabajando las últimas cuatro semanas"

"Sobre qué era el informe", le pregunté

"Era el presupuesto completo del Toyota Technical Center- cientos de personas"

Se me ocurrió preguntarle si era un A3

"Sí, Claro". Me dijo

Imagina, el presupuesto completo para el Toyota Technical Center, incluyendo su justificación, a una cara en una hoja de papel. En ese punto, el presupuesto era una propuesta diciendo: aquí está a groso modo, incluyendo todo el nemawashi y todo mí trabajo, el presupuesto que propongo. No se toman decisiones hasta que este informe se revisa. Por supuesto, tiene mucha documentación que lo complementa, pero los datos claves, están visibles en el A3, y se creó con nemawashi e implicando a mucha gente.

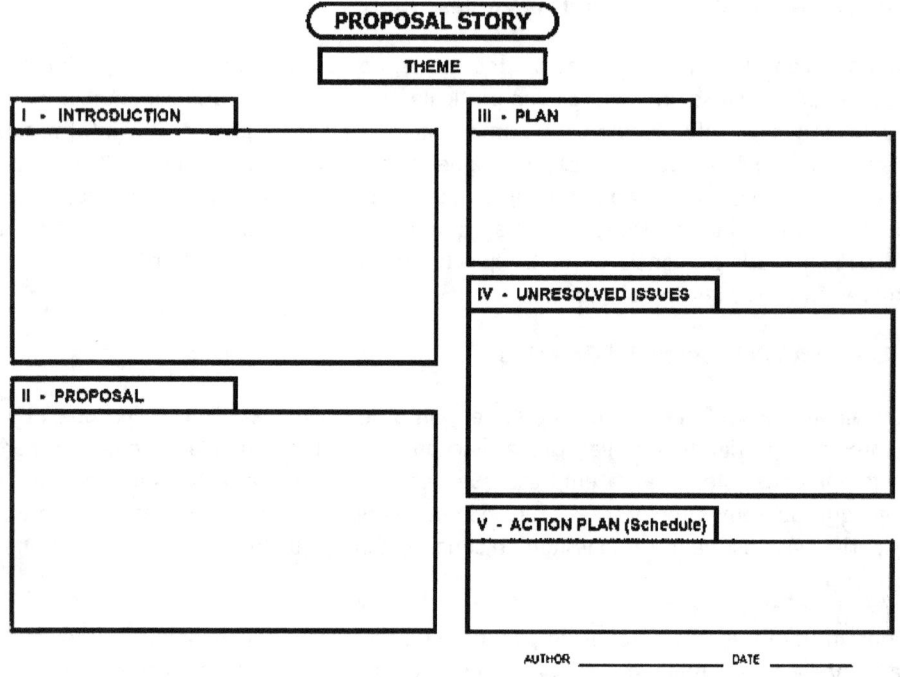

Fuente: Toyota Technical Center
Imagen 2-29. Tipo de Historia A3 Propuesta del Objetivo

El formato puede ser parecido a éste (ver imagen 2-29), no soy quisquilloso a la hora de estandarizar el informe, para que todas las casillas sean del mismo tamaño o tengan la misma forma. Necesitas adaptarlo a tus necesidades, especialmente si se trata de una Historia Propuesta o un informe de estado. Como un buen libro, empiezas con una introducción, sigues con la propuesta, después sigue el plan. Habrá algunas cosas que no hayas podido resolver a la hora de terminar el informe, así que debes detallar cómo vas a intentar solucionarlas.

Si hablamos de un presupuesto como el que he nombrado antes el formato no sería exactamente así. La introducción no debe ser muy larga. Si es un presupuesto anual rutinario, como introducción bastaría con nombrar que se trata el presupuesto anual del Toyota Technical Center. La propuesta va a ser el mismo presupuesto con sus análisis correspondientes, y el Plan va a ser el proceso mismo de aprobación del presupuesto. Si existen temas no resueltos en el informe, deben constar. Quizá haya puntos en los que se haya hecho alguna estimación sin estar muy seguro y debes dejarlo claro. Habrá también un calendario y el punto en el que se debe aprobar el presupuesto.

Los pasos para la "historia Propuesta" empiezan en realidad antes de que desarrolles el Plan, antes del PDCA, cuando entiendes cuál es tu situación. Es decir, nombrar la propuesta, los antecedentes y describir la situación actual. El plan serán las recomendaciones que hagas sobre la propuesta; si por ejemplo es la compra de algo, debes incluir costes y beneficios. A esto le siguen los detalles de cómo vas a actuar, aunque no debes especificar todos los pasos, ya que será cuándo se apruebe, cuándo comenzará el proceso PDCA.

El Resto de Historias A3

Historia A3 Información de Propósito

El tercer tipo de Historia (nos saltamos de momento la resolución de problemas), son los Informes de propósito. En el caso de *Hoshin Kanri* (capítulo siete), siempre hay un informe de revisión a mitad de año y otro a final de año, y cada grupo lo hace con el formato A3 de propuesta de estado.

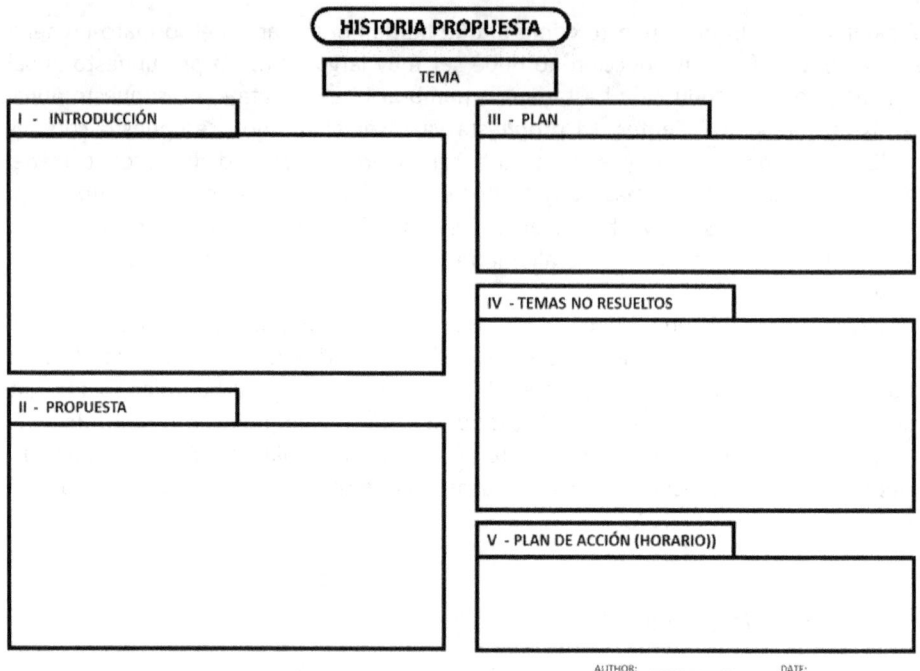

Fuente: Toyota Technical Center
Imagen 2-30. La Historia A3 Estado

Podría ser una cosa así (imagen 2-30). ¿Cuál es el tema de tu Informe? Debes mostrar los antecedentes, mostrar tu objetivo y las acciones a tomar para conseguirlo. Tu estado dentro de la implementación lo puedes mostrar de manera tan simple como esta: Verde si lo has conseguido, amarillo si aún no lo has conseguirlo, pero tienes un plan o rojo, si tienes que encontrar aun las contramedidas para ponerte manos a la obra. Aparte del A3, podrías aportar un resumen más amplio con gráficos y tablas sobre lo que ya has empezado a hacer, los problemas que no has resuelto, los obstáculos que aún tienes por sortear y tus próximas acciones..

Historia A3 Información

Sirve para resumir la situación actual o alguna nueva. No necesitas valorar. Intentas estar concienciado con el problema y hacer que otros también lo estén y compartir con ellos información que puedan utilizar en su puesto de trabajo. Para una Historia de Información técnica, deberías incluir algo parecido a un proceso de resolución de problemas, nombrar el problema al que te enfrentas, los datos que muestren que haces que funcione, sus condiciones y límites. Es una especie de análisis de la situación. Debes tener en cuenta quien es tu audiencia, lo que les quieres transmitir y hacerlo del modo más simple posible.

Historia A3 Resolución de Problemas

Ésta historia es la más común (imagen 2-31) y si, tal como hemos definido, la Resolución de Problema como el centro de la Mejora Continua, entonces éste A3 es clave en la mejora continua.

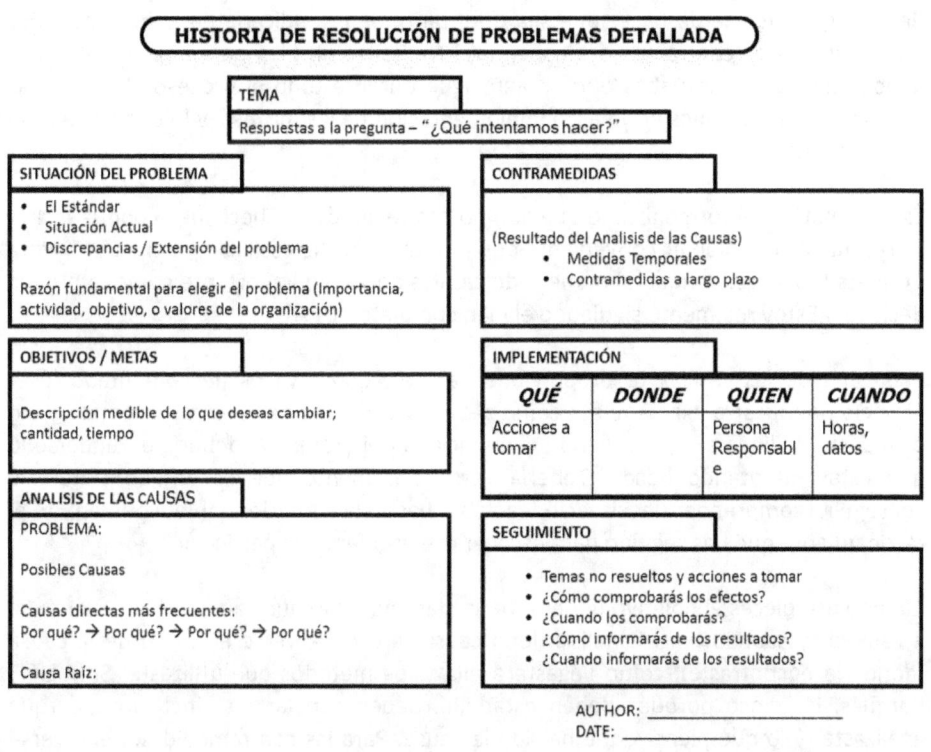

Fuente: Toyota Technical Center
Imagen 2-31. HISTORIA DE RESOLUCIÓN DE PROBLEMAS DETALLADA

Historia A3 Propuesta de Resolución de Problemas

Cumplimentar éste informe es la propuesta de Resolución de Problemas por sí misma. Imaginamos que tenemos un plan, con objetivo y no estamos consiguiéndolo. O bien, puede que si estemos llegando a los estándares actuales, pero que nos hayan pedido establecer uno nuevo, como por ejemplo, el del 60% de reducción del plazo de garantía.

Este es un formato ejemplo (quiero que esto quede claro) para el caso de Resolución de Problemas. Es ya un formato a un nivel muy alto y se podría encajar cualquier buen PDCA en éstas casillas. Podrías, por ejemplo, encajar los ocho pasos del Toyota Business Practices.

Conforme avances en tu enfoque de Resolución de Problemas, vas a tener que ser bastante flexible. Si tienes un *modus operandi* estandarizado en tu empresa, no lo cambies a no ser que haya alguna debilidad porque algo no se está aplicando en el proceso. Necesitas tener el problema definido y un objetivo que intentas conseguir. Debes hacer un análisis de las causas, tener preparada más de una contramedida. Si tienes alguna forma de hacer que sea prioritario, debes indicarla en el informe. ¿Por qué elegiste esas contramedidas concretas? Necesitas un Plan para implementarlas y debes seguirlo; compruebas que el plan sigue durante todo el proceso al aplicar las contramedidas, después el Do es la implementación de las mismas, y lo que sigue es el Check and Act.

Éste formato de informe asume que aún no has realizado el Check, pero podría incluir su resultado. También es conveniente que montes las ocho casillas siguiendo el Toyota Business Practices, aunque el número de casillas no es tan importante como la prueba decisiva: ¿Estoy realmente siguiendo el Plan completo PDCA?

Cada una de las casillas te proporciona detalles. Como ya os he comentado, éste ejemplo no muestra exactamente cómo debe ser cada uno de vuestros informes, pero os muestra la línea a seguir. Viendo el enunciado del problema, debería entenderse lo que estas intentando hacer. Debería verse claramente que es lo que tratas de conseguir, comprender la situación actual, hasta la situación objetivo (gap) y el razonamiento que has seguido para escoger ese problema en particular.

Cuando estableces el objetivo debería verse claramente lo que va a cambiar, cuánto va a cambiar y cuando. En el análisis de la causa raíz, debe verse el punto de la causa (donde la encontraste), cómo llegaste a ella y los métodos que utilizaste. Si hubo 5 Porqués, los cinco porqués deben estar ahí, deben constar los cinco porqués que analizaste y lo que piensas que ha sido la causa. Para las contramedidas, debe verse cuál fue la que utilizaste para contener el problema, así como las contramedidas a más largo plazo que vas a probar. El plan de acción debe estar establecido, así como quien lo va a realizar, que es lo que va a hacer, cuándo, dónde y a continuación las acciones y las pruebas que vas a realizar (Check and Act).
Vuelvo a decir que no os empujo a utilizar éste formato, pero si te planteas que tu sistema actual no define bien la diferencia (gap), o no sirve para identificar la causa raíz, entonces puedes añadirlo a tu informe A3 de este modo.

Historia A3 Resolución de Problemas en Producción (Fabricacion)

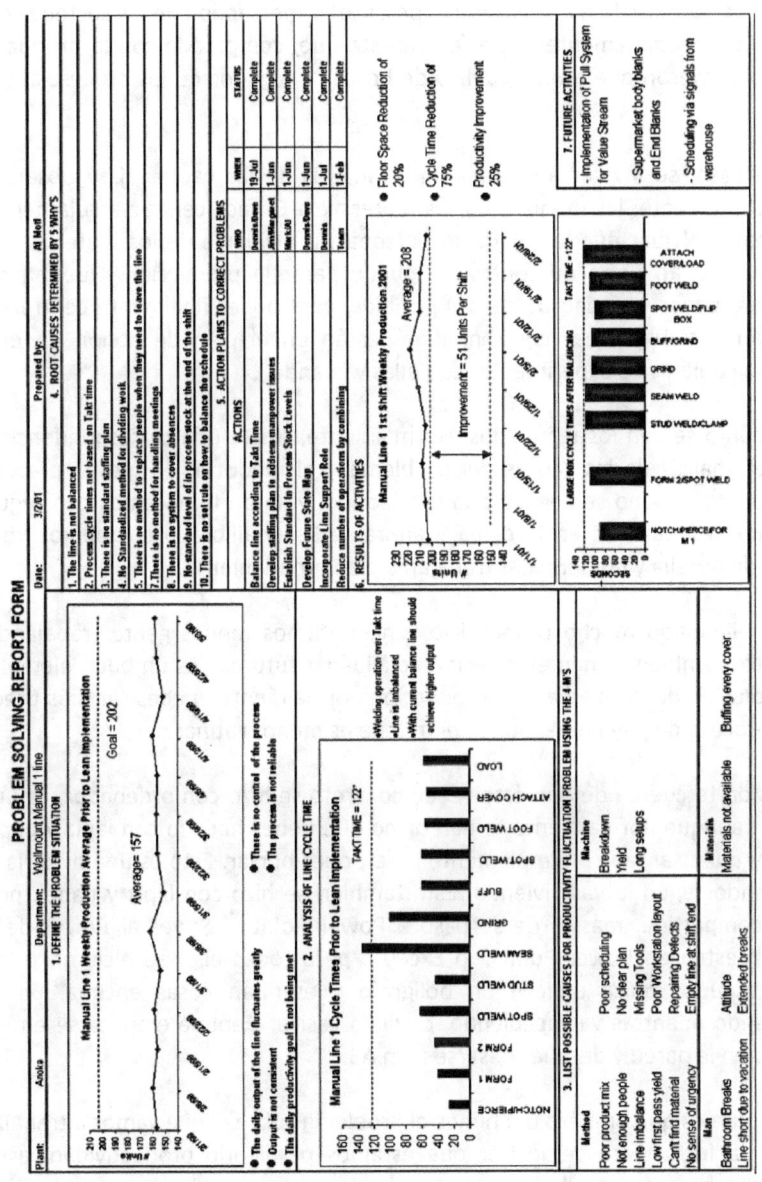

Fuente: David Meier
Imagen 2-32. Historia A3 Resolución de Problemas-Historia de Producción

Este es un ejemplo de una planta de Producción, de que hablamos con gran detalle en *The Toyota Way Fieldbook* (imagen 2-32). Es algo que mi coautor, David Meier, trabajó en un proveedor de piezas. El problema era que no estaban cumpliendo plazos, estaban muy por debajo de la producción que debían conseguir. Para conseguir entender el porqué, una de las herramientas que utilizaban era un gráfico de balanceo del trabajo. Observaban los diferentes procesos y medían lo que les costaba completar un ciclo e inmediatamente se hacía evidente que, comparado con la producción que esperaban, vieron que tenían cuellos de botella y algunos de los procesos tenía poca carga.

En éste caso, se involucraron más en el análisis de las causa raíz y observaron los métodos, la gente, las máquinas y los materiales. Es fácil centrarse solamente en las máquinas y olvidar que las manejan personas, u olvidarse de los materiales, y si los materiales están fuera de control se puede parar la producción. Querían tener en cuenta la mayor variedad de causas posibles, para poder finalmente centrarse en las que iban a trabajar. Las contramedidas están en el plan de acción en el que se especifica quien va a experimentar con ellas y cuando.

Así es cómo se ven los resultados. Normalmente, existe una correspondencia directa entre el análisis de las causas del problema y el modo en el que se presentan los resultados. Antes no se llegaba a la producción, y ahora lo hacemos con regularidad. Había un desequilibrio en la carga y ahora se ha equilibrado el trabajo. No existen cuellos de botella y las personas trabajan a pleno rendimiento.

Hemos eliminado mucho desperdicio y necesitamos menos gente trabajando en el proyecto. También se han establecido actividades futuras. Es un buen ejemplo de A3 de Resolución de Problemas. En producción normalmente puedes ser más preciso que en un proceso de ingeniería, dónde el trabajo es menos rutinario.

Puedes darte cuenta de que éste A3 en concreto se hizo con ordenador, es un Power Point^{TM}, aunque normalmente te han dicho que debes hacerlo con lápiz y papel. ¿Por qué hay que usar lápiz? Simplemente para poder borrar. Esto es una historia que vas escribiendo según la vas viviendo. Esta también se hizo con lápiz y papel, pero para poder compartirla, más tarde se pasó a Power Point^{TM}. Si ves algún A3 de Toyota, también están en Power Point^{TM} o Excel^{TM}, pero todas ellas se hicieron primero en papel. Algunos quizá utilicen un bolígrafo y escriban cosas encima, pero se va escribiendo mientras va sucediendo, casilla a casilla. Debería empezarse en un papel colgado en la pared y después pasarse a un A3.

Lo que pasa es que primero definimos el problema sobre el que vamos a trabajar, debe constar la fecha para demostrar que estamos perdiendo productividad, así resulta obvio que hemos actuado para arreglarlo. Hay veces en las que puede haber una propuesta para mejorar la eficiencia, pero debes pasar por pedir permisos para seguir, quizá hacer análisis o controlar a los proveedores. Ten encuentra que tu primera casilla va a ser cuestionada ¿Seguro que tenemos un problema? ¿Es un problema que requiere IT? ¿Qué problema es? Si el problema es que queremos mejorar la productividad, especifica cómo y si esto nos lleva a diferentes maneras de mejorarla, no solamente IT. Si te presionan casilla a casilla es positivo, ya que si te sientas delante de un ordenador o en casa con papel y lápiz y vas rellenando las casillas, no estas realmente lidiando con el proceso de resolución de problemas, sino simplemente escribiendo un informe.

Historia A3 para Crear una Tarjeta de Compra para el Personal del Toyota Technical Center

Éste ejemplo demuestra que el A3 se puede utilizar más allá de los problemas de producción. Éste informe que más tarde sirvió para formaciones en el Toyota Technical Center, empezó para conseguir la aprobación de una tarjeta de compra para que el personal del Toyota Technical Center pudiera realizar compras de menos de $500. Imagina cuándo estas a punto de sacar un proyecto de cientos de millones de dólares, pero los empleados te siguen preguntando si pueden comprar una grapadora que cuesta unos pocos dólares. La tarjeta pasó por el mismo procedimiento de aprobación que una pieza de maquinaria de millones de dólares.

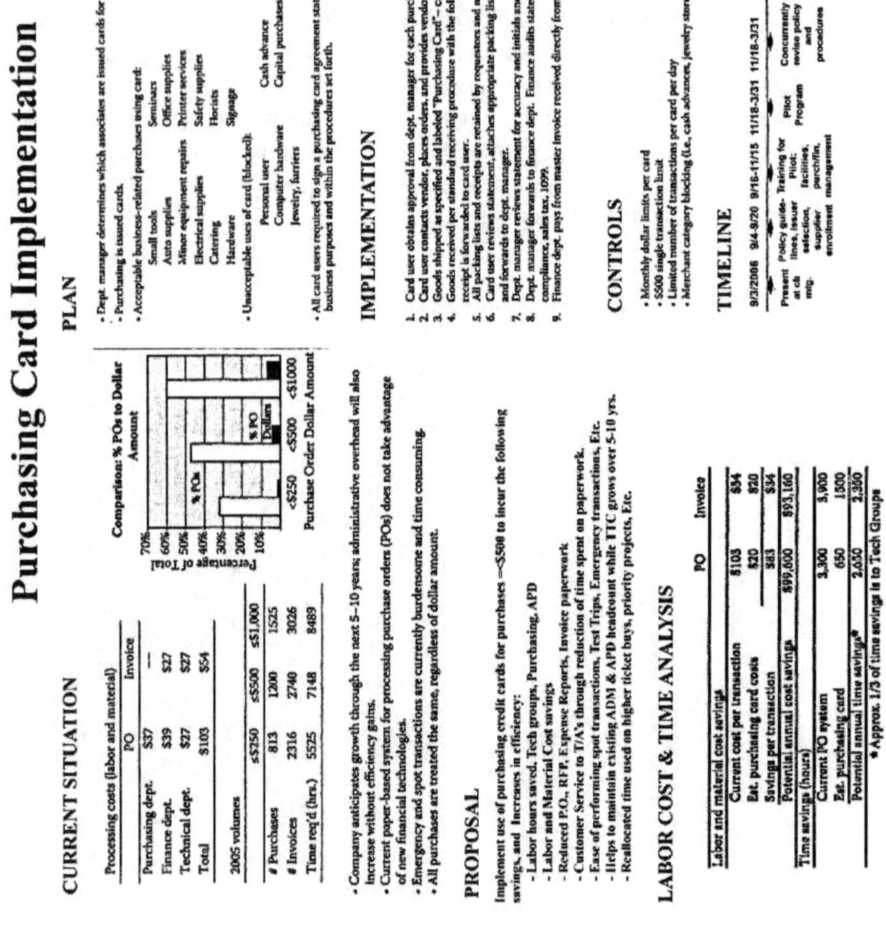

Purchasing Card Implementation

CURRENT SITUATION

Processing costs (labor and material)

	PO	Invoice
Purchasing dept.	$37	—
Finance dept.	$39	$27
Technical dept.	$27	$27
Total	$103	$54

2005 volumes

	≤$250	≤$500	≤$1,000
# Purchases	813	1200	1525
# Invoices	2316	2740	3026
Time req'd (hrs.)	5525	7148	8489

- Company anticipates growth through the next 5–10 years; administrative overhead will also increase without efficiency gains.
- Current paper-based system for processing purchase orders (POs) does not take advantage of new financial technologies.
- Emergency and spot transactions are currently burdensome and time consuming.
- All purchases are treated the same, regardless of dollar amount.

PROPOSAL

Implement use of purchasing credit cards for purchases =<$500 to incur the following savings, and Increases in efficiency:
- Labor hours saved. Tech groups, Purchasing, APD
- Labor and Material Cost savings
- Reduced P.O., RFP, Expense Reports, Invoice paperwork
- Customer Service to T/A's through reduction of time spent on paperwork.
- Ease of performing spot transactions, Test Trips, Emergency transactions, Etc.
- Helps to maintain existing ADM & APD headcount while TTC grows over 5-10 yrs.
- Reallocated time used on higher ticket buys, priority projects, Etc.

LABOR COST & TIME ANALYSIS

	PO	Invoice
Labor and material cost savings		
Current cost per transaction	$103	$54
Est. purchasing card costs	$20	$20
Savings per transaction	$83	$34
Potential annual cost savings	$99,600	$93,160
Time savings (hours)		
Current PO system	3,300	3,900
Est. purchasing card	650	1500
Potential annual time savings*	2,650	2,350

* Approx. 1/3 of time savings is to Tech Groups

PLAN

- Dept. manager determines which associates are issued cards for specific dept. purchases.
- Purchasing is issued cards.
- Acceptable business-related purchases using card:

Small tools	Seminars	Photo processing and film
Auto supplies	Office supplies	Postage
Minor equipment repairs	Printer services	Copy services
Electrical supplies	Safety supplies	Building maint. supplies
Catering	Florists	Coffee services
Hardware	Signage	

- Unacceptable uses of card (blocked):

Personal user	Cash advance	Travel & entertainment
Computer hardware	Capital purchases	Indep. contract services
Jewelry, furriers		

- All card users required to sign a purchasing card agreement stating that all use of the card will be for business purposes and within the procedures set forth.

IMPLEMENTATION

1. Card user obtains approval from dept. manager for each purchase.
2. Card user contacts vendor, places orders, and provides vendor with appropriate information.
3. Goods shipped as specified and labeled "Purchasing Card"– cardholder name.
4. Goods received per standard receiving procedure with the following exception: packing list and receipt is forwarded to card user.
5. All packing lists and receipts are retained by requestors and matched against monthly statement.
6. Card user reviews statement, attaches appropriate packing lists and receipts, records JRM #'s, signs and forwards to dept. manager.
7. Dept. manager reviews statement for accuracy and initials and dates statement.
8. Dept. manager forwards to finance dept. Finance audits statement and supporting documents for compliance, sales tax, 1099.
9. Finance dept. pays from master invoice received directly from the purchasing card bank.

CONTROLS

- Monthly dollar limits per card
- $500 single transaction limit
- Limited number of transactions per card per day
- Merchant category blocking (i.e., cash advances, jewelry stores, appliances, etc.)

TIMELINE

9/3/2006	9/4-9/20	9/16-11/15	11/18-3/31	11/18-3/31	4/1-4/15	4/16-4/18	4/21-5/30	6/2/2007
Present at ch mtg.	Policy guide-lines, issuer selection, supplier enrollment	Training for Pilot: facilities, purch/fin, management	Pilot Program	Concurrently revise policy and procedures	Audit, analyze 3 mo.Pilot	Report audit results	Training: company-wide	Company-wide imple-mentation

Fuente: Toyota Technical Center

Imagen 2-33. Historia A3 Resolución de Problemas- Implementación de una Tarjeta de Compra

Aunque nos parezca exagerado, los líderes Toyota entonces estaban sujetos a controles de costes muy ajustados. Se ceñían a los presupuestos con cuidado, a no ser que hubiera una buena razón para desviarse, así que querían un plan con el problema bien definido. La descripción del problema utiliza un gráfico que muestra que la mayoría de las compras eran muy pequeñas y se perdía mucho tiempo en procesarlas. Eso era desperdicio. El personal debía simplemente ir a comprar la grapadora, si la necesitaban. Después pasaron a ver cómo podían hacer esto. Llegaron al punto en el que había que especificar que no se podría utilizar la tarjeta para salir a comer o ir al bar. Finalmente llegó la hora de implementarla. Fue muy bien recibida y satisfizo tanto a los directores (que controlaban el presupuesto) como a los empleados.

Historia A3: Reducir Lesiones en Las Manos

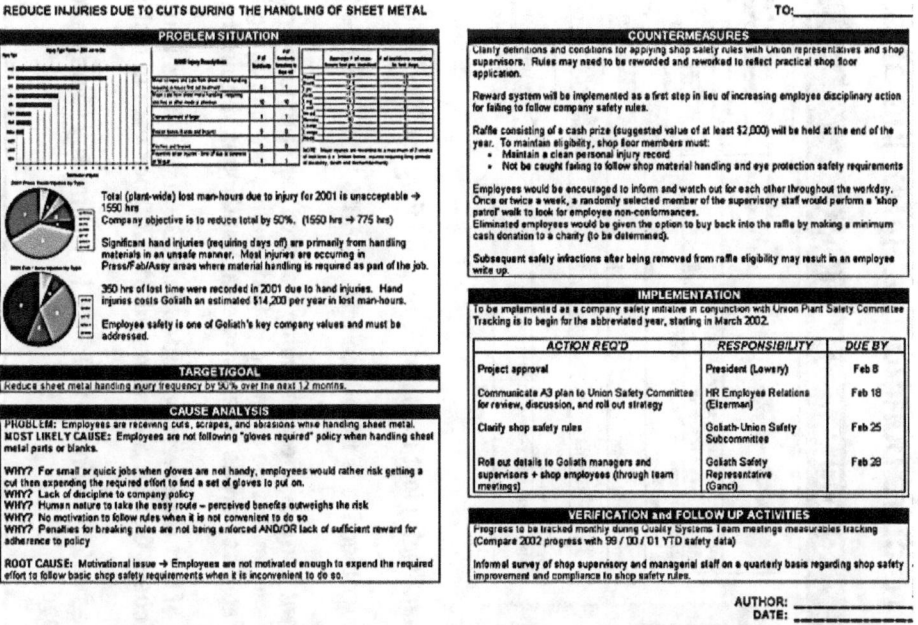

Imagen 2-34. A3 Resolución de Problemas- Otra Historia de Producción

Otro tipo de A3 es la de cuestiones de seguridad y el problema es ¿Cómo podemos reducir los daños? (ver imagen 2-34). Este es otro ejemplo.

En ésta planta de producción se hacían piezas de acero. Se producían muchas heridas en las manos de los operarios, principalmente cortes. Se documentó cómo tenían problemas sujetando unas láminas metálicas y cuántas horas de producción se perdían por culpa de los cortes con ellas (imagen 2-35).

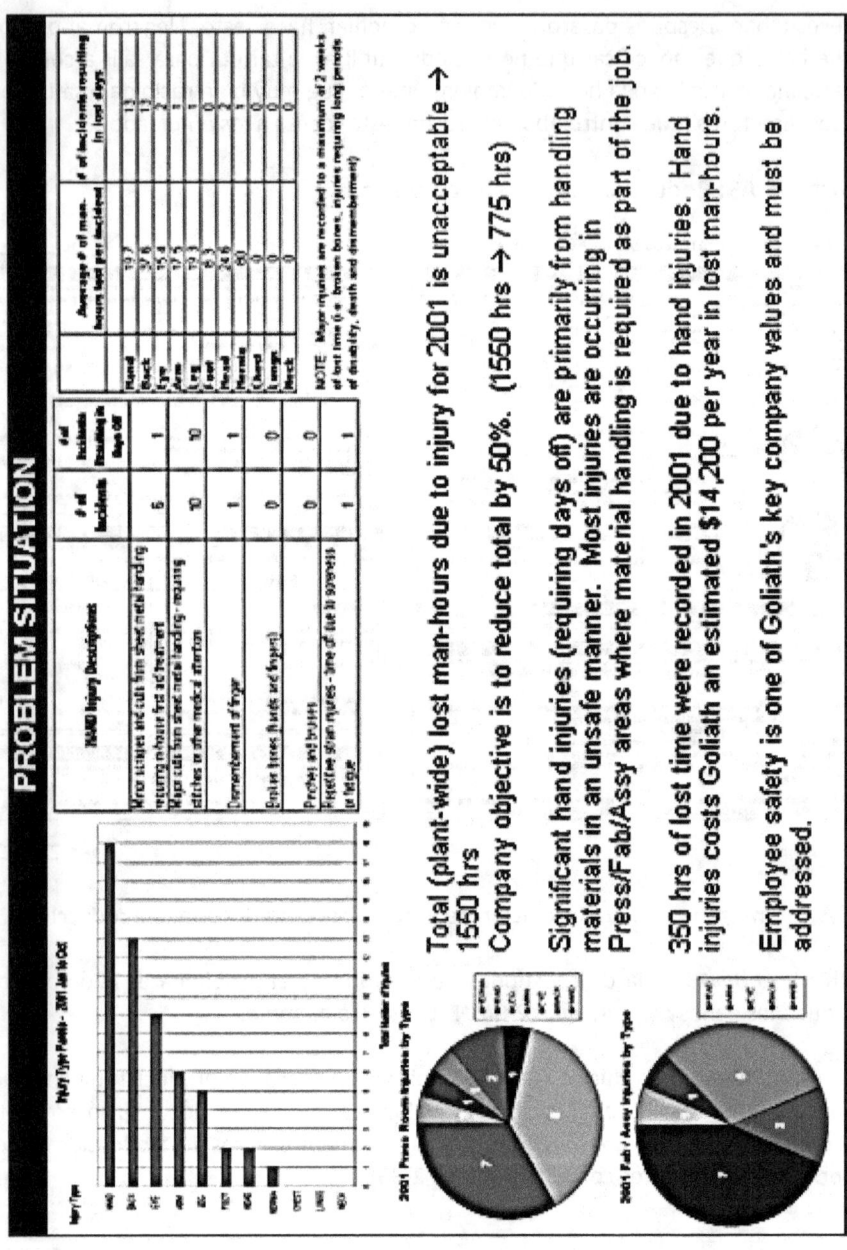

Imagen 2-35. Informe de reducción de heridas- Situación del problema.

Después pasaron al objetivo, que era reducir la frecuencia de heridas en un 90% en los próximos 12 meses, lo cual es muy ambicioso (ver imagen 2-36).

DESARROLLANDO LÍDERES LEAN

OBJETIVO/META
Reducir la frecuencia de las lesiones por el manejo de piezas metálicas en un 90% el próximo año.

ANÁLISIS DE LAS CAUSAS
PROBLEMA: Los empleados se hacen cortes, arañazos, y quemaduras al manejar hojas metálicas. **CAUSAS PROBABLES:** Los empleados no siguen la norma de "llevar guantes" cuando manejan hojas metálicas. **¿POR QUÉ?** Cuando están haciendo algún trabajo rápido y los guantes están lejos, los empleados prefieren arriesgarse a cortase que hacer el esfuerzo de ir a buscar los guantes. **¿POR QUÉ?** Falta de disciplina en la política de empresa **¿POR QUÉ?** La naturaleza humana tiende a tomar el camino fácil – prefiere asumir el riesgo **¿POR QUÉ?** No están motivados para seguir las reglas, pese a los inconvenientes **¿POR QUÉ?** Las sanciones en caso de romper las reglas no son efectivas Y/O no se valora lo suficiente el cumplir las normas. **CAUSA RAIZ:** Motivación → Los empleados no están sficientemente motivados como para hacer el esfuerzo de seguir las indicaciones de seguridad cuando es necesario.

Imagen 2-36. Objetivo reducción de Heridas en las manos y Análisis de las Causas.

Cuando hicieron el análisis de los 5 porqués llegaron a un porqué final sobre motivación de los empleados. Acostumbramos a decir que el último por qué no debería ser un quien, no culpar a nadie, pero en este caso en concreto no estaban echando la culpa a un individuo concreto o a los trabajadores en general por ser perezosos. Lo que estaban diciendo era que no se les estaba reforzando ni motivando a utilizar las medidas de seguridad que ya conocían. Debían remarcar la importancia para los trabajadores de utilizarlas, de cómo utilizarlas y porqué. Está definido en las contramedidas (imagen 2-37), incluso con incentivos, había hasta un premio de un coche. Tenían incluso un plan de implementación antes de empezar a hacerlo.

CONTRAMEDIDAS
Definir con claridad las condiciones en las qe se deben aplicar las normas de seguridad de la tiemda, con representantes legales y supervisores. Las Normas podrían necesitar rehacerse, hasta reflejar las necesidades del personal de planta.
El Sistema de recompensas se implementará, como un primer paso a seguir, para incrementar que los empleados sigan las normas de seguridad de la empresa.
Un sorteo, consistente en un premio en metálico (por ejemplo de 2,000€) se entregará a final de año. Para poder ser elegidos, los trabajadores de planta deben: • No haber tenido daños pesonales • No haber sido vistos incumpliendo normas de sujeción de piezas o protección ocular
Se animará a los empleados a que se informen observen unos a otros durante la jornada. Una o dos veces a la semana, un grupo seleccionado de supervisores, darán una vuelta por la planta para recoger las no confomidades de los empleados. Los empleados que hayan sido eliminados, tendran la posibilidad de entrar de Nuevo en la selección si hacen una pequeña donación a una ONG (por determinar).
Consecuentemente, las infracciones de seguiridad, despues de haber sido eliminados del sorteo, podrian tener como resultado una falta grave en el expediente del trabajador.

Imagen 2-37. Contramedidas para Heridas en las Manos.

En éste caso vemos un hibrido entre una Historia Propuesta y una de Resolución de Problemas, en la que se propusieron contramedidas, pero no siguieron todo el camino de la implementación. Lo que deberían haber hecho es aprovecharlo para mostrar una historia estatus de cómo iban a ir implementando conforme se acercaban al 90% del objetivo. (Imagen 2-38). De algún modo, el informe no está completo. Para completarlo, deberían haber experimentado con varias contramedidas que les hubieran permitido informar de lo que habían ido aprendiendo en los niveles de Check y Act. Asumieron que la causa podría no ser la correcta. Las contramedidas que propusieron podrían haberles hecho llegar al objetivo o no.

IMPLEMENTACIÓN		
Para implementar como una iniciativa en seguridad para la empresa junto con Union Plant Safety Committee Tracking, para el año en curso, comenzando en marzo de 2002		
ACCIONES OBLIGATORIAS	**RESPONSABILIDAD**	**FECHA LIMIT**
Aprobación del Proyecto	Presidente (Más baja)	Feb-08
Comunicar el plan A3 a **Union Plant Safety Committee** para su revision, y poner en marcha la estrategia a seguir	Relaciones entre RRHH y empleados	Feb-18
Establecer claramente las normar de seguridad	Subcomité de seguridad	Feb-25
Establecer reunioness de grupo para la supervision de los detalles	Representación de Seguridad	Feb-28
COMPROBACION Y SEGUIMIENTO DE ACTIVIDADES		
Seguir el proceso mensualmente en las reunions del Equipo de Calidad (Comparar progresos del año 2002 con el '99 / '00 / '01)		
Encuestar a los supervisores de modo informal para ver si se van mejorando la seguridad según las normas establecidas.		

Imagen 2-38. Implementación de las contramedidas sobre heridas en las manos, verificación y seguimiento.

Ésta es una buena oportunidad para hablar de la idea de "extender a todas las partes". En éste caso, se hizo en una planta de producción. Yo conozco el caso y fue en el área de Detroit. La empresa tenía una cultura en la que los empleados pensaban que si hacían algo que les había pedido el jefe, tendrían una compensación monetaria. El dinero era la motivación. En las plantas Toyota, normalmente evitan dar dinero, sí que dan premios para los departamentos que consiguen por ejemplo records en seguridad y normalmente son trofeos de platino, oro o plata, o regalos que disponen en varias mesas. Evitan fomentar una cultura en la que solamente se hace algo, aunque sea positivo para el trabajador, a menos que se dé dinero a cambio. En este caso de Detroit celebraron un sorteo, no iban a darle dinero a cada uno que hiciera algo positivo en el tema de la seguridad, pero hubo un sorteo y un premio importante si te seleccionaban. En ese caso tenía sentido, ya que en esa empresa estaban acostumbrados a ello, pero eso no significa que ésta solución deba extenderse a otras empresas con otros tipos de culturas.

La Mejora *Kata*, Otro Enfoque

Nos referimos a varios puntos de *Toyota Kata* de Mike Rother. El término *kata*, que se utiliza a menudo en las artes marciales, significa rutina o hábito. Buscamos personas que desarrollen buenos hábitos de mejora incluyendo PDCA. No entraremos muy en detalle en esto, ya que en el libro está muy bien explicado, así como en un manual que se está desarrollando. Este es el link al manual. (http://www-personal.umich.edu/~mrother/homepage.html). Lo que queremos es resumir algunas grandes diferencias entre la mejora kata y el A3 del que hemos estado hablando en éste capítulo. De hecho, hemos desarrollado unas diapositivas para tratar éste asunto (http://www.slideshare.net/mike734/a3-and-the-improvement-kata).

El punto de partida de la mejora *kata* es reconocer que demasiados problema minan el poco tiempo que tenemos, y que perseguirlos es de perdedores (imagen 2-39).

Imagen 2-39. La caza de deshechos y reaccionar a los problemas es una batalla perdida.

Cuando estudiamos cuidadosamente lo que los *sensei* Toyota enseñan y cómo lo enseñan, vemos que siempre empiezan con un reto que proporcione una dirección hacia el esfuerzo de la mejora (imagen 2-40). Más tarde guían a los alumnos a dar en el blanco a través del ciclo PDCA. Ignoran intencionadamente mucho desperdicio, para centrar la atención en conseguir el objetivo. Es como vendar los ojos de un caballo para que no se distraiga. Debemos tener en cuenta que no sabemos cómo conseguir el objetivo, es una incertidumbre y debemos experimentar para llegar a conseguirlo. Una búsqueda centrada en la experimentación, te llevará a conseguir la siguiente meta, la cuál te llevara a la consecución del objetivo.

LA MEJORA KATA ES UN ENFOQUE DIFERENTE

Con la mejora kata trabajas enfocado hacia una meta, a traves de retos, apendiendo por el camino. Trabajas en las cosas que vas descubriendo que necesitas para llegar a la siguiente meta.

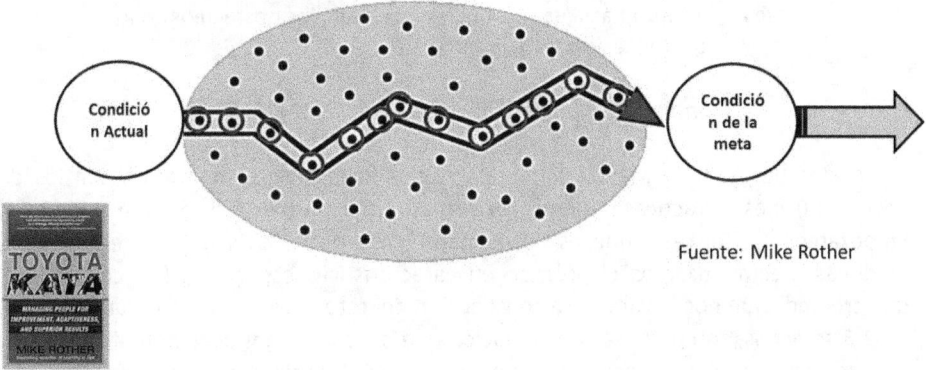

Fuente: Mike Rother

Imagen 2-40. La Mejora *Kata* se centra en la experimentación para conseguir un objetivo definido

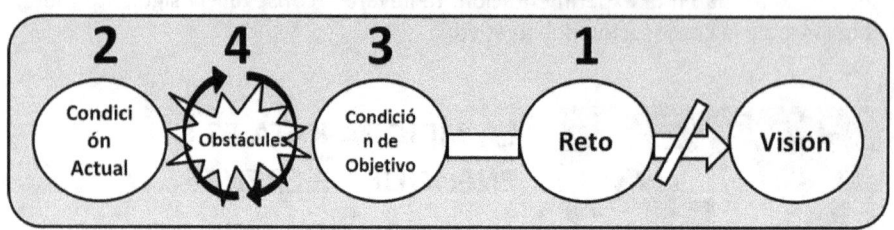

Paso 1: Considerando una dirección o un reto   Fuente: Mike Rother
Paso 2: Entiende la situación actual
Paso 3: Define la siguiente condición de meta
Paso 4: Avanza hacia esa meta, descubriendo los obstáculos en los que necesitas trabajar

Imagen 2-41. Los cuatro pasos de la Mejora Kata

Los cuatro pasos de la Mejora Kata están simplificados en comparación con los del Toyota Business Practices, aunque existe una clara superposición (imagen 2-41). Empezamos con el reto, que es normalmente a 3 o 4 años vista y es en términos medibles. Desmenuzamos el proceso en características específicas (las condiciones) que creemos que nos llevaran a la consecución del reto, normalmente de una duración de 2-6 semanas, son patrones de actuación que pensamos nos acercarán a llegar a los indicadores. Por lo tanto, estamos formándonos una hipótesis en la que pensamos que si actuamos de una determinada manera, llegaremos a la mejora.

Una parte controvertida de éste proceso es la elección de la palabra "obstáculos" en lugar de "análisis de la causa raíz". Mike ha observado muchas empresas luchando por encontrar la causa raíz y gastando tiempo muy valioso que podrían estar empleando en el *gemba* probando sus hipótesis. Por lo tanto lo que él sugiere es identificar los obstáculos para conseguir los retos a corto plazo, y probar las contramedidas que pensamos pueden funcionar para superarlos. Esa experimentación es la que nos revelará la causa o causas raíz.

Toyota Kata distingue entre el alumno que lidera el proyecto y el coach que le guía. El alumno utiliza un guion gráfico que documenta los cuatro pasos del proceso (imagen 2-42), apunta lo que va pasando en tiempo real en un formato estándar utilizando el kata exactamente como le indica su coach.

Imagen 2-42. Guion gráfico para el coach del alumno de Mejora Kata

Algunas empresas que utilizan A3 han luchado para ver cómo integraban la Mejora Kata con el A3. Se puede hacer y es muy útil pensar en el A3 como un resumen instantáneo de la información más detallada que se genera en el guion gráfico (imagen 2-43). Los pasos Check y Act del A3 se pueden utilizar en momentos clave para reflexionar en lo que ha pasado hasta ahora y ver cuál va a ser nuestro siguiente paso.

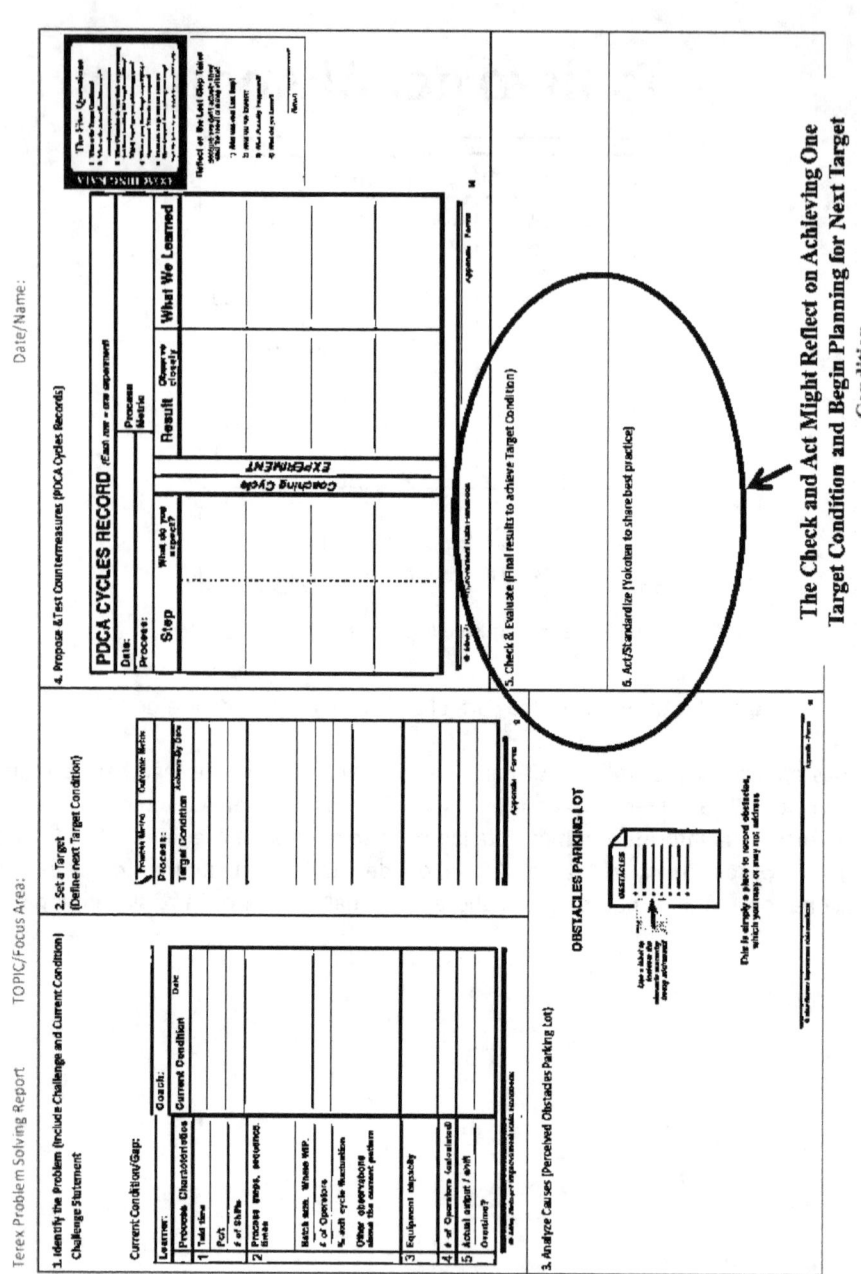

Fuente: Ejemplo de Jenny Snow-Boscolo
Imagen 2-43. A3 y la Mejora Kata pueden funcionar juntos.

La intención de Toyota Kata no es reemplazar la Filosofía Toyota, sino desarrollar una metodología practica para transformar nuestra intención en un comportamiento actual. Está creada para desmenuzar el proceso de mejora en pasos más pequeños que se pueden poner en práctica, como por ejemplo aprender una habilidad compleja. No se empieza a aprender violín estudiando un concierto de Mozart. Debes empezar aprendiendo quizá a manejar el arco y contratarás a un profesor que te guíe en la técnica apropiada. Podrías tomar lecciones regularmente y practicar cada día para desarrollar rutinas positivas para mejorar. Conforme aprendes los fundamentos, no necesitas centrarte en la *kata* de eso fundamentos, puedes centrarte en habilidades de más alto nivel, como interpretar la música. Puede que empezar con las Toyota Bussines Practices y los niveles más altos de A3, sea demasiado avanzado para principiantes que no disponen de coaching diario, ni estén inmersos en una cultura de mejora como la de Toyota. En cualquier caso la filosofía de PDCA, desglosar un gran reto en pasos pequeños, hacer algo cada día, tener guía de un coach y aprender con los pequeños éxitos superando dificultades, se comparte en Toyota Kata y Toyota Way.

Los Líderes Lean Luchan por la Mejora Continua

En resumen, Mejora Continua significa que la mejora es continua. No es implementar una solución para ir tirando. Cuando David Meier, coautor conmigo de *The Toyota Way Fieldbook,* y yo estábamos acabando de escribirlo, me envió este diagrama (imagen 2-44) y me dijo, "Jeff, tenemos que incluirlo en alguna parte porque éste es el modo en que yo aprendí Mejora Continua de mi *sensei* en Toyota".

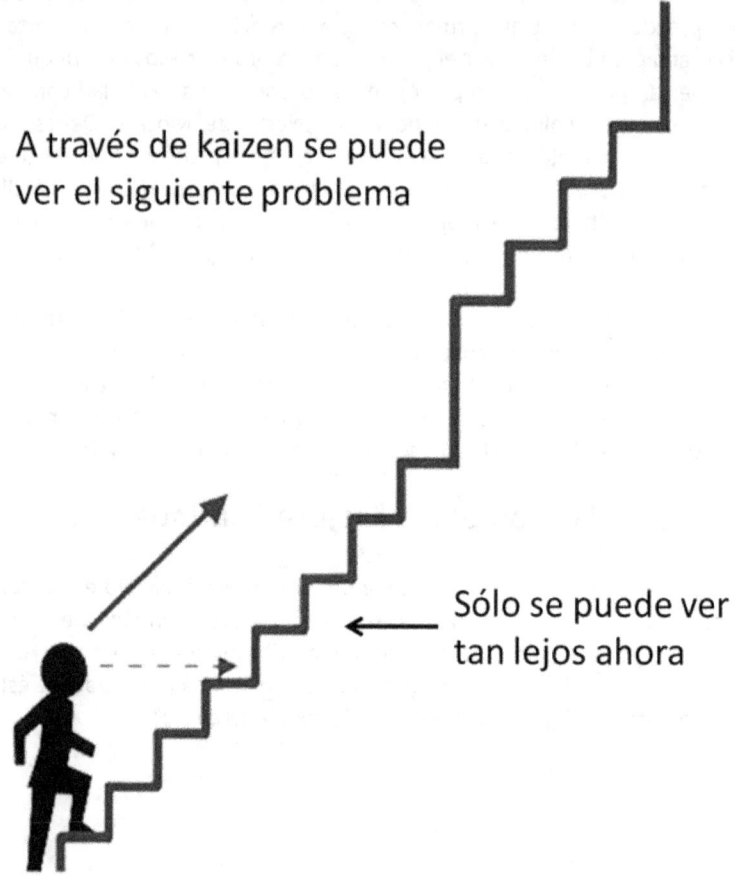

Fuente: *The Toyota Way Fieldbook*
Imagen 2-44. Subiendo peldaños a diario

David, por aquellos días, estaba ocupado apagando fuegos en el departamento de plásticos cómo líder de grupo y no encontraba tiempo para *kaizen*. Su *sensei* le llamó, le puso frente a una pizarra en blanco y le dibujó una escalera y la figura de una persona. Le dijo, "Aquí es donde te encuentras y solamente puedes ver hasta aquí. Necesitas hacer *kaizen* todos los días, y conforme lo vayas haciendo, empezarás a subir escalones. Con cada escalón que subas, verás cómo se abre un horizonte más amplio. Vas a ser capaz de ver más problemas que no veías cuando estabas en la parte más baja de la escalera. Cada día hay que subir un poco más, algunos días será una gran subida." Lo que estaba enfatizando a David era que no se debe esperar a estar inspirado y encontrar la solución perfecta, o a haber solucionado todos los problemas del día y tener tiempo libre. Hasta que no seas capaz de dar el primer paso, no te será posible ni siquiera llegar a ver el siguiente.

Esto acompasa una filosofía de resolución de problemas que me dice que debo saber la dirección que quiero llevar. Tengo que tener ese *True North*. Debo tener un objetivo explícito, y aceptar que no sé aun cómo voy a conseguirlo. No tengo un mapa para llegar. Tengo que averiguarlo, y el modo de hacerlo es ir paso a paso... y el primer paso debo darlo hoy.

Esta incertidumbre hace que algunas personas se sientas incómodas. Quieren un plan. Quieren saber que va a funcionar antes de empezar, pero con un proceso creativo de resolución de problemas, nunca vas a saber el futuro. Nunca sabrás si va a funcionar, ni siquiera si durará en el tiempo. Eso es por lo que necesitas dedicación y que te guíen. Eso es por lo que necesitas Mejora Continua y no soluciones rápidas. El libro Toyota Kata de Mike Rother, ofrece rutinas muy prácticas para aprender de un modo natural como seguir PDCA, como definir un reto, como desmenuzarlo para manejarlo mejor, y cómo dar un paso cada día.

Ésta es la esencia Lean. Desafortunadamente siempre se piensa que la esencia Lean es copiar soluciones que hemos visto en plantas Toyota. Realmente son las contramedidas Toyota para los problemas que les surgen hoy, y que ellos saben que van a cambiar. ¿Cuáles son tus problemas, aquellos en los que vas a trabajar? Siempre los hay, cientos de miles, o quizá millones de ellos. Lo importante es priorizar en lo que vas a trabajar, desarrollar ese objetivo, tener consenso, contar con un equipo, pero tomar tú la responsabilidad de liderar el esfuerzo, reflexionar sobre ello y ser capaz de dar el siguiente paso. PDCA, PDCA, PDCA, ésta es la esencia de Lean.

Una de las frases de su *sensei* que más apoyó a David fue "David-san, da lo mejor de ti mismo, inténtalo y yo te apoyaré."

CAPÍTULO 3

ESTANDARES, TRABAJO ESTANDARIZADO Y GESTIÓN VISUAL

Trabajo Estandarizado y Gestión Visual

En éste capítulo, vamos a hablar de mi tema favorito y uno de los más controvertidos temas en Lean; que es el papel de la estandarización y el trabajo estandarizado. Primero vamos a revisar los principios fundamentales y los beneficios de los estándares y el trabajo estandarizado. Queremos entender cómo aplica, no solo a producción, sino también en los procesos de servicio. Los procesos de servicio pueden ser rutinarios, cómo por ejemplo un call center, o no rutinarios, cómo las llamadas comerciales desde el puesto de trabajo. Vamos a discutir que los Líderes Lean son responsables de desarrollo de los líderes, del control, y de mejorar los estándares y el trabajo estandarizado. Después de esto definiremos la gestión visual como una herramienta clave para los líderes y miembros el equipo, para que reconozcan la diferencia entre el estándar y la condición actual, lo cual es crítico para la mejora continua.

La Filosofía de los Estándares y la Mejora Continua

Las ideas denominadas colectivamente cómo Lean, proceden de distintos lugares. A los japoneses se les conocía como una nación de prestatarios, y Toyota estaba muy orgullosa de pedir prestado. Fueron más allá de la copia para entender los principios, y entonces analizaron cómo esos principios o métodos encajaban en el sistema que estaban construyendo, El Toyota Production System.

Henry Ford fue un profesor importante, del que tomaron mucho prestado. Desafortunadamente, durante décadas, Ford no hizo mucho caso a Henry Ford. Una de las más sabias observaciones de Henry Ford fue acerca de la estandarización, la cual, como sabes, te puede llevar a papeleo, burocracia, interminables libros sobre procedimientos que nadie sigue, y que si los siguieran, nunca llegarían a terminar el trabajo.

Henry Ford escribió, "La estandarización de hoy es la base necesaria para la mejora de mañana". Es una frase muy profunda. Está argumentando que la estandarización es necesaria (pero no suficiente) para la mejora continua. Sin estandarización no puedes tener Mejora Continua. También dijo "Si piensas en la estandarización cómo que lo mejor que sabes hacer hoy puede mejorar mañana, entonces llegarás a algún sitio. Si piensas en los estándares como límites, entonces el progreso va a parar."

Esto viene de su libro *Today and Tomorrow* del año 1926, pero incluso en nuestros días, en la mayoría de las empresas, vemos estándares que se utilizan de manera limitada. Tenemos departamentos expertos en burocracia y su trabajo es hacer reglas, reglas y más reglas para que otras personas las obedezcan. Ni siquiera se preocupan en comprobar si alguien las sigue, o qué pasa si las siguen, lo cual puede ser desastroso. Son departamentos de "cinturones negros" que se convierten en guardianes de estándares rígidos, y luego vigilan estas normas y las llevan a cabo según la burocracia. Entonces ¿por qué necesitamos trabajo estandarizado o estándares? Hay un viejo dicho que dice así "La repetición es la madre de la habilidad", y con eso queremos decir que el modo en el que se consigue desarrollar cualquier habilidad compleja es a través de la práctica. Cuando practiquemos lo suficiente como para desarrollar rutinas, ni siquiera pensamos en ellas cuando las hacemos y en ese momento es cuando se hacen consistentes. No tenemos que pensar cada mañana cómo nos atamos los zapatos.

Por supuesto, podemos desarrollar buenos o malos hábitos y lo que queremos conseguir con el trabajo estandarizado es tener consistencia en los buenos hábitos. Esto incluye consistencia en la dirección, para que quienquiera que vaya a realizar la tarea entienda con claridad el propósito de esa tarea.

Henry Ford también dijo "Lo que conseguimos, cuando tenemos un estándar y lo seguimos, es que quizá demos con una mejor forma de hacerlo y así de algún modo encontramos más consistencia, lo cual nos lleva a la mejora continua."

Tal y como hemos comentado en este libro, las buenas ideas pueden llegar de diferentes lugares, pero si el propio grupo de trabajo no se responsabiliza de filtrar, documentar e inculcar lo mejor en las normas de trabajo, no tendremos consistencia y no habrá mejora continua.

Trabajo Estandarizado en Tareas o Procesos Repetitivos

Si entras en fábricas que tienen alguna experiencia en Lean, posiblemente la tuya, verás que en los puestos de trabajo suele haber hojas de trabajo (imagen 3-1) que indican el modo en que se debe realizar la tarea. Hay algo en común en todas ellas, y es que muestra una serie de pasos a seguir para una tarea en particular. También suele mostrarse el tiempo que cuesta realizar la tarea y lo que vamos a tardar en desplazarnos, que en éste caso se consideraría desperdicio. Si alguien paga para que le paseen al perro, el desplazamiento sería valor añadido, pero en la mayoría de trabajos es desperdicio.

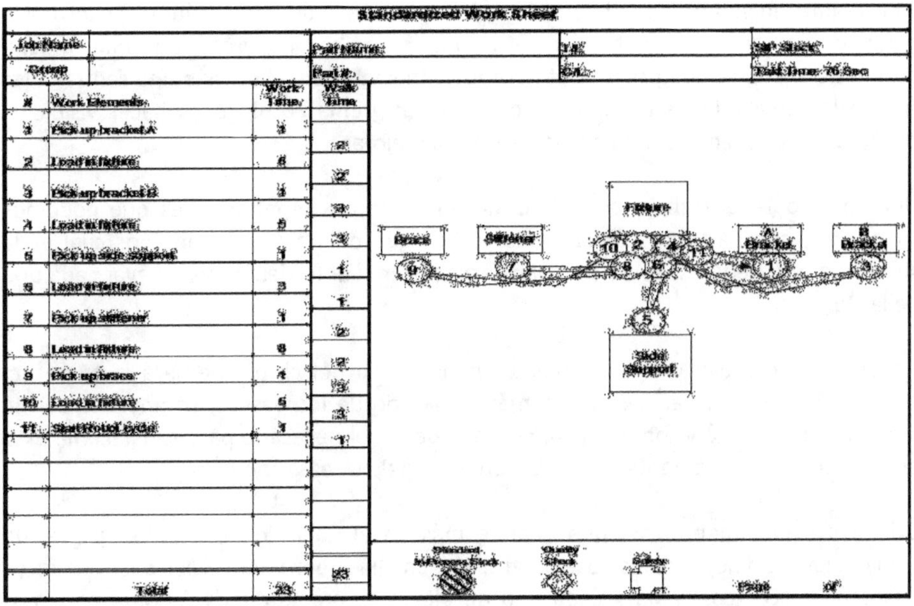

![Imagen 3-1 Hoja de Trabajo Estándar]

Imagen 3-1. Hoja de Trabajo Estándar

Éste diagrama (imagen 3-2), es un fragmento que muestra cómo debería estar moviéndose según el plan actual. Se le conoce también como el diagrama spaghetti. Podemos conocer cómo se mueve durante un ciclo de trabajo. Podríamos desarrollar un diagrama spaghetti, y ver cómo se mueve dentro de tu empresa. Podemos mapear los movimientos de una persona en un edificio de oficinas, viendo cómo se desplaza a la fotocopiadora, a otra oficina y de vuelta a la suya y observar sus patrones. Ya sea para una cosa o una persona, podemos seguir la pista así.

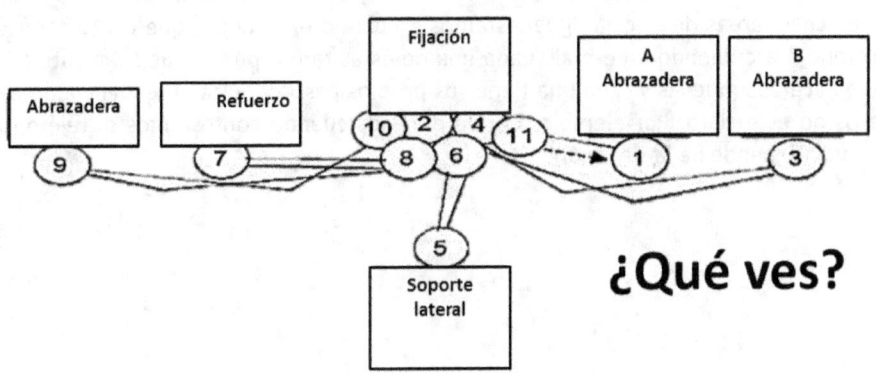

Imagen 3-2. Pasos en el Flujo de Trabajo

En ésta imagen vemos como la persona se desplaza de máquina a máquina, vuelve a la máquina del centro y entonces va a otra máquina. Podemos observar mucho desperdicio, además de preguntarte porque van y vuelven a esa máquina central. ¿No se puede reducir tanta caminata? Lo que el diagrama consigue es hacer visible el desperdicio, y así empezar a pensar ideas para mejorar.

Una cosa sobre el trabajo estandarizado en las tareas repetitivas, es que podemos especificar, con bastante confianza, los pasos que deben darse. Sabemos cuál es la secuencia que deben seguir y podemos especificar cuánto tiempo va a llevar cada una de las tareas.

Podemos ir más allá y asegurarnos el tiempo total del ciclo, que será la suma del tiempo que tome hacer las tareas, más el tiempo de los paseos, compararlo con la demanda del cliente y saber exactamente el personal necesario para satisfacerla. Esto es perfecto, pero solamente es factible en el caso de tareas repetitivas.

Existe otro documento, del que hablaré más en el Capítulo Seis en los grupos de trabajo, llamado hoja de desglose del trabajo. En ella subdividimos esos pasos en otros pasos microscópicos, y para cada uno de ellos nos preguntamos "¿Cómo podemos ejecutar éste paso de la mejor forma que sabemos?" por ejemplo, si vamos a coger una herramienta, ¿Cuál es la mejor mano para hacerlo, la derecha o la izquierda? ¿Hay una forma de cogerla en la que no nos lastimemos la muñeca? ¿Podrían estos consejos convertirse en clave para el operario? ¿Podríamos utilizarlos en la formación? Estos pasos más detallados, los puntos clave y las razones de porqué son necesarios, se convierten en la base de lo que se llama *Job Instruction Training*. Está resumido en nuestro libro *Toyota Culture* y explicado con gran detalle en *Toyota Talent*.

Documento de Trabajo Estandarizado para Tareas No Cíclicas

¿Qué hacemos con el trabajo que no es un ciclo repetitivo? De hecho, éste sería el caso de muchas tareas de oficina. Igual estamos grapando unas hojas, que contestando el teléfono o escribiendo un e-mail. Cada una de éstas tareas puede que sean rutinarias, pero hacemos muchas y cada una tiene sus propios pasos y quizá la secuencia de esos pasos no esté clara. Por ejemplo, lo que decimos cuando contestamos el teléfono a menudo depende de la situación.

Hoja de Trabajo para tareas No Cíclicas	
Departamento _____ Trabajo _____	Tarea _____
PASOS PRINCIPAES	PUNTOS CLAVE
#	
1	
2	
3	
4	
5	
6	

Imagen 3-3. Documento de Trabajo Estandarizado para Tareas No Cíclicas

En éste caso, tenemos un documento estándar (imagen 3-3) para el trabajo no cíclico que no sigue un patrón determinado, quizá no somos capaces de especificar la secuencia de los pasos a seguir. Podríamos nombrar los pasos sin una secuencia particular junto con los puntos clave. Si conocemos los puntos clave y los pasos a seguir, podemos enseñar a alguien, y estandarizarlo así: hay que seguir los pasos de éste modo. El orden no importa, pero debemos seguir todos estos pasos correctamente, o al menos comprobar todos estos detalles. Podría funcionar cómo el listado de tareas de un piloto.

Podría darse el caso de que un paso en concreto no aplique a lo que estoy haciendo, así que puedo comprobar la casilla "no procede" y los puntos clave van a ser mis "recordatorios", ten esto último en cuenta. Cuando utilices la grapadora, por ejemplo, sujétala con tu mano izquierda y haz presión hacia abajo con la derecha.

Éste es el nivel más bajo del trabajo estandarizado, sabemos lo que tenemos que hacer y la mejor forma de hacerlo, a partir de hoy lo haremos siguiendo esos pasos. Podríamos tener un documento estandarizado para contestar el teléfono. Hay muchas partes en ésta tarea que son repetitivas y podríamos seguirlas como una secuencia cuando llama un cliente, cómo por ejemplo siempre presentarnos, preguntarles algo acerca de ellos, algunas preguntas claves. Podríamos tener información en un papel o en el ordenador para contestar alguna de las preguntas que nos hagan, pero tampoco se trata de especificar todo lo que hay o no hay que decir. Simplemente, especificar las partes que son rutinarias y los puntos clave que se podrían seguir en una tarea así.

Dos Tipos de Burocracia: Capacitiva y Coercitiva

Hay otros tipos de estándar además del trabajo estandarizado. Por ejemplo, una pieza de metal de una maquina debería tener la calidad estándar que nos indicara que un agujero debe tener un cierto diámetro, con un margen de más o menos un milímetro. O tener un estándar de actuación en el que cada vendedor haga, al menos, 15 llamadas "frías" al día. Otro estándar podría ser el objetivo para compras de reducir el 1% del coste al trimestre.

Hay muchos tipos de estándares, tenemos empresas cuyo trabajo principal es crear estándares. Es parte de lo que llamamos burocracia. Cuando hablo con un grupo de personas y les digo "Decidme la primera palabra que os venga a la mente si digo la palabra burocracia", las respuestas son: control, rigidez, papeleo y pérdida de tiempo.
El profesor Paul Adler, de la University of Southern California, estudió NUMMI, la ahora ya consolidada empresa entre Toyota y General Motors en California, porque había oído sobre el gran compromiso de los trabajadores de Toyota Production System. Esperaba una organización plana con muy poca burocracia, pero encontró justamente lo contario. Se sorprendió al descubrir que había estándares para todo. Al acercarte a cualquier operario, al entrar en las oficinas, en ingeniería, en todas las paredes colgaban varios tipos de estándares. Podía ser por ejemplo: "Esta es una pieza con buena calidad, y aquí veis cinco maneras en la que la pieza puede dañarse causando un defecto". O una lámina de trabajo estandarizado, o bien un estándar de cuántos pasos debes dar para hacer el mantenimiento preventivo de una maquina determinada.

Uno podría pensar, "Hay un montón de burócratas que están en la oficina generando todo esto". Sin embargo, no había mucha gente en oficinas y los estándares eran responsabilidad de los grupos de trabajo en planta, liderados en dos estratos, líderes de equipo y líderes de grupo. Los líderes de grupo eran el equivalente a supervisores de primera línea, y los líderes de equipo eran empleados por horas, pero con un papel de liderazgo, que, trabajaban con los ingenieros para mejorar los estándares según la propuesta de Henry Ford. Los estándares se desarrollaban, en principio, por los ingenieros u otro personal como un primer borrador, y entonces los grupos de trabajo, con la aprobación del líder del grupo, tenían la capacidad de cambiar esos estándares y probar si los cambios mejoraban el proceso.

La conclusión de Paul Adler fue, tal y como Henry Ford había propuesto, que no se debe confinar la burocracia. La burocracia puede ser la base de la mejora, pero sólo si las reglas, los estándares y los procedimientos, permiten a las personas hacer mejor su trabajo y mejorar el procedimiento. El problema aparecía cuando, demasiado a menudo, experimentamos mala burocracia, que él denomina *coercitiva*, la cual incluye reglas rígidas creadas y reforzadas por personal que no entiende el trabajo, o cómo comprometer a los miembros del equipo. Bajo éste tipo de burocracia, los jefes controlan a los trabajadores para resaltar su mala actuación. Buscan trabajadores que hagan algo mal. Si no se siguen los estándares, ésta política amenaza o incluso castiga al empleado para que vuelva a los estándares. En éste tipo de burocracia, se espera que todo el mundo siga los estándares con exactitud, y se castigan las desviaciones. Se asume que las personas que han fijado los estándares sentados en su oficina, los conocen mejor que los que están realizando el trabajo.

En una burocracia *Capacitiva*, es justamente lo contrario. Se asume que las personas que están realizando el trabajo, y sus líderes, son los que tienen el conocimiento detallado de lo que están haciendo, y si hay una desviación del estándar, son ellos los que están en el *gemba* para identificar el problema y encontrar su causa raíz ¿Por qué ha habido ésta desviación? ¿Por qué han tardado tanto éstas personas en acabar su tarea? Han tardado mucho, pero ¿Por qué? Quizá no están bien formados y si es así ¿Por qué no están bien formados? Igual no tenemos estandarizada la formación.

En la burocracia *coercitiva*, los especialistas planean y controlan los estándares, ellos son los que piensan y en una burocracia *capacitiva*, los estándares son visibles para todo el mundo, los posee el grupo de trabajo y se espera que los mejoren. En palabras del propio Adler: "La burocracias coercitiva se ven los estándares cómo instrucciones a seguir y no cómo retos, es posible que lo que quieras hacer sea justamente lo contrario, quizá quieras a gente que esté constantemente retando los estándares". El estándar se convierte entonces en una plantilla, pero lo que queremos es a personas que cuestionen, reten, piensen y mejoren ese estándar.

Estándares y Mejora Continua

En resumen, un estándar, ya sea un objetivo concreto, (cómo por ejemplo, el número de llamadas diarias o el porcentaje de satisfacción del cliente), o una plantilla de trabajo estandarizado, te proporciona una línea de salida, y cuando llegas con regularidad a conseguirlo, puedes establecer un nuevo objetivo más complicado. Si hemos conseguido el 80% de satisfacción del cliente, ahora queremos un 95%. Este sería nuestro nuevo estándar, fijamos un objetivo mayor (imagen 3-4).

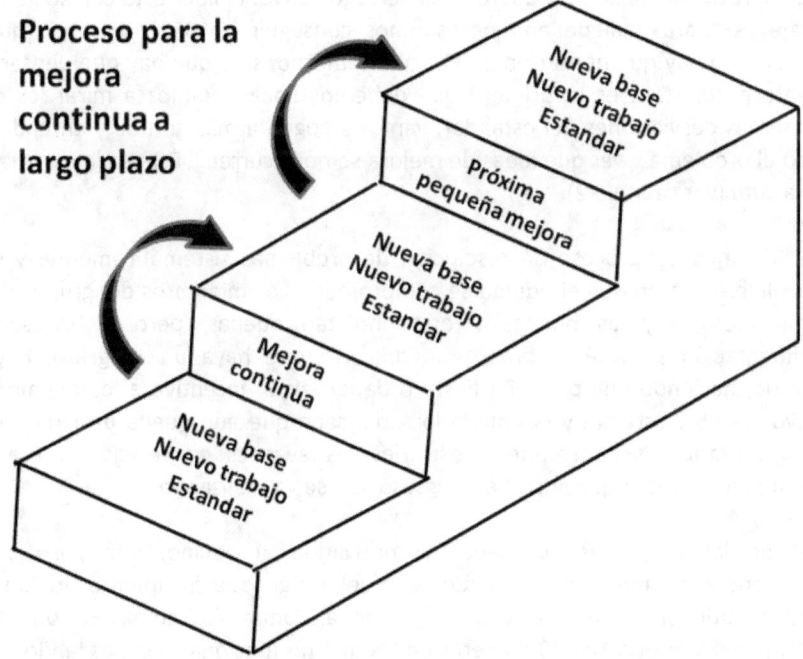

Imagen 3-4. El proceso de la mejora continua a largo plazo

Para llegar a ese nuevo estándar tenemos que introducir mejoras, y lo que normalmente sugerimos es no saltar directamente del 80% que tenemos al 95%, sino ir poco a poco, intentando conseguir objetivos más pequeños, cómo primero ir del 80% al 81%. Así damos un paso y comprobamos. Cuando hayamos conseguido ese 81% hay que ver ¿Qué hemos aprendido? Y ¿cómo voy a conseguir el 82%? A través de esos pasos llegaremos a ese objetivo final del 95%.

Eso es lo que queremos decir con Mejora Continua. Significa todo el mundo, en todos los sitios, todo el tiempo observan y comparan dónde se encuentran en comparación con el estándar, y esa diferencia es la que nos proporciona la aspiración para seguir dando pasos, probando cosas, experimentado contramedidas, comprobando si funcionan y estandarizando las que si lo hacen, todo para seguir hasta el siguiente experimento, repitiendo ciclos de PDCA.

Una de los problemas que vemos en las empresas es que establece un estándar, por ejemplo, les dicen a los jefes, "Queremos conseguir el 95%, ahora estamos en el 80%. Lo dicen y entonces los jefes son los que dirán a los supervisores "El nuevo objetivo es llegar al 95%", después se van y son los grupos de trabajo los que luchan para conseguirlo. Incluso si se llega a conseguir un 90% los jefes van a estar decepcionados porque no se ha conseguido ese 95%.

En una burocracia Capacitiva, queremos liderazgo activo. El líder está con su gente. Su mensaje es "Para final de año necesitamos conseguir un 95%, no tiene que ser inmediato, no hay que pensar en el 95% ahora mismo, sino que hay que pensar en el siguiente paso. ¿Qué es lo primero que debemos hacer? Vamos a mirar los datos, entender las desviaciones del estándar, vamos a coger la más grande y entender cuál ha sido el problema y ver que ideas de mejora se nos ocurren." Ésta es la esencia de la mejora *kata* (ver capítulo 2).

Están liderando un proceso de resolución de problemas sistemáticamente, y si son buenos líderes harán que el equipo se comprometa. Los miembros del grupo siempre tendrán ideas, algunas buenas y otras no tan buenas, pero a través de la experimentación se verá el progreso. Cada vez que haya un progreso, hay que celebrarlo, haciendo una pequeña fiesta o dando algún incentivo a los miembros. El objetivo del 95% está ahí y el equipo lo sabe, sabe que aún queda un largo camino hasta alcanzarlo. Es interesante mostrarles los avances en relación a ese 95%, mediante un indicador que ilustre el progreso que se va realizando.

Planeando las preguntas adecuadas y motivando al equipo, irán paso a paso progresando constantemente. Cuando se prueba algo que finalmente no funciona, resulta tan útil cómo probar algo que sí funciona. Como dijo Thomas Edison, "No he fallado, he encontrado 10.000 maneras en las que no funciona". Ésta es la filosofía de aprendizaje que hay que alimentar.

Buscando Diferencias

Lo que queremos decir es que los estándares nos proporcionan un punto de comparación. Podemos comparar lo que debería estar ocurriendo, con lo que está ocurriendo realmente. La diferencia es lo que hay que cerrar. La manera en la que una persona debería estar haciendo su trabajo, a menudo no está clara, y eso es por lo que se intentan diferentes enfoques y no vemos realmente mejora, excepto quizá a nivel individual, y a ese nivel puede que no se comparta lo que se aprende.

El trabajo estandarizado se convierte en nuestra teoría sobre el trabajo, la teoría sobre la mejor manera de hacer esa tarea particular. En realidad no sabemos si es la mejor manera, asumimos que siempre habrá un modo mejor de hacerlo. Por eso, cuando nos desviamos del estándar, o tenemos un problema (que alguien no está bien formado, que el equipo no funciona, o que la persona que te da los inputs no te está dando la información exacta), hay muchas causas posibles y debemos trabajar para arreglarlas. Otra opción es que esa desviación del estándar se convierta en una mejor manera de hacer la tarea. En cualquier caso, lo que tenemos es una oportunidad de mejora. El trabajo estandarizado es la base para que los problemas emerjan, que a su vez es la base del *kaizen*.

Desarrollar personas

El trabajo estandarizado es nuestra teoría sobre el mejor modo de realizar una tarea, puede que no sepamos cada situación o contingencia a las que cada persona se enfrenta, pero sabemos las tareas básicas que una persona debería realizar en ese puesto de trabajo. Las ideas acompasan la teoría, así que si documentamos esa teoría tendremos un modo de formar a las personas, es decir, entrenarlos según nuestro estándar para esa tarea concreta. Lo ideal sería que todo el mundo siguiera esa teoría, ese trabajo estandarizado, para poder ver los problemas que van surgiendo.

Esto nos permite mejorar el proceso y, al mismo tiempo, nos convertimos en mejores líderes. Mejoramos al ver las desviaciones, mejorando el trabajo estandarizado, en la resolución de problemas... y ayudamos a otros a mejorar. Además, tenemos la obligación moral de compartir lo que pensamos que puede ser útil para los demás compañeros de la empresa, pero no el derecho de ordenarles lo que deben hacer, ya que lo que ha resultado útil en nuestro caso puede que no lo sea para otras áreas. Quizás dirección les anime a seguir nuestro ejemplo y probar nuestros estándares para que surjan sus propias mejoras.

True North, El Estándar Definitivo

Ya hablamos en el Capítulo Uno de que Toyota Way es un camino para definir el True North. Proporciona a Toyota valores y estándares sobre cómo tratar a las personas y la forma correcta de mejorar. True North es hacia donde nos queremos dirigir, siguiéndolo podemos juzgar si estamos en el camino apropiado, aunque no podamos alcanzar ese ideal. Como ejemplo, podemos definir un aspecto del True North para un departamento de Servicio al Cliente, que sería investigar el 100% de las quejas, pero no sentándonos en una oficina y especulando. Vamos a determinar el problema real y encontrar la causa raíz, la cual nos llevará a resolver el problema. En un estado ideal de las cosas, el problema no volvería y el proceso se conducirá hacia la perfección: el 100% de satisfacción de los clientes.

Obviamente, no vamos a dedicarnos toda la vida a investigar el 100% de las quejas de los clientes, y si fuéramos a investigar el 100% de los casos, probablemente no en todos encontraríamos la causa raíz, pero es algo a lo que podemos aspirar.

Conforme avanzamos en identificar las quejas de los clientes y abordar los problemas, deberíamos reflejarlo en nuevos estándares o revisar los existentes, ya que si no lo documentas, el que ha hecho la investigación, resolverá el problema en el momento, pero a largo plazo, cuando esa persona ya no esté el problema volverá.

Esencia del Modelo de Liderazgo Lean

El trabajo estandarizado y los estándares son parte integral del liderazgo Lean. Tratamos de visualizar la producción en una fábrica o cualquier otro tipo de proceso, comparado con el estándar (imagen 3-5) éste es el espíritu de *genchi genbutsu*.

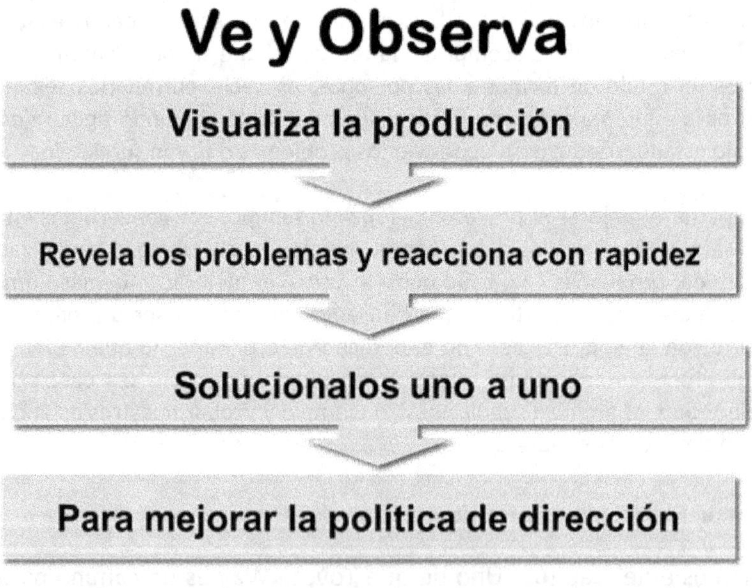

Ve y Observa

- Visualiza la producción
- Revela los problemas y reacciona con rapidez
- Solucionalos uno a uno
- Para mejorar la política de dirección

Fuente: Michael Balle

Imagen 3-5. Visualizar lo actual vs el estandar para solucionar los problemas uno a uno

La razón por la que queremos visualizar la realidad versus el estándar, es para revelar problemas y reaccionar rápidamente. Cuando podemos ver con rapidez la diferencia entre el estándar y el actual, es cuando podemos resolver los problemas uno a uno conforme van ocurriendo, en lugar de dejar que se acumulen.

Por ejemplo, podemos fijarnos en los datos de los últimos meses, ¿Qué ha pasado los últimos meses? Un montón de cosas. En superficie, sabemos que hay problemas que se han repetidos varias veces, pero no conocemos la situación en cada caso. Imagina un detective que acude a la escena del crimen un mes después de que ocurra.... En cambio, si resolvemos esos mismos problemas conforme ocurren, sabemos con detalle la situación actual, los hechos. Al final del mes, hemos resuelto los problemas y podemos reflexionar sobre ello y ver las contramedidas que podemos compartir con otros.

Hacer esto nos ayudará a conseguir que nuestro proceso repetitivo opere a un gran nivel. Teníamos un 80% de satisfacción del cliente, esto significa que el 20% del tiempo la gente no estaba satisfecha. Si ahora tenemos un 95%, significa que aún hay un 5% de clientes que no están satisfechos. Es el momento de establecer un nuevo estándar, que podría ser llegar al 99% de satisfacción.

El nuevo estándar va a requerir un ciclo PDCA de nuevo. Necesitamos visualizar dónde nos encontramos comparado con ese estándar, resolver problemas, llegar a un nuevo nivel de rendimiento constante y el modelo de Liderazgo Lean va a liderar este proceso. Por consiguiente, debemos comprender todos los elementos de desarrollo y visualización de estándares, resolución de problemas, y saber comunicarlo a los demás, sobre todos esos puntos clave que deben conocer para aplicarlos en la mejora. En la segunda parte de éste capítulo, vamos hablar más sobre visualización, sobre cómo podemos realmente visualizar el proceso, aunque no sea repetitivo ni físico cómo el que podemos ver en producción.

¿Qué Hemos Aprendido de los Estándares?

Reflexionando, hemos empezado con Henry Ford y su sabia observación de que los estándares son lo mejor que conocemos hoy, y que vamos a mejorar mañana. No son rígidos, no se trata de formar robots. Se trata de formar a personas que piensen, a las que se les dará un punto de arranque y una base para comparar. Hay muchísimos estándares, podrían ser políticas, procedimientos y especificaciones técnicas.

Podríamos desarrollar el trabajo estandarizado especificando los pasos y lo que debería ocurrir en cada uno de los pasos; e incluso medir los tiempos de cada paso. El trabajo estandarizado, por sí solo, es nuestra teoría sobre la mejor o las mejores maneras de llevar a cabo una serie de tareas. Para tareas rutinarias o repetitivas, podemos especificar en detalle los pasos, la secuencia, cuanto tiempo deberíamos tardar en realizarlas y los puntos clave. Para las no repetitivas, tenemos que ser más modestos, podría haber ciertos aspectos rutinarios que podríamos estandarizar, quizá identificando los pasos y puntos clave.

Los estándares o normas se pueden tratar de manera muy rígida y llegar a ser parte de una burocracia coercitiva, o bien pueden utilizarse de forma flexible, como guías, y entregarse al equipo para mejorar. Eso es la burocracia capacitiva. Hay una burocracia mala, que llamamos coercitiva y una buena que llamamos capacitiva. Debemos abandonar la idea de que la burocracia es siempre negativa, o que la estandarización es siempre positiva.

Puede convertirse en reglas sin sentido, pero no tiene porqué. ¿Cuál es la alternativa entonces? ¿Es la anarquía positiva y la burocracia negativa? Paul Adler nos enseñó que la burocracia es necesaria, y que hay una manera de utilizar las reglas y los estándares que nos lleva al aprendizaje de la mejora continua. La burocracia Capacitiva depende muchísimo del liderazgo en el *gemba* para mantener la disciplina en las normas y llevar la mejora a los estándares. Además, esto significa que ya no tendrás a un grupo reportando a un solo líder, de ahí el significado de añadir el papel del líder de equipo en Toyota, de lo cual hablaremos con detalle en el Capítulo Seis.

Los estándares para un equipo que está intentando mejorar sus procesos, serán más efectivos si son visuales, cuando podamos controlar si estamos en el estándar o fuera de él. Éste será el tema del resto del capítulo. Si nos encontramos con que algo está fuera del estándar, no tiene por qué cundir el pánico, pero es una oportunidad de cerrar una nueva diferencia y mejorar el proceso.

Finalmente, también hay una serie de procedimiento que puedes utilizar para que, incluso tú tarea cómo líder pueda tener un grado de estandarización. Hay tareas, como líder que haces de manera rutinaria, no debes ajustar todo el día en base a las reuniones que tienes. Puedes tener ciertas rutinas, y las rutinas en las que debes centrarte son aquellas que no te sirven sólo para apagar fuegos.

Por ejemplo, sabemos que deberías ir a ver y controlar cómo lo está haciendo la gente, si los estándares se están siguiendo y donde haya desviaciones debes desempeñar tu papel de coach. Esto es algo que se olvida durante el día, así que podemos estandarizar ésta parte de tu trabajo, la de ir a ver, controlar y ser coach, para estar seguros de que lo vas a hacer. Esto se llama Leader Standard Work.

Hay un tema en el capítulo seis que apoya la mejora diaria.

En resumen, los estándares pueden restringir, causar ineficacia y hacer el trabajo desagradable. Por otra parte, pueden ser útiles, capaces y realmente mejorar el placer de realizar tu trabajo. Puede resultar raro escuchar que tenemos reglas o procedimientos que pueden hacerlo más placentero. En la segunda parte de éste capítulo vamos a ver el caso de una empresa, Menlo Innovations que desarrolla software y cuya misión es llevar júbilo al mundo y a sus lugares de trabajo y lo llevan a cabo gracias a una gran cantidad de burocracia capacitiva, procesos claros y visibles que definen los requisitos para desarrollar su software

Gestión Visual para descubrir las diferencias: Estándares versus Situación Actual

La gestión visual se construye en lo que hemos hablado sobre trabajo estandarizado, estándares, procesos estandarizados, objetivos, condiciones de esos objetivos, resucitando información dormida que a veces tenemos en la oficina, como posters, tablas o incluso pantallas de ordenador. Los puestos de trabajo están llenos de cosas visuales, y a veces la gente se para, los lee y vuelve al trabajo.

La gestión visual es lo que utilizas como ayuda o guía en tu trabajo, para mostrarte claramente lo que deberías estar haciendo en éste momento y esa diferencia, si es que la hay, entre lo que deberías estar haciendo y lo que estás haciendo.

Imagen 3-6 Semáforo.

La gestión visual es la vida y es parte de tu trabajo. Un semáforo es un buen ejemplo. El semáforo (imagen 3-6) es algo que todos hemos aprendido cómo parte de la tarea de conducir. Cuando vemos la luz no tenemos que ir al manual a ver lo que significa verde, amarillo o rojo, sabemos exactamente lo que significan. Sigamos o no las reglas, sabemos que la luz roja significa que debes parar, verde que puedes continuar y amarillo que debes ir más rápido antes de que se ponga rojo (¡estaba bromeando!). De un solo vistazo, sabemos lo que deberíamos hacer.

En una maquina bien diseñada y provista de un código de colores con verde, amarillo y rojo, enseguida te darás cuenta de que la tendencia al rojo es mala. Si está muy cerca del rojo, o rojo, significa que la maquina está a punto de tener un problema o incluso lo tiene. Lo que está claro es que de un vistazo, conoces el estado de la máquina.

Si miras un gráfico, por ejemplo, ves en verde el objetivo para algo, podrían ser ventas o beneficio y rojo es la situación actual. Puedes ver claramente si se está ejecutando bien el plan o no.

Todos estos son buenos ejemplos de gestión visual. Se convierten en gestión visual cuando los utilizas según el ritmo de tu trabajo, para saber cuándo necesitas entrar en acción, cómo objetivo de mejora. Como líder Lean, tu trabajo es estar seguro de que son útiles y que se utilizan diariamente para ayudarte a seguir el ritmo de tu trabajo. Te ayudan a saber si el trabajo es de calidad, si lo controlas, si estás dando a tus clientes lo que quieren, como lo quieren y cuándo lo quieren.

Hay componentes de gestión visual muy sencillos ¿Puedes con sólo un vistazo, decir si estás en una situación normal o anormal? Debemos definir normal, y es lo que hemos hablado acerca de los estándares. Anormal significa que hay una brecha entre el estándar y la situación actual, si la podemos reconocer podemos entrar en acción. Cuanto más rápido reconozcamos esa brecha, antes podremos tomar medidas.

Imagen 3-7. Puesto de trabajo sin 5S

Examina el puesto de trabajo de la foto, ¿Qué es estándar y qué se queda fuera de ese estándar? ¿Podemos verlo a simple vista? Realmente no es un mal entorno laboral. El escritorio está razonablemente organizado, una pizarra muestra sobre lo que están trabajando, con post it de colores, seguramente está todo claro para la persona que trabaja en esa oficina, pero hay mucha información en el tablón de anuncios y también muchos objetos en la mesa. Indudablemente, un líder que entrara en la oficina lo tendría difícil si le preguntáramos lo que es o no estándar.

Imagen 3-8. El Puesto de Trabajo con 5S

¿Cómo veis la misma oficina ahora? Se han implantado las 5S y cada cosa está en su sitio y hay un sitio para cada cosa. Cuando decimos que hay un sitio para cada cosa queremos decir que tenemos estándares, sabemos dónde va el teléfono, dónde los archivadores, hay una serie de carpetas del trabajo terminado y otra con el que estamos haciendo. Incluso podemos tener un cierto número de espacios para las carpetas, así si tenemos más de cinco, por ejemplo, sabemos que tenemos sobrecarga y que vamos a necesitar ayuda. Algo visual que nos indique un límite en la cantidad de trabajo en proceso.

Michael Ballé en su libro *The Lean Manager*, lo describe bien "La Gestión Visual se trata de poder *ver* juntos, para así *saber* juntos, y poder *actuar* juntos, desde los operarios al CEO". Hemos resaltado las palabras ver, saber y actuar, pero la palabra clave es *juntos*.

Se convierte en un proceso de colaboración en el que está claro para todos los miembros del equipo y los líderes, lo que es un estándar, lo que se queda fuera de ese estándar, si avanzamos o si nos estamos quedando atrás. Y que podamos encontrar un camino hacia la acción si estamos fuera de ese estándar. El camino de la acción podría ser solucionar el problema y la causa raíz, para que podamos conectarnos directamente al proceso de la Mejora Continua.

Un caso de Lean No Tradicional: Menlo Innovations

La gestión visual es más útil cuando desmenuzamos el trabajo (en una oficina, por ejemplo), en pequeñas partes y puede ayudar a crear flujo en el proceso, incluso en tareas no repetitivas fuera de la fábrica. Menlo Innovatios desarrolla software personalizado, un tipo de trabajo que parece imposible de medir con rigor (tal y como se describe en el libro *Joy, Inc* del CEO Richard Sheridan), ya que se trata de un proceso de diseño creativo; sin embargo han creado una manera de utilizar las colaboraciones y el trabajo en equipo, para que los programadores sepan si están retrasados o por delante cada hora del día, a veces cada dos horas, o cada tres o cuatro. Han desglosado el trabajo en partes pequeñas, que hacen pensar en un proceso muy estricto en el que los programadores son esclavos del reloj.

El objetivo de la empresa es justamente lo contrario. El objetivo es diseñar software y desarrollar una experiencia jubilosa tanto para los miembros del equipo cómo para los clientes. Para conseguirlo los líderes de la empresa cambiaron el modo en el que se diseña software.

Menlo Innovations es una pequeña empresa de la ciudad en la que vivo, Ann Arebor, Michigan. Se fundó en 2001 y la misión era "Devolver la alegría a una de las iniciativas más singulares de nuestra historia, inventar software" también declaran lo que quieren evitar "Terminar con el sufrimiento humano en el mundo, en lo relativo a la tecnología" como podéis comprobar, su evaluación de las prácticas normales en el desarrollo de software es bastante mala.

El CEO y uno de los fundadores, Richard Sheridan, habla acerca de sus experiencias pasadas en empresas de software. Cada día iba perdiendo entusiasmo y energía y quería que su nueva empresa Menlo Innovations aportara algo positivo a las personas, que enriqueciera sus vidas, que fueran más enérgicos.

Sus inspiraciones incluyen The Edison Inventory Factory, originaria de Menlo, New Jersey, a partir de ahora Menlo Innovations. Hay un libro llamado *Extreme Programming*, que es un manifiesto radical del desarrollo de software, que consiste en varios principios Lean. Aprendió mucho sobre Pensamiento Sistemático de su autor y también del libro de Peter Senge, The Learning Organization". El pensamiento Sistemático le permitió tener una visión más amplia, y entonces pudo enfocar y entrar al detalle, para que cada miembro de la empresa aprendiera junto con los demás.

En el caso de Menlo, aprenden *con* los clientes. Tienen apenas 40 empleados y subcontratistas. Han ido expandiéndose año tras año, son muy selectivos con las personas que contratan e incluso con los clientes que aceptan. Quieren contratar a gente que cuadre con la cultura, que esté capacitada para colaborar y que estén entusiasmados con aprender. A los clientes se les pide que estén profundamente inmersos en el proceso de desarrollo.

Colaboración en Menlo

Vamos a visitar Menlo. La primera imagen es una vista de un día de trabajo en el edificio en el que surgieron (imagen 3-9). ¿Qué es lo que ves en éste entorno de oficina? ¿Es lo que hubieras esperado ver en una empresa de desarrollo de software? ¿Ves individuos aislados o ves colaboración?

Imagen 3-9. Entorno de trabajo en Menlo

Lo típico si visitamos una empresa de desarrollo de software, es ver individuos sentados en cubículos oscuros sentados enfrente de sus ordenadores. Quieres dejarlos en paz y no distraerles. Están concentrados en sus ordenadores y hagan lo que hagan, mientras estén ocupados, parece que son productivos. Diferentes personas trabajan en partes diferentes del software, y las piezas puede que vayan o no juntas. Richard entiende porqué la colaboración es tan importante, no sólo en desarrollo de software, sino cada vez más en el mundo en el que vivimos es importante tener conocimiento, compartirlo y aprender a un ritmo más rápido que tus competidores.

¿Ésta colaboración parece caótica o parece un equipo de trabajo estructurado? Si no supieras lo que hacen en Menlo, podrías pensar que su oficina parece caótica. Hay gente de pie, hay dos personas mirando la misma pantalla de ordenador ¿Por qué dos personas? ¿Por qué no solo una? Parece que estén en actitud contemplativa, ¿Significa eso que están pensando en su trabajo, o en algún problema que tienen en casa? Puede parecer un entorno de trabajo desordenado porque no hay cubículos, las personas están en grupo.

Lo que están observando, sin embargo, es en parejas de personas profundamente concentradas, en crear un código de ordenador, basándose en instrucciones muy precisas. Las instrucciones especifican lo que el cliente demanda, y hay un auto control constante en la calidad del código conforme se va desarrollando. Richard lo explica:

> *"Uno de los requisitos actuales en nuestra industria es que los equipos trabajen juntos para un propósito común. No conocemos un modo mejor, que crear una cultura de colaboración. Todo lo que ves, cómo se ha organizado el espacio, el modo en el que los individuos están organizados, la forma en la que los equipos están dispuestos, cómo están las mesas colocadas, todo está dispuesto para fomentar la colaboración y la forma más efectiva de comunicarse, nada de reuniones, emails, nada de informes de estado, sino comunicación directa, cara a cara. Nos gusta referirnos a ello como una tecnología de voz de alta velocidad."*

Richard se refiere a una cultura de colaboración que él y sus socios crearon intencionadamente en Menlo. Intencionadamente significa que pensaron mucho sobre el tipo de cultura empresarial que querían, y que deliberadamente trabajaron para evolucionar hacia ella. Habían tenido experiencias que sabían que no querían y Richar tuvo con anterioridad la oportunidad de experimentar cambiando la cultura en una gran empresa de desarrollo de software en la que fue vicepresidente. Con lo que, tras ésta experiencia, y con socios que lo apoyaron, empezaron a construir su imagen de cómo podría ser una empresa alegre, con cultura de colaboración y que diera siempre a sus clientes lo que necesitaban.

El Proceso General de Menlo

Vamos a empezar con un vistazo general del proceso que utiliza Menlo (imagen 3-10), y después hablaré de cada uno de los pasos del proceso. El proceso empieza con el cliente, como debería empezar cualquier proceso Lean. ¿Qué quiere el cliente? ¿Qué necesita el cliente? Lo que quieren y lo que necesitan no tiene porqué ser necesariamente lo mismo. Como Henry Ford bromeó una vez "Si les pregunto a los clientes lo que quieren, me dirán que un caballo más rápido". Menlo Innovations creó un nuevo oficio que ellos llaman "Técnico Antropólogo".

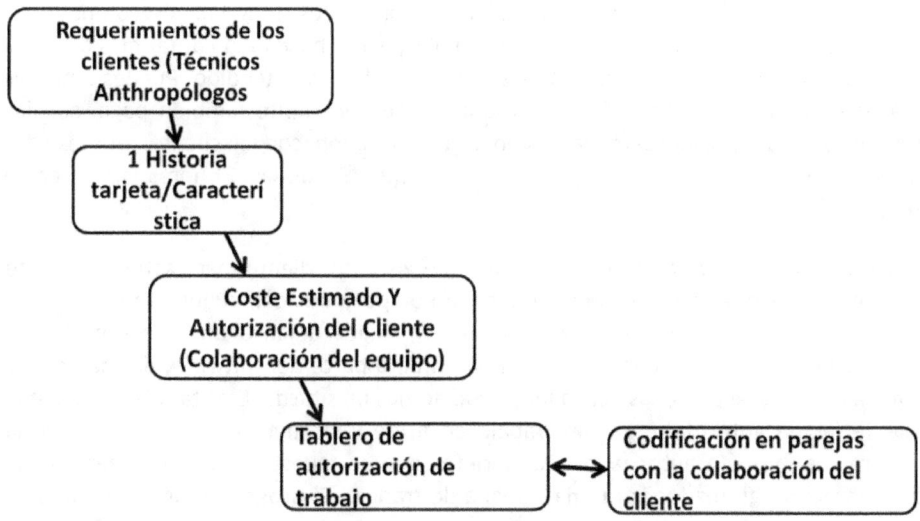

Imagen 3-10. Técnico Antropólogo

El "Técnico Antropólogo" vive con el cliente pegado a él como una mosca, y define lo que piensan que el cliente necesita para tener una experiencia jubilosa con su software, y hacen un bosquejo de lo que la pantalla del ordenador debe reflejar para proporcionarle esa experiencia. Las características de las diferentes pantallas se muestran como tarjetas físicas, cada una de ellas muestra una característica que podría describirse en una imagen o en palabras. Estas tarjetas que describen las características, se pasan entonces al equipo de software y al jefe de proyecto, y ellos, como equipo, calculan cuanto tiempo les va a costar programar cada característica, tarjetas a tarjetas. No estiman el tiempo exacto que les va a costar, pero si las horas aproximadas que van a tardar.

Lo Que los Clientes Deberían Entender

Richard explica lo que se hace entonces con esas características y tiempos estimados: "Lo que hacemos es gestión de proyecto con *origami*. Cojo una hoja de papel, con un valor, digamos de 16 horas. Si dividimos esas 16 horas en la mitad, ¿Cuántas horas obtengo? Ocho. Si doblo esas 8 horas por la mitad, ¿Cuántas voy a conseguir? Cuatro, y así sucesivamente... ahora alguien diría "¿Qué diablos haces con una tarjeta de 32 horas?" pegamos esa tarjeta de 16horas en un papel y eso nos indica que son 32 horas.

Te preguntarás porqué solamente 32. Podemos subirlo, pero eso es lo que nuestro cliente ha comprado. Ha comprado una hoja de papel que cuesta dos personas por 40 horas (32 horas de programación y 8 horas de actividades estándar) y se traduce a dólares la hoja. Estas son las cosas que queremos saber cómo director de proyecto. Cada comienzo de semana, tenemos comunicación de proyecto, compromiso, iteración, estimación y que nos muestren y nos informen.

Es una herramienta muy sencilla en gestión de proyectos. Muy fácil de comprender. Tengo dos hijos de 9 años, y pueden hacerlo porque no hace falta contar más de 40. Si puedes contar hasta 40 y puedes ajustar ahí 32, ya lo has entendido. Puedes empezar mañana. Las otras 8 horas de tareas, por las que el cliente también paga, son las repetitivas, pasan cada semana, cómo alguna reunión con el cliente, por eso les hacemos participes de nuestro plan continuamente. 32 de las 40 horas van a ser de trabajo efectivo "

Si consideramos el proceso desde el punto de vista del cliente, para estimar el coste total del trabajo, el cliente viene, conoce al equipo y deciden cuanto van a gastar y cuáles de esas características van a utilizar y cuáles dejan a un lado porque son demasiado costosas. Probablemente, en la primera parte del software, deciden quitar alguna de las características con la idea de añadirlas más tarde. Esas tarjetas, una vez el cliente las ha autorizado, ya son trabajo en firme y se muestran visualmente en la pizarra de "trabajo autorizado". Las tarjetas que se muestran en esta pizarra es el horario del programador para una semana de trabajo. El programador escoge una de las tarjetas, ésta le dice la característica que va a programar, la codifican y al final de la semana se reúnen con el cliente para mostrarle los avances. Cada semana reciben el feedback del cliente. Dejadme que lo desmenuce aún más.

Gestión Visual y Equipos de Trabajo en Menlo

Los requerimientos del cliente los definen los "técnicos antropólogos", que no tienen experiencia en desarrollo de software. Puede que sean vendedores, asesores académicos o periodistas y puede que hayan manejado software, pero han sido seleccionados porque tienen intuición para saber lo que la gente necesita para hacer su trabajo. Son capaces de observar a las personas en su hábitat natural, el puesto de trabajo, y son capaces de entender cuáles son los puntos contra los que luchan cuando tratan de utilizar el software con el que trabajan en la actualidad.

Deben ser empáticos para ponerse en el lugar del cliente, ver a través de sus ojos, y entender lo que están experimentando. Los clientes puede que den algunas cosas por sentado, por lo que no es suficiente decir "Damos a los clientes lo que quieren". Tal y como dijo Henry Ford, lo que los clientes quieren no siempre es lo que necesitan. Los clientes piensan que es normal pasar por tres pantallas de su software para hacer una tarea, porque así consiguen hacer el trabajo y se ha convertido en un hábito, pero un software mejor podría hacer que, en lugar de pasar por esas tres pantallas, solamente tuvieran que pulsar un botón.

Los "técnicos antropólogos" crean bosquejos, dibujos realmente, de pantallas de ordenador que se van a convertir en "tarjetas de historia", características individuales, que los programadores van a codificar. La tarjeta es una descripción escrita de cuál es la característica y lo que va a hacer por el cliente, porqué la necesita y aconseja cómo adaptarla al cliente para que sea fácil de usar. Esto es desde el punto de vista de los "técnicos antropólogos", el cual lo compartirá con el cliente y el programador, que pueden hacer modificaciones.

Hacer la tarjeta no significa que nadie está autorizado a nada, pero cuando están todas juntas, forman un proyecto potencial. Os habréis dado cuenta de que se trabaja en papel. He estado en varias visitas por Menlo y siempre hay alguien que pregunta "¿Por qué utilizáis tanto papel? ¿No podría hacerse en el ordenador?, al fin y al cabo sois una empresa de software." La respuesta es que, haciéndolo visual, táctil y mostrando en la pizarra semanalmente, cuánto tiempo le hemos dedicado cada día, se facilita la colaboración efectiva. Es mucho más difícil colaborar enfrente de una pantalla del ordenador, bajándote diferentes documentos… y además hay algo mágico en coger una hoja de papel y decir, "No, no, debería ser así" y poder modificar directamente sobre ella. Quizá en algún momento, los ordenadores sean tan fáciles de manejar que podremos dibujar en la pantalla tal y cómo ahora lo hacemos en una hoja de papel, pero hoy en día no es posible.

Imagen 3-11. Calculando el tiempo necesario para cada tarjeta

Ahora que tenemos todas las tarjetas, aunque aún no estén autorizadas, tenemos que calcular cuánto tiempo vamos a tardar en programar. Aquí vemos a un grupo de personas que están calculando el tiempo para cada tarjeta, y parece que están pasándolo bien (imagen 3-11). El casco de vikingo es un símbolo que se les ocurrió de casualidad cuando Richard y su esposa fueron a Noruega y lo trajeron a casa cómo souvenir. Se usa para diferentes propósitos. En éste caso simplemente es para hacer el tonto y pasarlo bien.

Podemos ver tres parejas, y esto es otra parte de la cultura de Menlo, siempre trabajan en parejas. Las parejas están mirando las características y calculando cuanto tiempo piensan que va a llevarles, después pondrán en común los porcentajes o hablarán sobre si hay muchas diferencias en los cálculos. En éste punto no tratan de ajustar totalmente el tiempo que llevará, ya que saben que es imposible ajustarlo totalmente, pero al menos tienen una idea inicial de cuánto va ser. Cada una de las tareas es única, nunca la han hecho antes, pero lo intentan calcular. De media, encuentran tarjetas que son muy precisas, puede que algunas lo sean más que otras, y quizá podrían mejorar esos errores y reducir la variación, pero eligen no hacerlo. El cliente va a pagar por el tiempo que les cuesta hacer el trabajo, y está contento con las estimaciones, que les proporcionan suficiente información para priorizar las características según su coste.

Los clientes son lo primero en Menlo. La empresa existe para servirles, pero los clientes deben adaptarse al proceso de Menlo. En reuniones previas van a hacer la difícil tarea de identificar la dimensión de trabajo del proyecto. Observan las hojas en las que se indica que se va a trabajar en su proyecto ocho horas al día, se les va a preguntar acerca de las tarjetas, las características, van a dar feedback y seguro que se va a preguntar a sí mismos ¿Vale la pena pagar por ésta característica? Se les irán mostrando tarjetas y crearán el ámbito de trabajo inicial. Después de éste primera reunión, semanalmente, el cliente revisará lo que se ha hecho durante la semana y autorizarán el trabajo para la siguiente. Es un trabajo dinámico y los principios del proyecto se pueden ir modificando conforme el proyecto avanza. Esto es PDCA en acción semana a semana.

Vamos a volver a Richard y dejarle describir qué pasa una vez que las tarjetas están autorizadas, y se convierten en parte del sistema de gestión visual de las paredes de Menlo.

The Work Authorization Board

Richard explica:

> *"Los artefactos físicos que colgamos en las paredes, sirven para comunicar en los que estamos trabajando actualmente. ¿Cuáles son nuestros objetivos? ¿Qué es lo que necesitamos comunicar? Muchas veces las empresas están tentadas en colgar toda esa información en la intranet corporativa, para que todo el mundo pueda acceder a ella, pero nosotros creemos que el mejor modo es colgarlas en la pared, para que se pueda ver la información durante todo el día."*

El tablero de autorización de trabajo (ver imagen 3-12) es nuestro horario de trabajo visual diario. Es lo que utilizan los programadores y los directores de proyecto para marcar el paso del trabajo diario, hora a hora. Como veis, las tarjetas están colgadas en el día correspondiente, y en la parte superior aparecen los nombres de la pareja de programadores que debe hacer la tarea. Los directores de proyecto preparan las pizarras todas las semanas, y así el lunes por la mañana, los programadores empiezan la semana sabiendo en que proyecto van a trabajar y con qué compañero. Van a la pizarra, cogen la tarjeta que les ha tocado y se preparan para programar esa característica.

Utilizan puntos de colores para saber el estado de la tarjeta. Rojo significa que aún no se ha comenzado, amarillo que está en proceso y naranja que los programadores creen que ya han finalizado el trabajo. Está verde cuando un "defensor de la calidad" verifica que el trabajo muestra lo que el cliente quiere. Al principio, se utilizaban solamente los colores, rojo, amarillo y verde, pero el equipo añadió el naranja como una mejora *kaizen*. Todo empezó un día que Richard había salido y al volver, vio que había un punto de color naranja, pensó que era un error, pero realmente era una mejora. El programador le explicó que se habían dado cuenta de que quizá ellos pensaban que habían terminado su trabajo, pero que eso no significaba que fuera lo que realmente quería el cliente, pensaban que un "defensor de la calidad" debía comprobar que todo funcionaba tal y como el cliente deseaba. Naranja significa entonces que el trabajo está terminado, desde el punto de vista de los programadores.

Los programadores crean en cada línea de código, un test de lo que se supone que ese código debe hacer. Lo llaman "prueba de unidad", y lo compilan con el resto del programa para ver si funciona. Además, cronometran el tiempo que han tardado en hacer la tarea, necesario para facturar al cliente y para comprobar si van en plazo según lo estimado. La tarjeta solamente se vuelve verde cuando el "defensor de la calidad" dice "Lo hemos comprobado, esto es exactamente lo que el cliente quiere, podéis seguir." Es curioso que estos "defensores de la calidad", no necesariamente deben saber programar.

Richard inventó también la introducción de una línea que cruza el tablero transversalmente, y que sirve para saber cómo va el trabajo. Las tarjetas que están por encima de esa cuerda deberían estar finalizadas o, al menos, en color naranja, lo que significa que los programadores han hecho el trabajo. Si hay tarjetas por encima de ésta línea en color rojo, los directores de proyecto pueden ver de un vistazo que algo va mal.

Imagen 3-12 Tablero Visual de Tareas

¿Qué haces si eres jefe de proyecto y ves una anomalía? En un sistema tradicional, buscarías al culpable, pero en un sistema Lean lo que haces es darte cuenta de que hay un problema, cómo eres el líder tienes que saber lo que está pasando y la razón de esa anormalidad. El líder es capaz de darse cuenta a primera vista si el proceso está fuera de control, si sigue o no los estándares, y entonces debe comprobarlo con el equipo, que quizá ya haya empezado a tomar acciones. Podría ser un problema puntual cómo que el ordenador ha fallado; o quizá podría dar comienzo a un ciclo PDCA.

Podría llegar a crearse un nuevo estándar o quizá no haga falta. El líder va a asegurarse de que se tomen las decisiones adecuadas, que se informa a la gente correcta, y que se toma el camino correcto, asimismo es el responsable de la mejora necesaria en el proceso.

La Gestión Visual Respalda una Cultura de Colaboración

Cómo he comentado, Menlo tiene una cultura de trabajar en parejas. Lo hacen todo en parejas, las entrevistas, estimar los costes, los técnicos antropólogos trabajan en parejas, así como los programadores. Se han convencido de que dos personas que trabajan juntas son más productivas, que una persona trabajando sola, y que, tanto la creatividad como la calidad, son más altas. No parece tener mucho sentido, a priori, que dos personas trabajando juntas sean más productivas que una sola, pero si pensamos en lo que pasa cuando trabajamos con alguien la cosa cambia.

Imagen 3-13 Trabajo en Equipo. Programando en Parejas.

Vemos que una de las personas es la que lleva el ratón y está codificando, mientras la otra persona está señalando (imagen 3-13) y quizá esté diciendo "¡Eh mira!, aquí tenemos un problema". Al visualizar el problema tan rápido nos estamos evitando por un lado, volver a hacer el trabajo, y por otro que ese problema pueda llegar al cliente, generándole insatisfacción. Esa reducción de coste es mucho mayor que la de tener a dos personas trabajando a la vez. Por supuesto, ésta es la forma de trabajar de Menlo, y no debe ser parte de la cultura de todas las empresas, pero está bien tener en cuenta que a menudo, una pareja pueden llegar a ser más productiva que un individuo.

Vamos a dejar que Richard nos cuente uno de sus grandes éxitos El Citómetro de Accuri, un invento en el que Menlo colaboró codo con codo y por el que recibió acciones de la empresa, como parte del trato de desarrollar el software. Todo el mundo está ganando mucho dinero, y los clientes están increíblemente satisfechos con el producto. Richard explica con orgullo que el precio de la programación podría haberse sido mayor (a pesar de que ellos ya eran mucho más baratos que la competencia), pero que finalmente se creó un producto fácil de utilizar y al no tener que reprogramar, el coste total fue mucho más bajo:

"Mi caso favorito hasta ahora es un módulo de análisis de software llamado clitómetro de flujo, que construimos para Accuri Cytometers, un dispositivo que está revolucionando el mercado en investigación contra el cáncer e inmunología. Fue genial. Leo, de atención al cliente de Accuri, fue el que empaquetó cuidadosamente el primer envío, les llamó y les dijo "Os llegará mañana con la empresa Fed Ex, por favor, llamadme cuando os llegue y lo desempaquetéis, que será sobre las 9 de la mañana." Dijeron: "Ok Leo" le dijeron.

Leo estaba muy nervioso, así que lo primero que hizo al llegar a la mañana siguiente fue comprobar en la página de Fed Ex que les había llegado ya, sobre las 8.45. Se sentó al lado del teléfono. Las nueve y ninguna llamada, las doce del mediodía y ningún llamada. Su CEO en Accuri, Jen Baird, llegó y le preguntó, "Que Leo, ¿Han llamado?

No, no han llamado", dijo él.

Pasó el día entero y no recibió ninguna llamada.
El segundo día lo mismo. Leo se estaba volviendo loco, estaba desanimado, histérico.

Así que cogió el teléfono y les llamo. Les dijo "Hola Chicos, soy leo, de Accuri"

Le dijeron. "Hola Leo ¿Qué tal?

Bien, les dijo, pero ¿Qué tal vosotros?

Le dijeron: "Genial"

Leo les dijo: "Recibisteis la caja ¿No?

"Si, si, claro hace dos días por la mañana, sobre las 9 menos cuarto"

Les dijo, "Bueno, quedasteis en que me llamaríais a ver qué tal, ¿Os acordáis? Si funciona tenemos que seguir trabajando en ello.

Para su sorpresa le dijeron "¡Ah sí! Mira, Leo, la desempaquetamos y empezamos a utilizarla, hemos estado creando ciencia con ella durante dos días. Es genial. Gracias."

¿Qué hemos aprendido de la Gestión Visual?

¿Qué hemos aprendido de gestión visual, del caso de Menlo y de lo que hemos hablado antes? Por definición la gestión visual debería mostrar, tanto a la gente que está haciendo la tarea, como a los líderes dónde se encuentran comparados con el estándar. Debería ser fácilmente entendible. Como el semáforo del que hemos hablado antes. Rojo, amarillo o verde, de un vistazo sabes cómo debes actuar. También es una herramienta de colaboración, que utilizamos para identificar qué cuestiones debemos abordar.

En un entorno positivo, como el de Menlo, hay mucha colaboración de primera línea con el cliente, se define lo que el cliente necesita con los "técnicos antropólogos", con el director de proyecto y con los programadores, así como con los "defensores de calidad". Cuando hay tanta gente colaborando, y puedes acudir a la pizarra y visualmente ver el estado del proyecto, todo el mundo tiene clara la visión del punto del proyecto en el que se encuentra, comparada con la deseada.

En términos Lean, la diferencia entre el estado deseado y el actual es un problema, y se convierte en un hecho objetivo es decir, si la diferencia es deberíamos tardar 60 minutos en hacer una tarea, pero estamos tardado 70 minutos, esa diferencia la definimos como un problema. Esto no significa que vamos a culpar a nadie, ni que vamos a tomar acciones inmediatas, simplemente significa que esa diferencia existe.
Lo que tenemos que hacer es preguntarnos el porqué de esa diferencia, quizá deberíamos precisar de nuevo el tiempo estimado, o nos damos cuenta que ha pasado algo con el control de las piezas, o que algún empleado necesita más formación. Otra alternativa es simplemente registrarlo en nuestra mente y no hacer nada. Puede haber razones de todo tipo para esa diferencia, y necesitamos decidir si vale la pena, o no, autorizar un ciclo PDCA.

El miedo mata la mejora continua, ya que la gente es vulnerable y todo se hace muy visible. El Dr. Deming predicaba hace décadas "Expulsad el miedo", y la razón era que en un entorno de miedo, las personas van a hacer todo lo necesario para no meterse en problemas. Una de las maneras de apartarse de los problemas es esconderlos y según se dice en Toyota, "La ausencia de problemas es un problema en sí". Si no identificamos problemas con regularidad, tenemos un problema, porque la realidad es que siempre los hay. Es muy raro que sigamos perfectamente un plan, y escondiendo los problemas estamos evitando la mejora.

El funcionamiento del sistema depende también de los líderes, deben hacer algo que normalmente es muy raro en las empresas, qué es ir a donde el trabajo se hace, ver cómo está trabajando el equipo y compararlo con los estándares, deben liderar esa Mejora Continua. Debe estar a mano, dándose cuenta de los problemas cuando pasan y tomando medidas. Esas medidas son las que fomentan la mejora continua. Por eso necesitas tener las habilidades de un Líder Lean, para saber reaccionar en una situación específica, para pautar una buena resolución de problemas, en lugar de apuntar a alguien con el dedo y culparle, y para ser capaz de crear una cultura que fomente que los problemas emerjan y que se resuelvan.

CAPÍTULO 4
COMPROMISO DE AUTO DESARROLLO

¿Qué tratas de Auto-Desarrollar?

Ya debería estar claro que existe un método para la Mejora Continua, así como de respeto hacia los demás. Deberían ir de la mano. No puedes ser efectivo en Mejora Continua si no respetas a los demás, tus clientes, tus compañeros y los miembros del equipo. El *True North* en Toyota se define en *The Toyota Way*, en él se explica cómo debería pensar, sentir y actuar un líder. Toyota desarrolla líderes a largo plazo. Hemos resumido el proceso de Liderazgo Lean, en un modelo de cuatro pasos, para las empresas a las que les gustaría aprender de Toyota.

Éste capítulo proporciona una visión de conjunto del modelo (imagen 4-1) y se centra en el primero de los cuatro pasos, el auto desarrollo, a través del reto y la reflexión.

Fuente: *The Toyota Way to Lean Leadership*
Imagen 4-1. Módelo de Desarrollo de Liderazgo Model (Modelo Diamante)

Hemos colocado a Toyota en el centro del modelo. Los principios que te guiarán en tu camino de líder son los valores *True North*, los fundamentales de tu empresa. Debes comprenderlos a fondo, pero además debes desarrollarte para vivir el True North mediante ciclos de PDCA, debes practicarlos hasta que los lleven escritos en tu ADN, en tu modo de pensar y de actuar. No hace falta que tengas los mismo valores que Toyota, pero te proporcionarán una guía útil. Vale la pena revisarlos de nuevo.

Reto: Nos Gusta la Competencia

El entorno siempre reta a las empresas, y además tendremos retos internos. La clave es si aceptamos el reto como un castigo que se nos infringe, o simplemente es el curso natural de las cosas y el reto nos fuerza a adaptarnos y a crecer. Como ejemplo, *The Toyota Way 2001* dice, "Damos la bienvenida a la competencia". No oirás a nadie en Toyota que se queje de la competencia con las empresas americanas, coreanas o alemanas, que están creciendo. Sin el reto de la competitividad, podrían flojear y los clientes lo sufrirían. Quieren que cada individuo de Toyota sea competitivo.

Enfrentarse a los retos con una actitud positiva es un valor, porque sin ese reto no hay presión para mejorar. Hay estudios que muestran que el aprendizaje y la actuación de las personas, se degrada si éstas están bajo más presión de la que pueden manejar. Sin embargo, hay otros que demuestran que si a las personas no se les reta lo suficiente, se estancarán, y tanto su rendimiento cómo su aprendizaje disminuirán. A esto se le ha llamado el principio del estrés de Ricitos de Oro (The Goldiclocks principle of Stress)

Esto indica que hay un nivel óptimo de reto. Piensa en una curva de rendimiento en forma de campana (imagen 4-2). El máximo rendimiento se da cuando existe el nivel adecuado estrés, ni mucho ni poco.

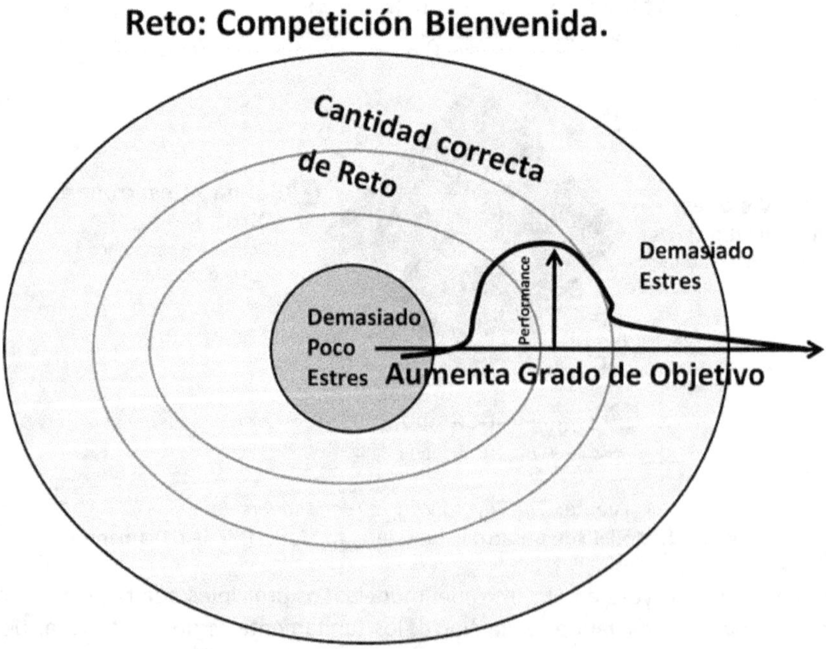

Imagen 4-2. Encontrar el equilibrio en el Reto

Mente *Kaizen*: Conseguiré el reto siguiendo el proceso correcto.

La forma de conseguirlo es mediante una mente *kaizen*. Con mente *kaizen* queremos decir que tienes la seguridad de que, con dedicación y un proceso sistemático de mejora a través PDCA, puedes conseguir el objetivo. Quizá el reto sea reducir a la mitad el tiempo en el que realizas tu tarea. Parece imposible, nunca lo has hecho pero sabes que, si desmenuzas ese 50% en trozos más pequeños, vas paso a paso y sigues un buen proceso de resolución de problemas te irás acercando al objetivo poco a poco y, algún día, lo alcanzarás.

Necesitas tanto confianza cómo un buen proceso con el que trabajar paso a paso y para conseguir tu objetivo. Algunas pruebas serán pasos atrás, fallarás, pero eso es normal. Te recompondrás, aprenderás y volverás a intentarlo.

Ir y Observar: Dónde más aprenderás será en el *gemba*.

Este es uno de los valores de Toyota, que puede parecer raro como valor, porque simplemente es ir y observar.

Sin embargo, el valor es que es dónde más vas a aprender, el lugar dónde todo ocurre, el *gemba*. Hay un gran valor en ir y observar y aprender de primera mano, sin fiarte de los informes, de porcentajes, ni estadísticas o bases de datos de meses anteriores, si no viendo el lugar y la situación tal y cómo es hoy.

Gemba significa "El lugar dónde está pasando" puede ser dónde se hacen las piezas, dónde prestas el servicio, dónde el cliente prueba tu producto, un proveedor que prepara tus materiales, o cualquier lugar dónde se añade valor.

Trabajo en equipo: Trabajo en equipo y rendimiento individual son dos caras de la misma moneda.

Al Trabajo en equipo, como tal, se le valora muy bien en muchas empresas. Lo inusual en Toyota, es que para ellos el rendimiento del equipo y el rendimiento personal no están considerados como opuestos. Se les considera como dos caras de la misma moneda, no se puede tener grandes equipos sin individuos muy desarrollados y asimismo, los individuos aportaran su máximo rendimiento y mejorarán al máximo cuando son partes de un equipo efectivo.

Respeto: A clientes, sociedad, miembros de equipo, socios y comunidades con las que colaboras.

Tiene muchos aspectos, incluye respetar a los clientes, a la sociedad, miembros del equipo y compañeros, y a las comunidades con las que haces negocios. Por ejemplo, cerrar una sucursal en la que tienes a gente contratada, mientras estas buscando una mejor perspectiva, viola éste valor, ya que estás despidiendo a personas y dañando la economía de esa comunidad. Eso no significa que, como empresario, debas hundirte con ellos, sino que debes hacer todo lo posible por evitarlo.

Estos son los valores Toyota. Tú, probablemente, tendrás los tuyos propios en tu empresa, por ahí escritos. Evalúalos y si piensas que se les puede añadir o cambiar algo, hazlo. Si ya son fuertes y comprensibles, empieza a pensar cómo puedes integrarlos más en tu cultura de liderazgo.

Asegúrate de que tus Valores están Arraigados

¿Has llegado al punto, como líder, en el que los valores están tan arraigados en ti que no podrías siquiera pensar en violarlos? Son espontáneos, es tu forma de ser.

Hay una historia divertida que un ejecutivo Toyota americano me contó. Cuando se unió a Toyota le dieron una tarjeta con los principio Toyota, como una chuleta. La llevaba en su cartera siempre, para que le recordara los valores. Un día fue a la planta y se dio cuenta de que se había olvidado la cartera en la guantera del coche. Le entró pánico y empezó a correr hacia el coche para cogerla cuando, de repente, se dio cuenta de que no necesitaba la tarjeta. Los principios estaban tan arraigados en él que ya no la iba a necesitar más. Fue un momento de liberación, un punto de inflexión en su carrera.

Liderazgo Occidental versus Liderazgo Toyota

¿Qué tipo de liderazgo necesitamos para conseguir la forma de pensar del Toyota Production System, y en qué se diferencia del estilo al que estamos acostumbrados?

En occidente nos basamos en el estilo que hemos aprendido de las escuelas de negocios o de nuestros mentores, (imagen 4-3) basado en herramientas de aproximación a Lean. Normalmente éste comportamiento se basa en un plan financiero. Si los socios quieren dinero (vemos nuestro producto como dinero), entonces el dinero es el que guía todas las decisiones. Puede que se nos anime a resultados rápidos, para incrementar ganancias. Puede que controlemos las ventas hasta cierto punto, pagando comisiones. Pero el resto de la empresa toca una sola tecla para incrementar la rentabilidad: la reducción de costes.

El alto ejecutivo, en el mundo occidental, es la cara de la empresa. Lo que los accionistas quieren es que los altos dirigentes, es decir, la gente con la que suelen tratar, sean unos héroes. Confían en ellos como CEO para que hagan dinero, así que no deben fallarles. Mientras parezca un súper héroe que nunca falla, estarán contento y todo irá bien. Así que el líder al que estamos acostumbrados aquí, en occidente, tiene que ser fuerte y actuar como un héroe. Para eso, debe obtener resultados repetidamente, y eso se consigue demostrando resultados en cada peldaño de la escalera. La persona que más rápido sube la escalera se convierte en el CEO, así que si tu objetivo en la empresa es llegar a serlo, debes aprender a escalar rápido, a pasar por encima de los que se interpongan en tu camino, y si hace falta empujar para que alguno se caiga de la escalera, no pasa nada.

Lo que haces es obtener resultados muy específicos, resultados financieros que los accionistas entiendan fácilmente, y el daño que se ocasione en el camino no importa, a menos que lleves a la empresa a los tribunales.

Las personas que trabajan para ti, por otro lado, son un incordio, porque mientras tú intentas escalar peldaños, tienen necesidades, llegan tarde al trabajo y no siempre entienden o siguen las instrucciones. Son máquinas imperfectas. Un ordenador, por ejemplo, hace lo que tú le dices al programarlo, pero las personas son tozudas y oponen resistencia. Lo que hace falta es aprender cómo utilizarlas correctamente para que se comporten como tú quieres.

Líder Traditional Occidental	Líder Toyota
Trabajar con Plan Financiero	Alcanzar la Visión True North
Resultadoss Rápidos	Paciencia
Orgullo	Humildad
Escalar Peldaños Rápido	Aprender Profunda y gradualmente a subir peldaños
Resultados ante todo	Conseguir el Proceso adecuado para llegar a Resultados Correctos
Conseguir Objetivos a través de las Personas	Desarrollar Personas a través del Proceso de Mejora

Imagen 4-3. Líder Traditional Occidental versus Toyota Líder

Vamos a comparar esto que acabamos de ver con el Líder Toyota, que es parte del Thinking Production System. Los líderes Toyota, tratan de conseguir el inalcanzable objetivo de la perfección, y para ello saben que hay muchos pasos que dar, y asumen que no saben cómo alcanzar ese "true North", así que deben ir probando cosas. Cuanto más rápidamente puedan experimentar, más rápido se moverán hacia el True North. Deben ser pacientes, ya que ellos no pueden hacer el trabajo, dependen de las personas que les reportan, y esto les hace humildes "Mi tarea es servir a las personas que pueden hacer el trabajo, ayudarles en todo lo que pueda". Son serviciales.

Históricamente hay mucha calidad en éste sentido en Toyota. Por ejemplo, Sakichi Toyoda aprendió desde abajo cómo trabajar con sus manos, haciendo telares y finalmente inventó los telares automáticos. Kiichiro Toyoda aprendió cómo hacer coches desde la base. La gente, normalmente, no avanza en Toyota a menos que no se adiestre profundamente en el terreno y vaya ascendiendo y siga aprendiendo, esa es la forma adecuada de subir peldaños. Esto requiere paciencia, ya que cada nivel de aprendizaje lleva su tiempo. Finalmente, alguien sugerirá que ya estás preparado para otro reto, y te promocionarán, debes esperar con paciencia hasta que esto ocurra.

Necesitas el proceso adecuado para conseguir los resultados apropiados. Hay una fuerte creencia de que el kaizen, que incluye el respeto por las personas así como un metódico PDCA, te acercará al True North. No sabemos cómo llegar a él, tal y como hemos dicho con anterioridad. Si por ejemplo, se nos pide recortar el tiempo de cambio de una máquina al 80% decimos, ok, lo haremos. Tenemos que definir cómo lo vamos a hacer: necesitaremos un equipo de gente, e intentar y probar cosas hasta que funcione, pero tenemos experiencia y la confianza de que si seguimos el proceso correcto con un equipo motivado de personas, lo vamos a conseguir.

En el camino, el valor Respeto nos indica que para conseguir lo mejor de las personas que trabajan con nosotros, debemos formarlas y desarrollarlas. Así que por un lado tenemos los resultados que queremos conseguir, y por otro las personas que vamos a tratar de fortalecer. Es una inversión, ya que a la larga serán más hábiles en la Mejora Continua.

¿Cómo Consigues Llegar a ser un Líder Lean?

La mayoría de los líderes nos dirían, "Mirad, nos han entrenado a la manera occidental, hemos aprendido a hacer números, a ser impacientes, ya que se nos elige para ser líderes por ser impacientes, porque queremos los resultados YA. Ahora nos decís que debemos ser amables, pacientes, humildes y buenos con nuestros empleados y estimularlos. Es todo lo contrario a lo que hemos hecho hasta ahora. ¿Cómo vamos a ir de un extremo al otro?"

Es cierto que cambiar totalmente un comportamiento es muy difícil, y según la neurociencia, incluso doloroso. Así que realmente debemos querer cambiar, por eso Toyota es tan exigente a la hora de seleccionar líderes, quieren gente que esté apasionada por aprender.

Paso uno- Compromiso de auto- desarrollo aprender a vivir los valores True North pasando por ciclos repetitivos de aprendizaje.

Sabemos que las rutinas y los modos de pensar anclados en las personas durante décadas, son muy difíciles de cambiar. Lo mejor sería derrumbar las empresas y empezar de cero, traer coaches experimentados y personas a las que formar desde el principio en los valores True North. Según la experiencia en Toyota, deben pasar unos

10 años hasta que se madura y se pueda actuar como un líder Toyota, ya que se debe tener todas las rutinas grabadas en el cerebro.

Pocas compañías pueden permitirse empezar de cero y reconstruirse durante 10 años. Lo mejor es trabajar para cambiar a los líderes, pero ¿Quién puede cambiar la mentalidad de liderazgo? Os digo ya, avalado por décadas de experiencia, que yo no puedo. Nunca he sido capaz de convencer a un CEO de que cambie su mentalidad, porque yo soy una de esas personas a las que han saltado para triunfar durante su vida, y encima soy un consultor, lo cual me hace todavía menos creíble. Los CEO tienen mucha voluntad, por eso llegaron donde están.

Lo bueno es que, gracias a esa fuerte voluntad, serán capaces de conseguir lo que se propongan, y si se proponen cambiar su comportamiento, pueden hacerlo. Requiere mucha dedicación y no sucede a la primera. Es cómo aprender a jugar al golf, no aprendes en un fin de semana, si juegas mal al golf y tienes malos hábitos no los podrás cambiar, a menos que practiques durante un largo periodo de tiempo, con un entrenador que te observe y te diga lo que haces mal, te sugiera como debes cambiar tu swing, y te haga practicar rutinariamente. Mi propio instructor de golf me dijo, que no me daría ninguna clase más hasta que no practicara durante tres días lo que me acababa de enseñar. Así estaba preparado para la siguiente.

El reto del auto-desarrollo es: 1- tener un fuerte compromiso; 2- tener un coach; 3- necesitas práctica. Para CEOS o ejecutivos que van a mil por hora para ir resolviendo los problemas del día a día, es complicado sacar tiempo y requiere aún más dedicación. Lo que asumimos es que tú, ya seas CEO, supervisor, gerente, o director, has decidido que quieres cambiar. Hasta ahora, la forma que has tenido de liderar ha tenido resultados, pero la gente que trabaja contigo no está comprometida, has sido tú el que ha pensado cómo hacer las cosas y el que ha resuelto la mayoría de los problemas. Estás frustrado y piensas que debe haber un modo mejor. ¿Cómo consigues líderes que sean como aquellos japoneses que enseñaron a Gary Convis? Gary intentó ser como ellos, lo cual fue un gran esfuerzo, ya que había trabajado para Ford durante 20 años y había adquirido muchos malos hábitos.

Cuando contrataron a Gary para dirigir NUMMI había muchas cosas que les gustaban de él. Mientras estaba en Ford actuaba como un líder Toyota, era el director de calidad y paraba la producción (nadie paraba la producción en Ford). Iba al lugar de trabajo, hablaba con los trabajadores, identificaba los problemas y las causas raíz. Actuaba como un líder Toyota en su mente y, por muchas razones, lo era. La dirección de NUMMI dijo que les impresionó su potencial de liderazgo, pero habían buscado mucho antes de ver a Gary, y lo que realmente selló el trato fue el interés que mostraba en aprender.

Todos los formadores saben que no puedes enseñar a alguien que no quiera aprender. Puedes obligarles a tomar notas, puedes hacerles un examen sobre lo que han aprendido, pero no puedes enseñar a nadie que no quiera aprender, excepto de un modo muy superficial. Como profesor, siempre buscas un alumno apasionado por aprender, ya sea música o un deporte. Si eres ingeniero, e intentas formar la próxima generación de ingenieros, lo que buscas es esa chispa del que realmente quiere aprender.

El primer paso es encontrar a personas realmente comprometidas a un auto-desarrollo, que aprendan esos valores "true north" de la empresa, y el único modo de aprender es dando pequeños pasos. Al principio aprenderán rutinas básicas de comportamiento, y conforme se vayan desarrollando, irán aprendiendo casas más precisas y elaboradas. La *Mejora Kata* ofrece una manera sistemática de aprender las cosas paso a paso.

Esto es lo que los japoneses hacían en la planta de NUMMI en California. Intentaban enseñar a Gary en particular, ya que al ser el director de planta era la posición más crítica, y después a todo el mundo, desde las altas esferas hasta los líderes de equipos pequeños, a cómo desarrollarse, como aprender y cómo pensar en The Toyota Way.

Ciclos de Auto-Aprendizaje de Liderazgo (PDCA)

Los líderes Lean van asumiendo retos de dificultad ascendente, consiguiéndolos, aprendiendo y después asumiendo el siguiente reto. Siguen el ciclo PDCA para aprender (imagen 4-4).

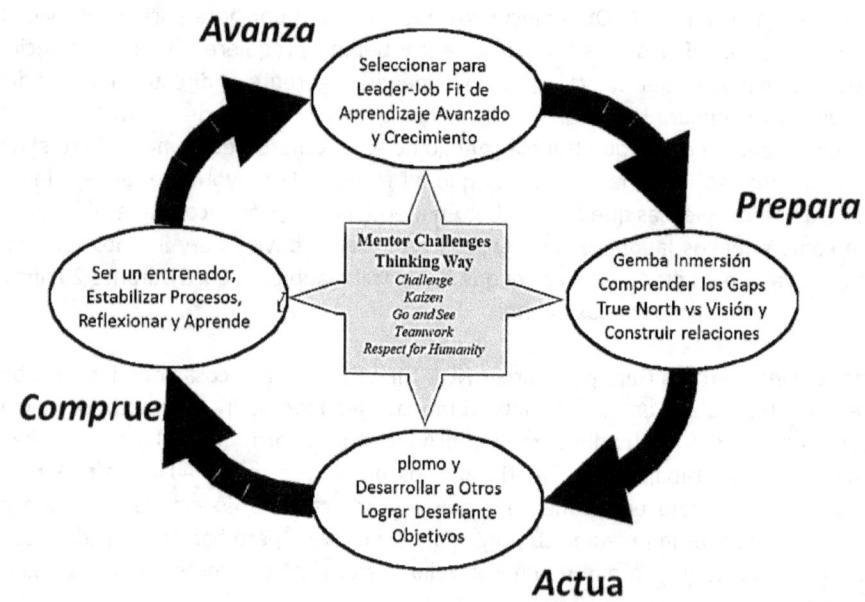

Fuente: The Toyota Way to Lean Leadership.
Imagen 4- 4: Ciclos de auto aprendizaje de liderazgo (PDCA)

Te han asignado una misión que, tanto tus jefes como el departamento de recursos humanos, han pensado que ayudará la empresa y desarrollará tus habilidades de liderazgo. Imagina que, hasta ahora, has sido jefe del departamento de montaje, y hora vas a pasar a liderar el de transporte porque piensan que eso va hacer que crezcas y que te preparará para más altos niveles de liderazgo. Lo primero que debes hacer en tu nuevo trabajo es sumergirte en la situación actual del departamento, así es cómo empieza tú plan de desarrollo.

Esa situación actual, incluye personal y procesos, debes ir al gemba para hacerte una idea de cómo es el departamento, conocer a las personas y el vacío que existe entre cómo debería funcionar y cómo funciona realmente. Una de las maneras que tienes para hacerlo es ponerte a conducir un camión o empezar a apilar cajas y prepararlas para el siguiente envió. Construyendo buenas relaciones es como empiezas a conocer las fortalezas y las debilidades de las personas y los procesos, más tarde es cuando llegas a un acuerdo con los trabajadores para ver hacia dónde os encamináis, y cómo dais el primer paso hacia el objetivo.

Cuando tienes un plan elaborado es cuando empiezas a liderar a los demás hacia esa visión, el objetivo no es solamente llegar, sino desarrollar a los demás. Deben comprometerse a coger pedacitos de ese objetivo, y trabajar en ellos como si se tratase de retos personales para su propia evolución. Motivar a los demás para que acepten un reto y quieran aprender es una habilidad.

Deberías contar con la ayuda de un coach que te ayude a ver lo que haces bien y lo que haces no tan bien. Te ayudará a encontrar tus puntos ciegos, ya que va a observarte, sabe cómo debería estar funcionando y lo que tratas de conseguir, sabe el camino adecuado y los erróneos y te ira influenciando, de un modo sutil para que escojas los buenos, por sutil me refiero a que te hará preguntas, te marcará retos, pero lo que no va a hacer es decirte ni lo que debes hacer exactamente ni va a hacerlo por ti.

Aquí hay algo que quiero que reflexiones, si quieres para y tómate el tiempo de anotar algunas ideas, si quieres en grupo o individualmente: 1- Para desarrollarte y aprender los valores y la mejora continua ¿Qué habilidades específicas crees que vas a necesitar? Si vas a aprender a jugar al golf y voy a ser tu entrenador, necesito saber qué voy a enseñarte. Y Después: 2- ¿Cómo puedes aprender esas habilidades?

Realmente es igual que el golf: practica, feedback de tu entrenador, reflexión, más práctica y así, poco a poco, irás consiguiendo esa habilidad de modo que ya sea rutinaria, que se grabe en tu cerebro.

Resumen de lo que un Líder Lean Necesita Aprender

Estoy seguro que tu lista es más larga que la mía, pero déjame que te ofrezca una pequeña lista de las habilidades necesarias para un líder Lean. La primera es que deben aprender a liderar desde el gemba- ir y observar. Desafortunadamente, es un arte perdido para la mayoría. Estoy seguro que los fundadores de muchas empresas al principio estaban continuamente en el gemba, quizá eran solo unas pocas personas, pero después conforme la empresa empezó a crecer, se fueron apartando. Empezaron a estar más tiempo en la oficina, asistiendo a reuniones y estudiando los resultados financieros y menos tiempo viendo el trabajo de las personas, buscando esos vacíos, y perdiendo oportunidades de enseñar a las personas. Cuando ellos se fueron, se contrató a directores profesionales que incluso estaban más lejos aún del gemba.

Hay una serie de habilidades que no son fáciles de desarrollar en el gemba. Mientras estas ahí te estas desarrollando tú y a los demás y es muy importante que entiendas los valores fundamentales. "Entenderlos" no significa simplemente leerlos en una tarjeta, si no que se conviertan en tu forma de ser y de pensar, que los vives, que están en tu ADN, para que cuando alguien está trabajando y veas un fallo, no saltes inmediatamente y le critiques, sino que le preguntes "¿Cómo debería estar funcionando? ¿Cómo está funcionando? ¿Cuál es el problema? ¿Cómo puedo ayudarte?"

Dirigir con eficiencia desde el gemba es ser capaz de ver, y después actuar de modo que lleves el equipo hacia adelante, en lugar de detenerles. Requiere mucha disciplina, más que la que necesita la gente a tu mando. Esa disciplina pasa por no dar órdenes, ni soluciones, no criticar a nadie y seguir un proceso disciplinado de resolución de problemas. El primer paso de la resolución de problemas es siempre el mismo, saber cuál es el problema, y aunque sea obvio para ti, debes hacer que los demás lo vean, porque a menudo lo que resulta obvio no es lo correcto, y quieres que los demás piensen acerca de ello.

Debes desarrollar el proceso de resolución de problema de un modo que te sea innato, de manera que pases por el ciclo PDCA de un modo disciplinado, estructurado, con paciencia. Si lo consigues ya puedes enseñar a otros. En Toyota esto se llama desarrollar maestría en "Toyota Business Practices". A partir de ahí ya puedes aprender "On the job development" y enseñar a otros. Un prerrequisito es aprenderlo antes. Siempre estás aprendiendo, a ser mejor líder, a mejorar en la resolución de problemas, a mejorar como coach, mentor... no importa las veces que lo hayas hecho, profundizas más en tu aprendizaje.

Como he mencionado antes, Toyora valora el conocimiento de un modo muy detallado. Si entras en Toyota y eres ingeniero, probablemente se te asignará a ingeniería, a diseñar la parte metálica del cuerpo del vehículo, para que entiendas cómo están diseñados los troqueles y como se va a estampar. Este proceso va a ser en lo que te centrarás en los primeros diez años, o más, de tu carrera.

Una vez que hayas desarrollado éste profundamente, si tus pasos te guían a ser director general de ingeniería o técnico, puede que ese sea tu destino para el resto de tu carrera en Toyota. Si desean promocionarte para que seas jefe o que formes parte de un proceso más general como jefe de ingeniería te moverás hacia esa especialidad. Quizá te trasladarán a un departamento de diseño interno del coche.

Imagen 4-5. Desarrollando raíces de liderazgo profundas

Imagen 4-6. Tipo T Liderazgo

En Toyota piensan que sin raíces profundas, imagen (4-5) el árbol será muy débil y se caerá con la tormenta.

La siguiente lección es liderar a personas cuando realmente no eres experto en lo que están haciendo. Una vez has aprendido cómo hacerte experto en algo, aprenderá más rápidamente las bases del siguiente proceso, aunque no sean tan profundas. Debes depender de los demás. Toyota llama a esto liderazgo en forma de T (imagen 4-6), primero necesitas las raíces profundas, después la cruz que forma a T representa el conocimiento más amplio.

¿Cómo se Desarrollan y Promocionan los Líderes Lean?

Toyota es famoso por su modelo japonés de promoción lenta. Se evalúa cuidadosamente en el *gemba*, tanto por tu trabajo como por los resultados que consigues y, como hemos comentado al hablar del modelo en forma de T, se promociona a la gente lateralmente antes de promocionarlos. Esto requiere paciencia por parte de los empleados.

En Japón, esto funciona bien, porque cuando el empleado viene de la escuela Toyota o del Toyota Technical High School, sus expectativas son retirarse en la compañía. Prácticamente nadie se va de la empresa. En Toyota reclutan a las personas sin saber su potencial real. Tienen un proceso de selección muy riguroso. Durante la carrera de un ingeniero, tienen una escala para evaluar su potencial, sin embargo, hasta que no trabajan en la empresa, no saben si van a saber auto-desarrollarse o auto-desarrollar a otros, ni si tienen las habilidades que les van a permitir liderar a los demás. Es cómo los equipos de cualquier deporte, que fichan jugadores con potencial, pero que no se sabe cómo funcionaran a nivel profesional.

Conforme promocionas en cualquier empresa, se espera que tomes más responsabilidades y que vayas liderando cada vez a más gente y más procesos. En Toyota, los empleados deben guiarse al modelo de desarrollo del liderazgo. Deben auto-desarrollarse y aprender a hacerlo con los demás, así cómo ser capaces de liderar a diferentes niveles, para elaborar una rutina diaria de mejora continua. Finalmente, aprenderán a liderar con lo que se llama Hoshin Kanri, o política de desarrollo, estableciendo objetivos agresivos y probándolos para que todo el mundo sepa lo que deben hacer para llegar a alinearse con las necesidades de la empresa.

DESARROLLANDO LÍDERES LEAN | 137

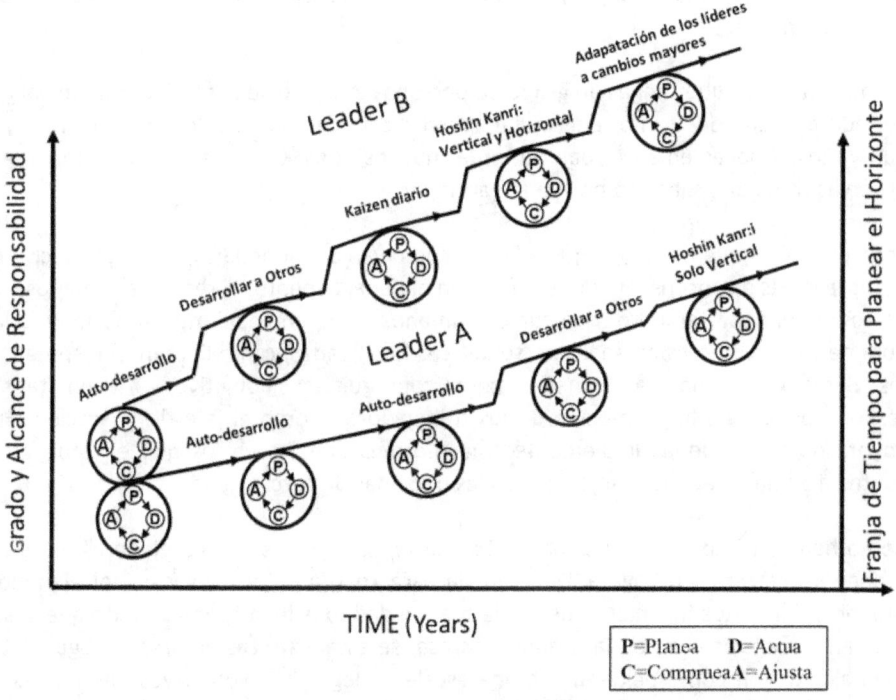

Fuente: *The Toyota Way to Lean Leadership*
Imagen 4-7. Caminos Hipotéticos de dos Líderes Toyota

Mostramos la trayectoria de dos líderes (imagen 4-7). El líder A pasa por tres ciclos de auto desarrollo (digamos que cada uno de ellos le lleva dos o tres años), durante el periodo de 6 a 9 años no tiene subordinados que le reporten, después de un tiempo tienen algunas personas que le reportan, y solamente va a ser responsable de Hoshin Kanri, cuando esas personas que le reportan consigan los objetivos marcados.

Si eres alguien súper técnico en tú área, y no eres muy bueno en ayudar a los demás a desarrollar habilidades, o no te interesa, lo mejor que puedes hacer es hacer tu trabajo técnico y que haya unas pocas personas, que tengas tus mismos intereses, y que te reporten.

Incluso en éste tipo de trabajo te puedes encontrar con objetivos muy exigentes. A uno de los jefes de matricería y producción, se le pidió recortar a la mitad el tiempo de diseñar una matriz. En aquel momento, Toyota ya era líder mundial en ello, con lo que era un reto muy exigente para él, aunque realmente su puesto fuera de poca responsabilidad.

El otro tipo de líder (B) puede que tenga pasión por las personas, quizá sea ese tipo de persona que siempre tenga gente alrededor. Si se esfuerza en su autodesarrollo, promocionará con más rapidez y quizá alcance el nivel ejecutivo y se le pedirá liderar horizontalmente.

Lo importante es que tengas un grupo de personas que trabaje para ti durante un largo periodo de tiempo y así no tengas que adivinar cómo actuarán si los promocionas, ya que ya los conoces en su trabajo durante muchos años. Como jefe en el gemba, les observas trabajar y sabes cómo van a reaccionar.

Todo esto hace que no tengas que adivinar cómo van a reaccionar, y al final, la decisión siempre la vas a consensuar con tu jefe y con el departamento de recursos humanos.
En Toyota el departamento de recursos humanos juega un papel muy importante a la hora de saber cómo trabajan las personas, sus habilidades, cómo lideran, si respetan a los demás y cómo se manejan para conseguir sus objetivos. Tienen tanta responsabilidad en la promoción de los trabajadores, como el jefe de la sección. En Toyota no se funciona simplemente con informes anuales en los que el trabajador contesta a unas preguntas, se observa a las personas de cerca.

Como hemos dicho, esto funciona en Toyota Japón, porque los trabajadores esperan acabar sus carreras en Toyota. Esto cambia para Toyota en otros países, por ejemplo, América, dónde los ingenieros tienen la mentalidad, desde la formación, de que si se quedan dos o tres años en la misma empresa, se estancan. Las empresas, según ésta mentalidad, son cómo peldaños de una escalera, llegas a Toyota y ves que no vas a tener más responsabilidad en el plazo de tres a cinco años, durante ese tiempo, aprenderás esas habilidades, pero si eres ambicioso, aspiras a estar supervisando a otros y preparándote para irte a otra empresa.

Toyota se dio cuenta de que estaba perdiendo muchos ingenieros jóvenes en América y, durante décadas pasaron por ciclos PDCA. Se preguntaron cuál era el problema, y el problema era que los jóvenes americanos no querían estar en la empresa tanto tiempo para completar su desarrollo, como se hace en Japón. Trabajaron en contramedidas para acelerar el ciclo de entrenamiento, pero es muy importante tener el tiempo necesario para que el desarrollo sea correcto, así que la persona debe permanecer un periodo de tiempo. Si la persona deja la empresa demasiado pronto, debes plantearte porqué se han ido, ya que eso puede implicar que no se haya escogido a la persona adecuada, o que la empresa haya seleccionado a personas que parecían estupendas al salir de la universidad, pero cuyos objetivos eran escalar en Toyota más rápido de lo posible. Hay que ajustar entonces el proceso de selección.

Hay que plantearse también si las condiciones de trabajo y el salario se corresponden con lo que se paga en el sector, hay muchos factores a tener en cuenta, que deben hacerse mediante ciclos constantes de PDCA. El Toyota Technical Center tiene una tasa alta de trabajadores que se quedan, pero es inferior a los estándares Toyota. Una de las contramedidas que han tenido éxito ha sido contratar a los estudiantes de ingeniería antes de que se gradúen, trabajan en Toyota durante parte del curso y durante cuatro años. Esto permite que, tanto empleados cómo empresa, se conozcan antes de plantearse un compromiso a largo plazo.

El sistema depende de tener trabajando un núcleo de empleados comprometidos a largo plazo, en los que puedas invertir. Lo que no hace Toyota es ir a buscar trabajadores a otras empresas para que formen parte del nivel de mando, ya que habrían llegado a un nivel alto de competencia sin el ADN Toyota, la empresa hace lo posible para formar desde dentro.

También se evita desestabilizar la estructura de los salarios. Por muy importante que seas para ellos, o estés trabajando en un proyecto crítico, imagina que de otra empresa te ofrece un salario un 30% superior. En Toyota te preguntarán porqué deseas abandonar la empresa, hablarán contigo, pero si realmente te quieres ir, te desearán suerte pero no te subirán el sueldo para que te quedes. Esto desestabilizaría el sistema de salarios que tienen estructurado para el resto de trabajadores. El liderazgo y el desarrollo técnico necesitan mucha práctica para los que ven Toyota como una empresa con la que se van a comprometer, y que les va a permitir continuar aprendiendo y desarrollándose.

Experiencia Profunda a Través de las Etapas Shu-Ha-Ri

El auto desarrollo requiere paciencia y humildad. No importa que seas un ejecutivo o un jefe de alto nivel. A menos que te hayas formado en una empresa Lean, debes volver a la escuela para aprender a ser un Líder Lean. Tal y como se hace en Toyota, debes ponerte en manos de un coach.

Yo toqué la guitarra cada día desde que tenía 3 años hasta los 29, después dejé de hacerlo durante 30 años, y tuve que empezar con lecciones otra vez. Soy profesor en la Universidad de Michigan y doy conferencias por todo el mundo. Aun así, mi profesor de guitarra, que ha estado haciendo eso durante toda su vida, empezó a enseñarme las cosas más básicas, que nunca había llegado a aprender cuando auto aprendí de joven, por ejemplo, cómo leer una partitura o cómo contar. Empecé con ejercicios básico y tuve que ser humilde. Lo más duro de todo fue cuando me pidió asistir a un seminario con sus alumnos no licenciados de la universidad, sentarme a escuchar y más tarde tocar delante de sus alumnos. Puedo deciros que una de las cosas que más miedo me ha dado ha sido tocar enfrente de esos chicos. Me temblaban las manos, no podía recordar la música. Volví a repetirlo hasta que me sentí más cómodo, pero todavía pierdo el sueño antes de tocar.

Cuando llega el momento de aprender una nueva habilidad es molesto, aunque estés en un punto de tu carrera en el que dominas tu trabajo diario, para conseguirlo debes seguir el mismo camino que alguien que empieza a aprender una tarea compleja, empezar desde el principio, con las cosas básicas. Consigues un coach que te va a dar ejercicios fáciles, y debes practicarlos tal y como te enseña, así es como iras mejorando; poco a poco.

Lo normal es que enviemos a nuestros ejecutivos a un curso fuera de la empresa, a Harvard o a Michigan Business School, con comidas caras y gimnasio. Normalmente son muy críticos con sus profesores. Se supone que, tras una semana de curso, vuelven convertidos en nuevos líderes. Eso no pasará. Lo más probable es que hayan ejercitado los mismos comportamientos que en su trabajo diario, pero en equipo y con otros compañeros en clase. ¿Tienen un coach cuando vuelven a la empresa? Y si lo tienen ¿Les va a seguir enseñando los mismos conceptos que vieron en la Universidad?

Shu-Ha-Ri para Avanzar del Aprendizaje a la Maestría

Una de las maneras de desarrollar esa pericia, es siguiendo el modelo de aprendizaje de las artes marciales. Se le conoce cómo ciclo Shu-Ha-Ri (imagen 4-8). Hay muchos modelos de aprendizaje que siguen el mismo patrón, como el que ya vimos en el capítulo 2, sobre Toyota Kata. Es una manera de aprender la mejora y el coaching basada en un modelo sistemático, al igual que Shu-Ha-Ri.

Pericia Profunda a través de Shu-Ha-Ri

KATA = Rutina definida para pensar actuar

Shu– Abrazar el kata (aprender con exactitud)

Ha– Diverger del kata (improvisar algo)

Ri– Descartar el kata (Se domina; centrándose en profundizar en la habilidad y la comprensión)

Imagen 4-8. El ciclo *Shu-Ha-Ri*

Durante la etapa *Shu*, si eres un profesor de artes marciales, lo que quieres es que tu alumno abrace el kata. Intentas enseñarle un modo determinado de mantenerse de pie, una postura concreta, una manera de dar las patadas, de mover las manos. Quieres que copien con exactitud lo que les dices. No aceptas desviaciones.

Como alumno, aprendes con exactitud y estás subyugado a tu entrenador, él es el que tiene la razón. Eres obediente y practicas con diligencia los ejercicios que te manda.
En la etapa *Ha*, una vez que has aprendido las rutinas, los fundamentos son naturales y no hace falta que pienses en ellos. Puedes empezar a desviarte de las reglas e improvisar un poco dentro de los confines del *kata*.

Por último, en la etapa *Ri*, a veces conocida como "descartando el kata", eres realmente libre para aprender el arte del comportamiento. No significa que olvides todo lo que has aprendido de kata, sino que lo que has aprendido está tan arraigado en ti, que no tienes ni que pensar en ello. Ahora, cuando has alcanzado la maestría, puedes centrarte en profundizar en tu habilidad y comprenderla.

En karate, te encuentras en la etapa *Ri* cuando intentas marcar y reaccionar ante tu oponente. Estas construyendo un repertorio de maneras con las que poder comprender y reaccionar ante situaciones reales, así como unir tu mente y tu cuerpo para que actúen como uno solo.

Si habláramos con el mejor violinista o pianista del mundo, y les preguntáramos si todavía ejecutan tareas básicas con sus instrumentos, nos contestarían que empiezan cada sesión practicando escalas centradas en su técnica, lo mismo que aprendieron en la etapa Shu. Realmente nunca llegas a eliminar una etapa y olvidarla, sino que constantemente vas pasando por ellas, pero cada vez a un nivel más alto.
Vamos a aplicar todo esto al liderazgo. Os pedí con anterioridad que escribieras las habilidades que considerabais necesarias para Liderazgo Lean. Para cada una de ellas, preguntaros ¿Cuál es la etapa Shu? ¿Cuáles son los patrones básicos de liderazgo que hacen falta para desarrollarla?

Podemos decir que cada una de esas habilidades escucha *activamente* al resto. Esto suena un poco confuso ¿Qué significa? Debes descomponerlo en componentes, y para cada uno de ellos debes tener un método práctico de enseñanza, por ejemplo la escucha activa, y debes observarlos para ver si están en el estado *Shu*, hasta el punto en el que lleguen al estado *Ha* y sigan moviéndose hasta llegar al *Ri*. Apuesto contigo a que no encuentras a nadie en tu empresa, que haya aprendido una habilidad como la escucha activa, con el mismo nivel de disciplina que un niño de 10 años aprende las bases para tocar el violín.

Abajo veis un resumen de cómo debería funcionar un ciclo Shu-Ha-Ri para formar Líderes Lean (imagen 4-9)

Imagen 4-9. Condiciones para Desarrollar Efectivamente Lean Leaders

¿Los Altos Ejecutivos También Necesitan Auto-Desarrollo?

Aquí hay un ejemplo de hasta qué punto Toyota cree en el desarrollo de las personas, incluso para ejecutivos veteranos. La mayoría de las empresas han experimentado lo que supone contratar a un ejecutivo externo, pero pocas gastarían tanto tiempo y recursos como Toyota en formarle e integrarle en el Toyota Way. Éste es el caso de Steve St Angelo, que se convirtió en el primer CEO americano en Toyota para Latinoamérica.

Steve St Angelo había sido seleccionado unos años atrás como nuevo presidente para la planta de Toyota en Georgetown, Kentucky. Él había trabajado para General Motors durante 30 años. Una de sus primeras misiones en General Motors fue ser coordinador de NUMMI, la asociación con Toyota.

Llego a NUMMI como el ejecutivo más antiguo de General Motors. En esa época Gary Convis era el director de la planta. A Steve se le trató como a cualquier otro ejecutivo. Le invitaban a reuniones y podía ir a cualquier sitio que quisiera, observar lo que quisiera, pero estaba restringido en una cosa "mira pero no toques", y Steve quería "tocar".

Cuando conoció a Gary le preguntó "¿Qué puedo hacer para involucrarme? Me gustaría gestionar algo y experimentar realmente *El Toyota Production System* de primera mano."

Con mucha educación, Gary le dijo "Te lo agradezco, Steve, pero tu labor como ejecutivo es coordinar, no hacer nada más, así que, por favor, ve a donde quieras, te enseñaremos lo que quieras, contestaremos a todas tus preguntas; simplemente, no trates de involucrarte personalmente en gestionar nada."

Steve no se quedó satisfecho, siguió detrás de Gary presionándole y pidiendole hacer algo.

Finalmente, Gary, frustrado, le dio una función, pensando que Steve la rechazaría. Le dijo "Steve, si quieres aprender, vas a hacerlo del mismo modo que el resto lo hemos hecho, desde abajo, así que vas a trabajar en la línea de producción". Esperaba que Steve se echara para atrás, pero le dijo "Perfecto, haré trabajo de producción". Gary entonces subió un poco el listón "Y tendrás que aprender un trabajo nuevo cada día", Steve dijo "ok, lo haré" Gary siguió presionando y le dijo "Y trabajaras a dos turnos", a lo que Steve dijo. "Sin problemas".

Lo que Gary no sabía era que Steve fue contratado en General Motors en producción, y llego a ser de gran utilidad, una persona que podía hacer cualquier cosa en el área, y que había trabajado en varios turnos si hacía falta.

Gary le dio el trabajo, pensando que se quemaría enseguida, pero Steve continuó día a día aprendiendo nuevas tareas, actuando bien, y en varios turnos. La siguiente vez que se reunieron, Steve se había ganado el respeto de Gary, que decidió hacerle líder de grupo, su primer puesto con salario. Gary eligió el peor grupo de la planta, el que tenía peor calidad y la peor actitud. Le dijo "Steve, tu trabajo como líder de equipo es hacer que éste grupo sea uno de los mejores"

Steve le dijo con amabilidad "Sin problemas".

En pocos meses, estaban entre los mejores grupos de la planta y Steve se fue ganando su camino hacia dirección, fue la primera vez que un coordinador ejecutivo lo había conseguido. Después volvió a GM a operaciones, y practicó todo lo que había aprendido transformando las plantas a Lean.

Durante ese tiempo, a Gary se le pidió dejar NUMMI y unirse a Toyota para llegar a ser el presidente de la planta de Georgetown, Kentucky, pero finalmente no fue así. El presidente era Japonés por aquel entonces, y Gary hubiera sido el primer presidente Americano, pero antes le dieron el trabajo de Vicepresidente ejecutivo.

El presidente le dijo" Gary, entiendo que te trajimos con la promesa de llegar a ser presidente, pero antes necesitas aprender la cultura y "ensuciarte las manos" y probar que puedes hacerlo. Así que yo estaré junto a ti y actuaré de presidente. Tu tarea es ir y aprender el resto de tareas, entender a las personas, entender Toyota, y para ello tienes hasta un año, si para entonces todo va bien, serás el presidente" Unos seis meses después, coronaron a Gary como el primer presidente Americano.

Pero entonces que Gary había salido, NUMMI necesitaba un nuevo vice presidente ejecutivo y llamaron a Steve, que había vuelto a GM como vicepresidente ejecutivo interino para dirigir la producción. Esto no tenía precedentes, ¿Un tipo de GM dirigiendo NUMMI?

Steve hizo un trabajo espléndido en NUMMI y seguía ganándose el respeto de los ejecutivos de Toyota. Cuando Gary, más tarde, se retiró de Toyota, le pidieron a Steve que tomara el control de la planta de Kentucky. Esto era tremendo, un forastero tomando las riendas, y uno que había trabajado para General Motors, ni siquiera había trabajado para Toyota.

Steve llegó a Georgetown, Kentucky; trasladó a su familia. Era vicepresidente ejecutivo. Esperaba llegar a presidente, pero no tenía garantías. Lo primero que le dieron fue su horario de formación. (Imagen 4-10) era de abril a septiembre. Le entrenaron rápidamente, como veis tenía que aprender mucho, ir mucho al *gemba*, por toda la planta.

Acudía al Technical Center y al Toyota Motor Sales, y también se le entrenó para saber cómo contestar a las preguntas de los periodistas, pero la formación más profunda fue en el *gemba* en la planta de Kentucky.

RECOMMENDED EXECUTIVE EDUCATION, Steve St. Angelo, Executive Vice President

COURSE / TOPIC	NEXT SCHEDULED OPPORTUNITY	TIME	STATUS
Functional overview at TMMK	April - June, 2005	3 mos.	Completed
Functional overview at TMMNA	Jul-05	2 days	Completed
Toyota Quality Way	2005-05-06	1 Day	Completed
TPS Classroom Training	2005-08-18	1 Hour	Completed 8/18
TPS Floor Training	8/19, 8/22-26, 8/31, 9/7-9, 9/26-30	20 Days	Completed 8/19 to 9/30
Supplier Visits	Scheduled individual basis	1/2 Day each	Completed
Global Problem Solving	May, 2005	1 Day	Completed 5/05
Executive Development Program	9/11-16 & 10/3-7, 2005	2 Weeks	Completed 9/16 and 10/7
Toyota Way Learning Map	Aug. (approx)	2 Hours	Completed 8/11
Health Exam	Scheduled individual basis	1 Hour	Completed
HR Policies (Systems)	2005-10-18	1 Hour	Completed
Succession Planning Process	Scheduled individual basis	1 Hour	Completed 8/2
Labor - History / Current Assess.	Scheduled individual basis	2 Hours	Completed
Floor Mgmt Development System	Scheduled individual basis	1 Hour	Completed 6/17
Group Leader 40 Hr. Training	June, 2005 (approx)	2 Hours	Completed 6/8
Work on the Line	Scheduled individual basis	Plastics Body Assembly 1 and 2 Paint 1 and 2 Stamping Powertrain Quality Control Maintenance	Completed Most
Process Diagnostics	Scheduled individual basis	(2) 4 Hour sessions	Completed 9/2
N.A. Toyota Plant Visits	Scheduled individual basis	10 Days	Completed
Toyota Sales Customer Sat. Groups	November, 2005	3 Days	Completed 11/11
Toyota Technical Center Review	Scheduled individual basis	1 Day	Completed
Cross Dock Visit	Scheduled individual basis	1/2 Day	Completed
Go & See: Bolt Counter, Torque Improvement, Tracability	August 8-9, 2005	1 Day	Completed 8/8 to 8/9
Media Training	20-Sept-05	1 Day	Completed

Fuente: Toyota Motor Manufacturing Kentucky, Inc.
Imagen 4-10. Educación Ejecutiva Recomendada para Steve St. Angelo

Como ven, solamente tuvo un día de clase de TPS, a eso le siguió cuatro semanas de entrenamiento TPS en la planta. Durante cuatro semanas participó en actividades kaizen, no como líder, sino como miembro del equipo. He estado en empresas en las que hemos tratado de que los ejecutivos vayan al gemba y es casi imposible pretender que participen en un evento kaizen de cinco días y que tengan sus móviles apagados. Para él, como parte de su entrenamiento, fueron cuatro semanas, y eso que Steve era una persona que ya había vivido el kaizen durante décadas y que estaba dirigiendo NUMMI.

También recibió entrenamiento sobre la resolución de problemas y se esperaba que estuviera meses resolviéndolos, según el sistema Toyota. Acudió a un programa de desarrollo ejecutivo en Japón, y además, a pesar de su experiencia en NUUMI, debía realizar trabajo de producción, que se programaron individualmente con los diferentes departamentos.

¿Por qué hicieron esto? ¿Por qué Steve, que había crecido haciendo trabajos de producción, que había pasado por pruebas de fuego cuando estuvo en NUMMI, tenía que volver a pasar por este tipo de tareas en Kentucky? Puede decirse que estaba en la etapa Ha de su desarrollo, y quizá en o cerca de la etapa Ri. En este caso no era porque quisieran probar su habilidad para el trabajo, o para que aprendiera cómo sujetar una herramienta, era para que se sumergiera en el gemba, para que conociera a las personas y que se ganara su confianza. Iba a ser el presidente de las más de 6.000 personas que trabajaban en la planta de Kentucky. Iba a dirigir una pequeña ciudad, necesitaba ponerse en la piel de las personas a las que iba a representar, hacer sus trabajos, hablar con ellos como un compañero de línea, y entender como pensaban, su cultura y construir una relación con ellos.

Al finalizar, tenía muchas ideas de dónde estaban los problemas, dónde las debilidades y en que debía trabajar cuando asumiera la presidencia. Incluso cuando Gary se retiró y Steve estaba dirigiendo la planta de Georgetown, Kentucky, tenía un coordinador ejecutivo japonés junto a él. Eso no se ve en ninguna otra empresa.

George: Entonces, cuando Steve estaba pasando por esa formación, ¿Sabia la gente que iba a ser el próximo presidente o creían que era uno más?

Jeff: cuando llegó a Kentucky se le anuncio cómo el vicepresidente ejecutivo. Todo el mundo sabía que ese forastero iba a ser el próximo presidente. Había resentimiento, algunos dijeron:" ¿Cómo va a poder un tipo de GM comprender el Toyota Way para Liderazgo Lean?" También había personas en la planta que habían estado trazando su camino para llegar a ser el próximo presidente. Hubo decepciones y escepticismo, y él tuvo que vencerlos.

Lo que hizo en esos meses fue crítico, ya que tuvo que conectar con las personas, alguno fueron hostiles con él, otros le dieron una oportunidad. Fue un periodo crítico de ajustes y de ganar confianza. Al principio no se le trataba como a los demás, entró en un grupo de trabajo kaizen en el que todo el mundo sabía quién era.

Lo que he experimentado en los workshops kaizen, y estoy seguro de que no soy el único, es que cuando un ejecutivo acude a uno con vaqueros y se pone manos a la obra, enseguida se convierte en uno más para el resto del equipo. Si trabajas todo el día, codo con codo, soldando con alguien que es mejor que tú, por mucho que tú seas el presidente ejecutivo, le otorgas superioridad a ese trabajador. Si eres humilde, normalmente te acogerán bajo sus alas, te darán consejos y te ayudarán si te quedas detrás. Yo lo experimenté cuando estuve un par de días en NUMMI trabajando en producción, y los trabajadores se preguntaban por qué un profesor hacía trabajo por horas. Steve se puso a sí mismo en una posición de subordinado, en la que se ganó la oportunidad de que confiaran en él.

Factores Importantes para que un Líder Triunfe en una Empresa Excepcional

Esta reflexión es de un ex veterano de Toyota, que pasó décadas en Toyota Motor sales, llegando a convertirse en Vicepresidente ejecutivo. Dijo: "Los factores más importantes para el éxito son paciencia, tener un enfoque a largo plazo, en lugar de resultados a corto plazo, invertir continuamente en las personas, en el producto y en la planta, y tener un compromiso implacable con la calidad."

Si esto se convierte en tu modo de pensar y actuar, llegarás a ser un líder Lean. El auto-desarrollo requiere paciencia, enfoque a largo plazo, centrarse en desarrollar a los demás, incluso cuando no vayas a ver los resultados de esa inversión. Requiere pasión absoluta por la calidad y por los clientes.

Aquí va otra tarea. Piensa en alguna parte de tu organización, tu departamento o incluso la empresa completa. Lo que he anotado son las condiciones clave para desarrollar líderes Lean, que ya hemos visto con anterioridad (imagen 4-11). Por favor, identifica dónde hay un vacío (brecha) crítico entre esta descripción y cómo es en tu empresa. Puedes aplicar esto cómo líder. Si consigues un "cuatro" significa que hay un vacío pequeño, y un "cinco" es que ya estás ahí en la etapa *Ri*. Me sorprendería que alguno estuvierais en la etapa *Ri* en alguna de éstas cosas.

> **Estado Actual de Kaizen Diario en tu empresa**
>
> 1=Dif. Critica, 2=Gran Diferencia, 3= Diferencias notables, 4= Diferencias pequeñas, 5=Lo tenemos
>
> 1. Supervisores de linea y miembros de equipo se organizan en grupos
> 2. El Trabajo Estandarizado work está presente y actualizado regularmente
> 3. El Trabajo Estandarizado es la base para la formación al empleado
> 4. Los Indicadores clave de actuación son visibles para cada grupo de trabajo, están enfocados para conseguir retos
> 5. Los Projectos de Ingeniria se ven cómo actividades kaizen a largo plazo, apoyadas por miembros del equipo

Imagen 4-11. Estado del Liderazgo en tu empresa

La primera pregunta es si los líderes de tu empresa van con regularidad a observar a las personas y a los procesos y si tienen una idea de cuál es la situación actual comparada con el True North. Esto, por supuesto significa que hay consenso de una visión clara del true North, así que ésta en una pregunta múltiple.

Lo segundo ¿Los líderes de tu empresa, son expertos en mejora de procesos? No cuenta si han delegado la tarea en otros trabajadores, o tienen un coach. Tampoco cuenta si han asistido a un curso, o tienen un certificado, pero no utilizan lo que aprendieron. Recuerda que el proceso de mejora es mucho más que simplemente hacer matemáticas, rellenar páginas o utilizar las herramientas Lean. Significa que puedes mejorar realmente el proceso, que seas capaz de influir en los trabajadores para que aprendan y sigan el nuevo procedimiento de una forma disciplinada. No has terminado hasta que el proceso esté funcionando de nuevo al máximo nivel y se convierta en estándar, en trabajo rutinario para las personas, que se haya estabilizado.
Tercero, existen programas especializados, a través del desarrollo en el puesto de trabajo (On-The-Job-Development), para formar Líderes Lean a través de la resolución de problemas, de una manera disciplinada, y también hay coaches. Los líderes tienen coach, igual que yo he recibido mi lección de guitarra hoy. Cada semana acudo a mi clase y toco lo que he practicado durante la semana, recibo feedback y nuevos ejercicios para practicar. ¿En tu empresa pasa algo así, hay alguien que te enseñe cómo ser un Líder y que sepa preparar el proceso de mejora, para conseguir retos difíciles?

Por último ¿Aprenden y practican los líderes, de forma deliberada, el auto-desarrollo? Mi profesor de guitarra no puede hacer nada a no ser que yo practique los ejercicios que me da entre las clases. ¿La práctica deliberada hacia el auto-desarrollo, es común en tu empresa?

Si las respuestas a éstas cuatro preguntas están entre uno y tres, no entres en pánico, simplemente te encuentras en la media, ya que muy pocas empresas se centran con intensidad en desarrollar Líderes Lean.

Finalmente, desarrolla un plan ¿Qué puedes hacer, como líder, para empezar tu auto-desarrollo? Parte de ello requiere un coach. Quizá no seas capaz de ir a tu jefe y decirle "Contrátame un coach especialista en Lean". Debes encontrar a alguien y hay muchos modos de hacerlo. Un amigo mío consiguió uno a través de una red social, le preguntó si quería ser su coach online. Esa persona se sintió honrada y dijo que si, y realmente cambió la vida de mi amigo, que estaba en ese momento en lo más bajo de la empresa, y llegó a ser Coach Ejecutivo Lean de una región de américa.

Hay muchos modos de encontrar un coach. El Lean Leadership Institute tiene una página web (www.Leanleadership.guru), y proporcionan entrenamiento como parte de los cursos. Saca partido de cualquier oportunidad que tengas de encontrar un coach. ¡Puedes mejorar tú y los demás!

CAPÍTULO 5

APRENDER PARA ENTRENAR Y DESARROLLAR A OTROS

Mientras te Auto-Desarrollas aprende Cómo Desarrollar a los Demás

Necesitas un grado de auto-desarrollo antes de poder empezar a desarrollar a otras personas. El modelo de Liderazgo Lean (imagen 5-1) hace que parezca un proceso puramente secuencial, pero no es así. De hecho, las cuatro etapas se superponen; y continuamente pasas por ellas, fortaleciéndote como individuo y como empresa.

El tema de éste capítulo es cómo movernos desde el auto-desarrollo personal, hasta el auto-desarrollo de los demás. De hecho, deberíamos preguntarnos cómo entrenar a la gente nueva en Lean para que puedan, algún día, llegar a entrenar a otros. Desafortunadamente, es fácil encontrar ejemplos excelentes de entrenamiento en deportes, música, artes, pero es muy difícil encontrarlos en las organizaciones de trabajo.

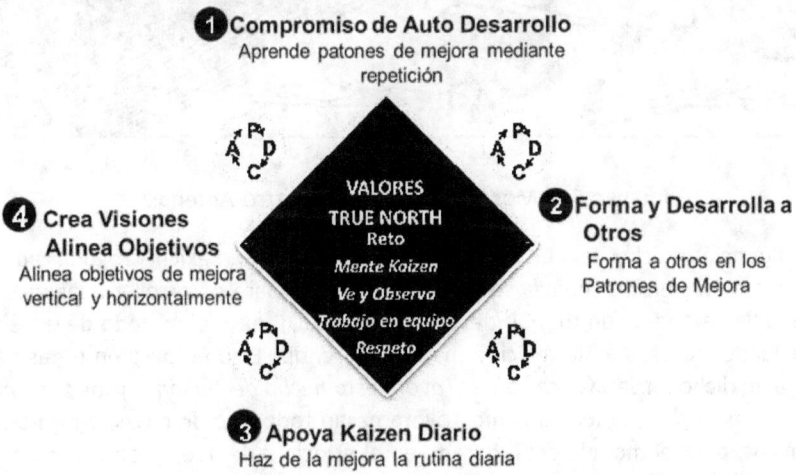

Fuente: The Toyota Way to Lean Leadership
Imagen 5-1. El Modelo de Desarrollo de Liderazgo Lean

Como hemos utilizado Toyota para desarrollar el modelo de liderazgo, vamos a utilizar una buena parte de los conceptos de la antigua relación entre aprendiz y maestro (imagen 5-2). En esa relación, el maestro era el que poseía la maestría, y el aprendiz era el estudiante humilde que le complacía y que quería aprender de él. El maestro le podía pedir cualquier cosa y se esperaba que el alumno la hiciera. Si la primera lección para ser herrero era limpiar el suelo con un cepillo de dientes, limpiabas el suelo con el cepillo de dientes. Asumías que el maestro tenía alguna razón para pedirte que lo hicieras, que habría alguna lección que aprenderías con ello.

Imagen 5-2. Modelo de Trabajo Maestro-Aprendiz

Esto influenció mucho la cultura Toyota. Así es como Sakichi Toyoda aprendió carpintería, y hoy en día todavía se sigue este modelo para desarrollar a las personas. Toyota lo llama ahora "on the job development" (OJD), pero el método de enseñanza de habilidades se basa en la relación maestro-aprendiz. Esto no pasa en todas partes. Como ya he dicho en varias ocasiones, *Toyota está hecho de personas y las personas no son perfectas*. En una empresa como Toyota pasan todo tipo de cosas, unas buenas y otras malas, pero el modelo está basado en el principio de que aprendes con alguien más experto que tú a tu lado, alguien que te analiza, que te observa y que te da feedback. Alguien que te reta con preguntas. Toyota define que el rol más importante del líder es el de profesor.

Aprender a Desarrollar a Otros

Hasta este punto, como líder has estado aprendiendo a vivir los valores y practicar repetitivamente el ciclo "PDCA". Cada vez que surge un problema, tienes que lidiar con equipos de personas, mostrar respeto, asumir el reto. Todo esto ha sido un ciclo de aprendizaje continuo, como cuando aprendes a tocar otra pieza musical, la siguiente pieza te será un poco más fácil de aprender y cada vez vas tocando mejor. Ahora estás preparado para el siguiente paso, que es enseñar a otros lo que has aprendido. No hace falta que seas un auténtico experto para desarrollar a los demás, de hecho si eres honesto y humilde, nunca te sentirás preparado.

Según Toyota, nadie es experto, nadie se certifica en el *Toyota Way*. Siempre estas aprendiendo, durante tu vida entera. En algún momento, decides que estás listo para empezar a enseñar a otros, lo único que debes hacer es estar por delante de los alumnos, como si estuvieras en el siguiente capítulo.

Hay un viejo dicho popular, y es que el profesor siempre aprende más que los alumnos. Según vas formando a otros, vas rellenando los vacíos que puedas tener. Te preguntas. ¿Y si me preguntan algo y no sé la respuesta? Según vas avanzando profundizas en tus conocimientos. Además estás muy motivado, porque tienes la responsabilidad de enseñar a otros. Los alumnos puede que también estén comprometidos y motivados, pero normalmente su actitud es más pasiva.

Debes asumir el reto de formar a otros, cuando estés absolutamente seguro de que estás preparado para ello, cuando pienses que tienes algo que ofrecer a otros. También es importante contar con la ayuda de un coach que te ayude a reflexionar sobre ello. Ahora eres un coach, así que tu propio coach va a observar tu actuación, y después debéis reflexionar juntos sobre ella.

Enseñar es muy diferente a aprender. Como alumno escuchas, pruebas cosas y se te motiva con retos que te ayudan a ver tus debilidades y seguir avanzando. Como coach eres tú quien debe desarrollar las habilidades que guíen a los alumnos y debes retarles, sin pensar por ellos.

Entrenar y Desarrollar a otros Requiere una Serie de Habilidades

De tu profesor aprendes, coges práctica, reflexionas y consigues feedback para avanzar en el proceso de mejora ¿Cómo las transmites a los demás?

Si tuviste un buen profesor, tienes un modelo a seguir, puedes planear cómo vas a formar cogiendo prestados sus métodos más efectivos. Sin embargo, no es fácil simplemente imitar el nivel de tu profesor, que pasó por muchos ciclos de entrenamiento PDCA, y desarrolló su propio sistema para responder a las situaciones.

Una de las primeras habilidades que debes aprender es saber ver el verdadero potencial en los demás. Debes mirar a esa persona de un modo objetivo y, de alguna manera, meterte en su cabeza para entender cómo piensa ¿Qué piensa del problema? ¿Entiende el propósito con claridad? ¿Ha escogido el problema correcto? ¿Es bueno analizando la causa raíz? ¿Tiene paciencia para ir por todos los pasos de la resolución de problemas? O ¿Salta con facilidad de lo que piensa que es el problema a la solución? ¿Sabe escuchar? ¿Es buen alumno?

Debes juzgar todo esto, porque cada alumno tiene su propio nivel. Volviendo a las analogías con la música, si has estado tocando durante cinco años, has ido a festivales y eres muy bueno para tu edad, tu profesor te tratará de un modo diferente a si fueras un principiante.

La habilidad consiste en evaluar el lugar en el que los alumnos se encuentran en su madurez en resolución de problemas, en su actitud etc... debes ver si están abrazando el aprendizaje o si están con los brazos cruzados, indiferentes, debes conseguir que abran los brazos, ver cuál es el reto correcto para cada uno de ellos.

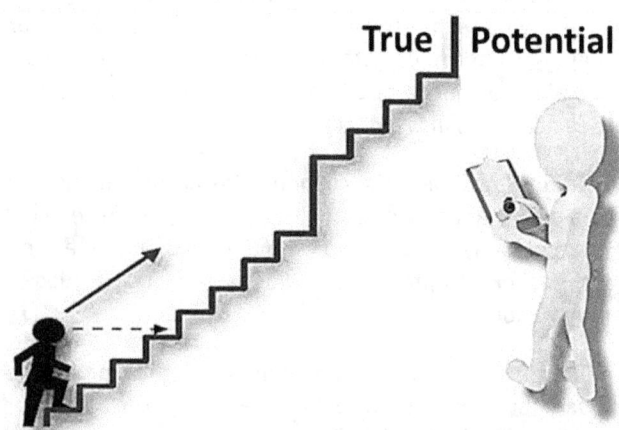

Imagen 5-3. Define el Reto Correcto para cada Alumno

Simplemente Buena Orientación y Buena Enseñanza

Si alguna vez has entrenado, quizá a un grupo de jóvenes en algún deporte, una de las cosas que te puede haber pasado es "¡Un momento!, esto parece lógico, no parece un estereotipo Toyota" la verdad es que tienes razón, muy pocas cosas de las que estoy hablando se inventaron en Toyota, lo que pasa es que ellos cogieron lo mejor de varios lugares y lo juntaron todo en su sistema.

Job-Instruction Training es aprender con un Coach

Una de las cosas más influyente de Toyota en coaching es "Job Instruction Training", que nació en un programa de defensa en US "Training Within Industry" (TWI). Fue uno de los módulos que se desarrolló en la segunda guerra mundial, para enseñar a los civiles lo más rápidamente posible a hacer los trabajos de los hombres que estaban en la guerra. Después de la segunda guerra mundial se dejó de utilizar en US (ahora está volviendo por Lean) y surgió en Toyota. Es un método muy enfocado al aprendizaje con coach.

Al contrario que en otras empresas, en Toyota nunca se ha interrumpió el modelo de aprendizaje maestro-aprendiz. Pero ¿Lo inventó Toyota? Obviamente no, pero el concepto se utiliza en la empresa, tanto en trabajos capacitados como ingeniería, como en otros más repetitivos como producción.

Comienzan los pasos de Entrenamiento y Desarrollo a los Demás

Los líderes deben desarrollarse como Entrenadores para la Mejor Sostenible

He viajado a muchos países y a industrias muy diferentes, he trabajado para la Marina, el Ejército o en sanidad para el Gobierno y "Lean", en todas sus formas, ha sobrevivido durante tres décadas y se sigue expandiendo. Creo que se puede legitimar como un movimiento. Sin embargo, la debilidad que veo es la falta de liderazgo, para asegurarlo como un modo de vida sostenible. Los líderes deben desarrollarse, preferiblemente por otros líderes de la organización. Es el único camino de avanzar.

Seis Pasos para Ser un Coach Efectivo:

Paso uno: Saber valorar en los Demás sus Conocimientos Actuales y sus Habilidades

El primer paso es saber valorar los conocimientos y habilidades de las personas a las que vas a enseñar. Imagina que estás en el departamento de recursos humanos y te asignan la tarea de formar a cientos de jefes en Liderazgo Lean; lo normal es que hagas una evaluación, probablemente un test escrito o por ordenador.

No se trata de eso. Se trata de una relación maestro-aprendiz, de entrenamiento personal. Aunque tengas un equipo de cinco o diez personas, debes tener un instructor individual para cada una de ellas. No te interesan las estadísticas, sino en los individuos, y no puedes valorarlos con un test escrito. Debes valorarlos mediante la observación en el puesto de trabajo, y conforme les vas enseñando, irás conociendo más profundamente sus niveles de habilidad.

En Toyota llaman a esto "Inmersión en el *gemba*". Debes sumergirte en el trabajo de las personas, e incluso estipular un tiempo para ello. Como hemos dicho antes en el caso de Steve St. Angelo, si un directivo pasa a otro departamento, pasará unos meses, entre 3 y 6 meses, junto con el anterior directivo. Durante ese tiempo, simplemente se irá haciendo cargo de la situación, irá desarrollando un nuevo plan, viendo qué tarea debería hacer cada empleado.

Paso Dos: Fomentar en los demás la Resolución de Problemas Disciplinada

El paso dos es trabajar con los demás el proceso de resolución de problemas en el que has trabajado contigo mismo. Has pasado repetidamente por todos los pasos PDCA, ahora debes seleccionar alguien a quien vas a formar, alguien que liderará esos pasos y junto a ti elegirá un proyecto de mejora. El alumno, que va a liderar ese proyecto debe pasar por todos los pasos, desde definir el objetivo, comprender la situación actual y establecer el reto, siguiendo ciclos PDCA que le acerquen a ese objetivo. Tú puedes utilizar los métodos *kata* del capítulo dos, para tu propio proceso de consecución de objetivos, siempre que hayas desmenuzado el proceso de aprendizaje en trozos más manejables.

El alumno necesitará algo de orientación del proceso que tú estás utilizando, pero no asumas que lo que vayas a enseñarle en un aula le va enseñar habilidades reales. De hecho, en una clase formal con un grupo de alumnos, podrías utilizarías este aviso "ADVERTENCIA: al final de esta clase no tendréis habilidades REALES, esta clase es solamente para avisaros de que vais a empezar. Las habilidades reales se aprenderán y desarrollaran en el *gemba*, poco a poco, y yo estaré allí con vosotros".

Paso Tres: Desmenuza las Tareas y Designa Funciones para Incrementar el Nivel de Habilidad

¿Cuál es la tarea adecuada para cada persona? Tu alumno debe trabajar en equipo para identificar el problema, desmenuzarlo en otros más pequeños y asígnarlos a los diferentes miembros del equipo, con el objetivo de incrementar su nivel de habilidad. El equipo se mantendrá unido, enfocado en la misma dirección y motivado para trabajar en las tareas acordadas.

En la primera sesión de resolución de problemas debes hablar, y debes ser más activo que un profesor tradicional, cuéntales, prueba su nivel de estimulación y de conocimiento. Te ayudará hacerles preguntas y mantenerles hablando. Puedes utilizar un caso estudio o una simulación, para hacerles pensar y darles oportunidad de conseguir feedback.

Tras la formación inicial debes cambiar a modo OJD. Imagina que eres un maestro en un arte manual, y tienes un joven aprendiz que anda perdido, que no conoce las herramientas básicas, y al que vas a asignarle su primera tarea ¿Qué es lo que quieres hacer para que aprenda? Recuerda que no le estas enseñando, está aprendiendo. El aprendizaje viene del interior. Eso es auto-desarrollo.

A veces ayuda enseñar una habilidad común. Si fueras profesor de violín, empiezas por enseñar escalas, deben conseguir que suene bien, sujetar bien el instrumento. Obviamente debes indicar al alumno cómo sujetarlo y la técnica que se utiliza. Puede que les pidas que se centren en una nota para que no se distraigan cambiando continuamente.

Lo normal es que el sonido que produzcan sea espantoso ¿Qué haces? Puedes coger el violín y empezar a tocar y decirles "Ves, así es cómo se hace" y devolverles el instrumento. Pero ¿Sabes qué? Van a conseguir el mismo sonido terrible. No van a aprender observándote, y van a estresarse, lo cual dificulta el aprendizaje.

Lo mejor es decirles "Intenta coger así el instrumento, desde éste ángulo, y vuelve a intentarlo". Quizá así suene un poco mejor, se van acercando. Les dejas tocar un poco y les repites cómo deben sostener el instrumento, y el ángulo adecuado. Poco a poco el sonido será mejor. Cuanto más tocas tú mismo el violín peor profesor eres.

Los siguientes dichos lo dejan claro:

- Dime y olvidaré
- Muéstrame cómo y lo recordaré
- Involúcrame y lo entenderé

Paso Cuatro: Enseña Preguntando en Lugar de Hablando

Debes hacerles preguntas, puedes utilizar las cinco preguntas de *coaching kata*, que aparecen al final de éste capítulo. Primero les iras explicando los conocimientos y lanzaras el proyecto, después debes dejarles esforzarse, y más tarde comprobaras sus conocimientos haciéndoles preguntas en lugar de darles respuestas. Debes dejarles luchar y que cometan errores, pero no demasiados, para que vayan por el mal camino. Ahora, si eres profesor de violín les darás ejercicios para que hagan sin ti, diariamente, hasta la próxima lección. Lo mismo harás con el líder del proyecto si estás enseñándoles resolución de problemas, practicarán y volverás a chequearles, si es posible a diario. Sin práctica no se profundiza en el aprendizaje.

Enseñar preguntando en lugar de hablando es una especie de arte. Puedes pensar en ello como método Socrático, la idea es que les sonsacas lo que saben o lo que entienden, lo que pueden razonar. Si pueden razonarlo es que están profundizando en su comprensión. Si solamente te escuchan, o simplemente repiten lo que les dices, eres tú el que está pensando. El coaching kata es una rutina con la que comenzar; puedes hacer las preguntas exactamente como están escritas, aunque puedes añadir las que quieras. Conforme vayas progresando, podrás improvisar.

Formar preguntando no significa que no vayas a hablar, simplemente que lo que quieres decirles son cosas pequeñas. "Sujeta así el instrumento, prueba esta nota, presiona ésta cuerda". Debes ir haciéndoles preguntas todo el tiempo, y de vez en cuando darles un consejo, y darles ejercicios para que practiquen. Irás mejorando como coach con la práctica, especialmente si tienes un coach observándote.

Paso Cinco: Construye una Relación de Confianza con tus Alumnos

Los maestros tienen diferentes estilos. Todos habéis oído de un jefe o un maestro que es especialmente punitivo, que grita hasta que haces las cosas bien. En la mayoría de los casos, si alguien te grita, vas a actuar a la defensiva, o te vas a callar, o a ponerte nervioso. Intentarás esconder tus errores. Es mucho mejor construir una relación de confianza, y que el alumno vea, no que no le vas a criticar, sino que lo que deseas es su bienestar. No es para subirte el ego como coach, o para demostrar tu auto-control como líder, se trata de que estás enseñando porque te preocupas del alumno y de su desarrollo. Si confían en ti, aunque alguna vez levantes la voz, acogerán mejor el feedback. Taiichi Ohno gritaba mucho, y obtenía grandes resultados de sus alumnos en Japón, en parte por la cultura, y en parte por su gran nivel de credibilidad, y porque los empleados sabían que se preocupaba por ellos profundamente.

Paso Seis: Elogios Equilibrados con Feedback Crítico

La confianza es muy importante. No hay que confundirla con ser siempre agradable y decir solamente cosas positiva. Por otro lado, necesitas encontrar el equilibrio entre elogiar a esa persona y darle un feedback crítico. Todos los buenos coachs saben que no pueden formar a todo el mundo por igual. Algunas personas valoran la crítica, mientras otras se vienen abajo y necesitan que les den ánimo por las cosas buenas que han conseguido.

Cuando los japoneses de Toyota llegaron a América para abrir una tienda, descubrieron que los métodos de coaching que utilizaban en Japón, les estaban dando problemas en América. El método utilizado por Ohno daba resultados por aquel entonces en Japón. Si algo salía mal el empleado agachaba la cabeza, cuanto más culpable se sentían más la agachaban. Reflexionan y decían que la próxima vez lo harían mejor y el maestro les decía "OK". Era muy raro obtener un elogio de tu maestro, si acaso pasaba una vez al año.

En Estados Unidos, cuando Toyota se estableció en Georgetown, Kentucky en 1980, las críticas de algunos formadores japoneses, volvían locos a los americanos, iban al departamento de recursos humanos a quejarse continuamente, les hacía sentir inseguros. Los líderes americanos tuvieron que dejarlo claro a los japoneses, los cuales, en lugar de ponerse a la defensiva, lo tomaron como una oportunidad de aprender.

Su paso inicial de contención fue inventar una regla estándar para los alumnos americanos: por cada crítica que les decían, debían decirles tres cosas positivas. Parecía que eso funcionaba. Lo primero las tres cosas positivas, que aprendían rápido, la calidad que conseguían, que seguían muy bien el trabajo estandarizado, y al final les decían "pero si cambias la manera de hacer esto otro, todavía mejorarás más."

Larry Miller revisó bibliografía sobre éste tema, y encontró un estudio de las interacciones entre alumno y profesor divididas entre positivas (aprobación, elogio...), neutras y negativas (respuestas incorrectas, mal comportamiento), y la conclusión es que el grado de aprendizaje es mayor cuando la actitud del profesor es positiva (http://www.lmmiller.com/blog/2014/06/28/corporate-culture/coaching-kata-2/). Esto es muy similar a lo que los profesores de Toyota intuyeron.

Con algunas personas funcionará bien, pero otras personas pensarán "¿Por qué me estás diciendo todo esto que yo ya sé que hago bien? ¡Simplemente dime lo que debo mejorar!" con el tiempo, los alumnos toman esta actitud cuando confían en el profesor "Lo que quiero es feedback crítico, ya que quiero aprender y desarrollarme."

Cómo Formar y Desarrollar a Otros en el *Gemba*

¿Qué Hace un Gran Coach para Construir un Equipo Ganador?

Imagen 5-4. Otra Victoria de Vince Lombardi

A Vince Lombardi se le considera en América un gran entrenador, por lo que consiguió con el equipo de fútbol Green Bay Packers. Una de sus frases célebres es:

"Ganar no sólo es un pensamiento, sino es todo en lo que hay que pensar. No se gana de vez en cuando; no se hacen las cosas correctas de vez en cuando; hay que hacerlas bien constantemente. Ganar es un hábito que, desafortunadamente, se está perdiendo."- *Vince Lombardi*

Puedes tener, o tus alumnos, el hábito de ganar o de perder. En éste caso ganar significaría conseguir el proyecto, haber mejorado y haber conseguido el objetivo. Esta es una posibilidad.

Otra posibilidad es pasar por el proceso, ir probando cosas; algunas fallan y otras no mientras vamos haciendo progresos, consigamos o no el objetivo, reflexionamos y **aprendemos** mucho.

Para Lombardi, en la práctica, durante la temporada, lo que esperaba era que su equipo aprendiera y mejorara continuamente. También esperaba que ganaran. Por otra parte, en el juego de la mejora continua, sobre todo en las primeras etapas de cambio de cultura, se trata sobre todo de aprender. Lo que quieres conseguir es el hábito de hacer las cosas correctas, de la manera adecuada. De éste modo ganarás más a menudo que perderás. De todos modos, ganes o pierdas, puedes volver a atrás y tratar de ver cómo puedes mejorar en la siguiente ocasión. Siempre hay una oportunidad en la que puedes mejorar.

Grandes Características de un Coach

Cuando hago un curso presencial, hacemos pequeños grupos de personas en las que se habla de varias cuestiones. Os recomiendo que paréis, justifiquéis las respuestas y que incluso anotéis algunas ideas. Quizá ya habéis sido coach en alguna ocasión y sepáis reconocer cuando estáis delante de uno bueno, al igual que os puedes frustrar las malas decisiones de tu coach. Pregúntate:

- ¿Cuáles son las características de un buen coach?
- ¿Qué es lo que hacen para conseguir un equipo ganador?

Con el tiempo, el desarrollo de las rutinas se convierte en algo natural, que te permite adaptarte e innovar.

Lo que cualquier buen coach hace es identificar tus debilidades y pedirte que practiques repetitivamente sobre ellas. Nuestra tendencia natural es querer saltar y sentir que "Ya lo he conseguido" o "Lo he hecho mal un par de veces, pero el resto lo he hecho bien, así que ya está conseguido" y pasar a otra cosa. El coach hará que vuelvas atrás. Al final vas a desarrollar rutinas que no pensaras, que serán tan naturales en ti que ya no pensarás que debes hacerlas, más allá de la etapa *Shu*. Después de estar tocando el violín durante años, no empiezas la clase pensando dónde poner los dedos o cómo sujetar el arco, simplemente lo haces de un modo natural.

De vez en cuando deberás volver atrás y verlo de nuevo, pero la mayor parte se ha convertido en rutina, en hábito. Sabes dónde están las notas, no lo piensas. Conforme estas cosas se convierten en rutinas, en tu mente se arraigará el camino correcto. Ahora es cuándo puedes tener libertad para empezar a pensar en cómo interpretar la pieza musical o cómo acercarte al problema. Pero ¿Cuánto tiempo debo gastar en hacer el análisis de la causa raíz antes de sentir que ya lo he conseguido? Es posible que gastes más tiempo en pensar soluciones alternativas, o en hacer que una determinada persona se comprometa con el proyecto. Lo mejor es adaptarte a la situación, y saber reaccionar, en lugar de preguntarte si estás siguiendo los pasos de la resolución de problemas correctamente.

10.000 Horas de Práctica para Dominar Habilidades Complejas

Se ha convertido en un absurdo pensar que se necesitan 10.000 horas de práctica para convertirse en un experto en algo. No es ciencia exacta. De todos modos, 10.000 horas es muchísimo tiempo. Si practicáramos, por ejemplo, durante 10 horas a la semana, serían 1.000 semanas y si fuera durante un par de semanas al año, necesitarías 20 años para dominar la habilidad.

No hace falta, ni practicar durante 20 años, ni pensar que no vale la pena y abandonar. Debería servirnos para esforzarnos hacia la maestría, con la humildad de darnos cuenta lo lejos que estamos de la perfección.

La Clave del Liderazgo Lean es Desarrollar a los Demás en el *Gemba*

Imagen 5-5. Formar para Desarrollar en los demás Habilidades y Conocimiento

Estoy utilizando el término "Liderazgo Lean", y una de las características de éste tipo de liderazgo, es que aprendes (imagen 5-5) y desarrollas a los demás en el *gemba*, el lugar donde está la acción, donde las cosas ocurren. Me gustaría asegurarme de que el termino *gemba* es lo suficientemente amplio. Hay gente que piensa que el *gemba* es sólamente dónde se añade valor al producto o proceso. En producción, se piensa que el único *gemba* es la fábrica. En una fábrica de Medtronis, en Florida, bastante avanzada en Lean, los trabajadores debían pasar por la cantina para entrar en la fábrica, y pusieron una gran señal en la puerta de entrada a la fábrica que ponía

"Bienvenidos al *gemba*". Querían remarcar que la fábrica era el valor añadido, donde se hace el trabajo que paga las facturas.

Por otro lado, para los cocineros, el *gemba* está en la cocina. Los contables tienen *gemba*, así como recursos humanos. El *gemba* de recursos humanos es donde se encuentran las personas, ya sea en la cafetería, en la oficina o en la planta. Para ventas, el *gemba* es dónde están los clientes. Hay muchos *gemba,* pero realmente está, según el tipo de trabajo que hagas, dónde se encuentra el valor añadido desde el punto de vista del cliente, ya sea un cliente interno o externo, donde consigues tus objetivos. Puede que sea sirviendo comida de calidad, o haciendo que los clientes estén satisfechos cuando utilizan tu producto o servicio.

Utilizar *Kata* para Formar a Una Persona Cada Vez

¿Cómo se consigue esto en tu Empresa?

Hay muchas formas de conseguirlo, ya sea en un área pequeña, a medio o alto nivel. La única constante, es que debes tener los suficientes coaches para el número de personas que quieres formar. Yo diría que un coach para cada cinco personas es razonable, si debes formar a 100 personas, necesitas 20 coaches. Esto hará que muchas empresas se tiren para atrás diciendo "Un momento, yo no tengo 20 coaches que posean esas habilidades."

Mi consejo es que vuelvas atrás y te centres en los recursos que posees para hacerlo bien. Puedes seleccionar coaches externos, pero debes ser muy cuidadoso, porque deben poseer no solo la habilidad de saber hacer, si no la de saber enseñar. Actúan como la levadura, no puedes empezar a hacer pan si no tienes levadura, ni puedes hacer 15 barras de pan si solamente tienes levadura para hacer una.

Hay que empezar por algún sitio, como ya hemos dicho, debes conocer el problema, las diferencias, la causa raíz, desarrollar un plan, aplicar contramedidas y combinar los recursos que tienes con lo que quieres llegar a conseguir; después, probar, comprobar, ajustar y pensar cual va a ser el siguiente paso.

El problema que tienes es la brecha entre las habilidades que poseen tus coaches, y las que quieres que posean. Estas aplicando PDCA al proceso de desarrollo de las personas. Si lo sigues, harás buenos progresos.

Utiliza el Coaching *Kata* para Enseñar la Mejora *Kata*

Lo que recomienda Toyota para conseguir la mejora y las habilidades de coaching *kata*, es empezar con un "grupo avanzado", un grupo de líderes experimentados que serán los responsables de implementar el *kata*. Avanzado significa que van a ser los primeros en aprender la mejora *kata*, normalmente con coaches externos (imagen 5-6). Aprenden para ser los primeros coaches de su empresa. Aunque hayan finalizado la tarea de formar, no desaparecerán, si no que estarán a menudo en el *gemba,* controlando los procesos, haciendo ajustes y tomando decisiones sobre cuál será el siguiente paso de la formación, cómo van a formar a los demás y la velocidad de implementación.

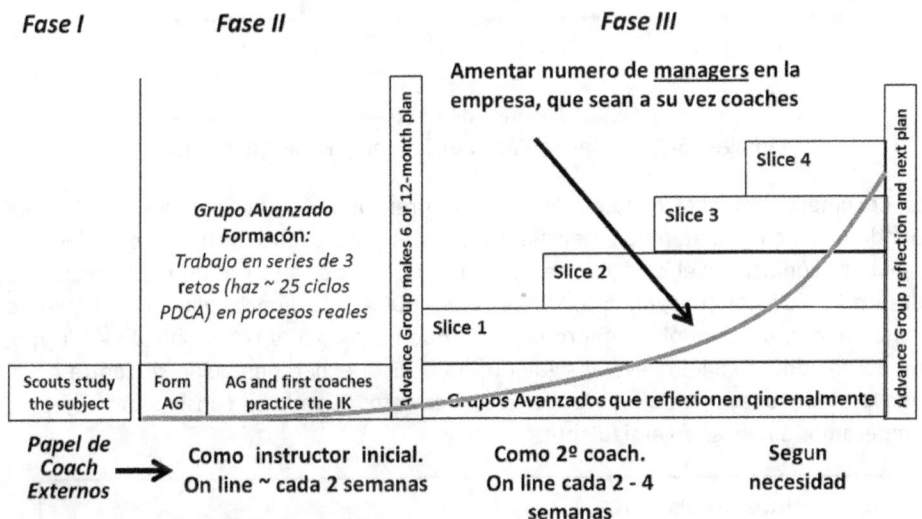

Fuente: Mike Rother
Imagen 5-6. Enfoque recomendado para Implementar la Mejora *Kata*

La mejora kata (Improvement Kata) del libro de Mike Rother Toyota Kata, se resumió en el capítulo Dos. Él también desarrollo el coaching kata para prácticas rutinarias de coach. Así como OJD es en Toyota el espejo de Toyota Business Practices, el coaching *Kata* supone un cambio de papeles. El aprendiz en el IK se convierte en coach y forma a un nuevo aprendiz de IK.

Siempre hay un coach responsable de formar un aprendiz de líder en un proyecto concreto. El aprendiz utilizar el patrón específico de aprendizaje de Mejora Kata, y el coach debe asimismo seguir un patrón (imagen 5-7). El coach trabajará codo con codo con el alumno a través de los cuatro pasos de IK, empezando por establecer la dirección a la que se dirige, la cual debe estar ligada a un objetivo más amplio en el ámbito de la empresa.

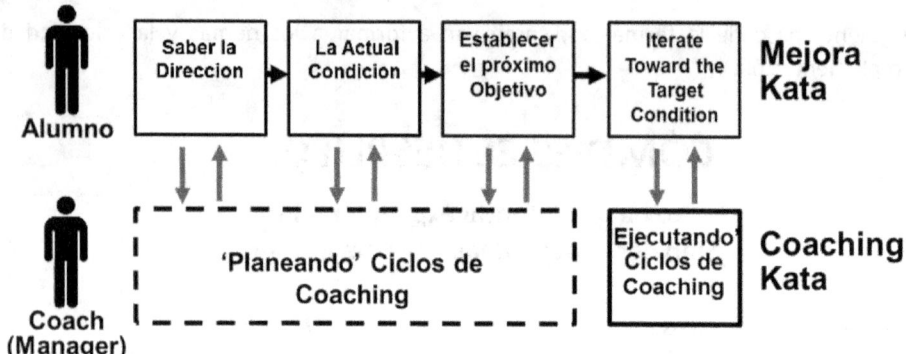

Fuente: Mike Rother
Imagen 5-7. La Mejora Kata y el Coaching Kata son espejos.

La documentación será el guion del alumno, presentado en el Capítulo Dos. Aquí es donde el coach y el alumno se encuentran. En el paso cuatro, antes en establecer la siguiente condición del objetivo, se centrarán en los ciclos PDCA, donde la acción se desarrolló (Doing) (Imagen 5-8). En el ciclo PDCA, el alumno planea el siguiente experimento, dirigiéndolo, comprobando lo que ha pasado y reflexionando en lo que ha aprendido, lo cual le lleva al siguiente paso. Esta experimentación se centra en el nuevo objetivo, siguiendo la dirección del gran reto. Cuando se consigue un objetivo, empezamos a pensar en el siguiente.

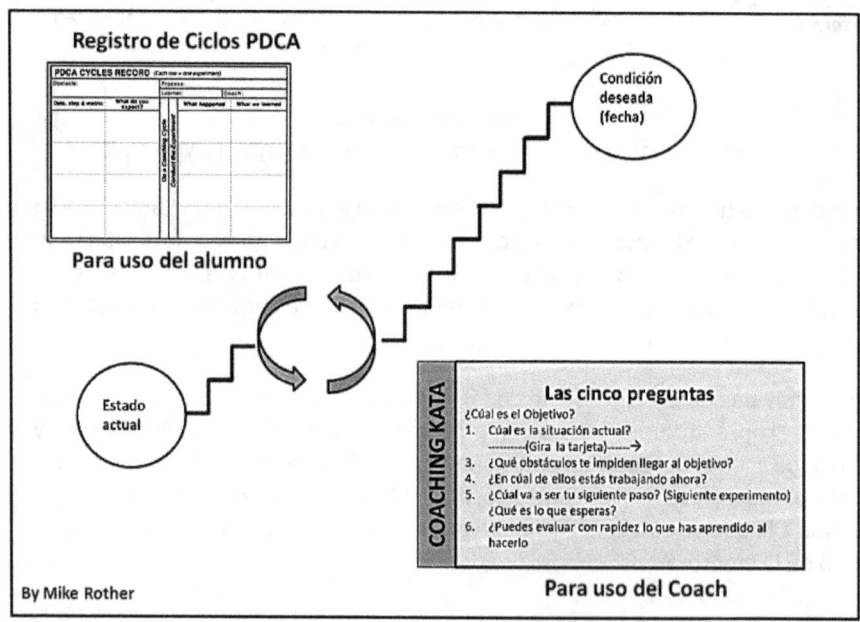

Imagen 5-8. El coach ha definido una rutina de preguntas durante el paso 4 del ciclo PDCA, para conseguir el objetivo.

En los ciclos PDCA, el trabajo del coach está muy estandarizado. Se centra en hacer preguntas predeterminadas, tal y como se muestra en la imagen 5-9. El coach, *in situ*, enfrente del grafico de mejora *kata* y el alumno va respondiendo a sus preguntas. La información que necesita para responderlas, se encuentra en el gráfico así que, conforme el coach le pregunta, el alumno contesta señalando en la pizarra. El coach puede decirle que le aclare a respuesta si esta no le satisface, incluso ir al *gemba* para aclarar la explicación, aunque se espera que el coach siga el guion la mayor parte del tiempo, aprendiendo él mismo el patrón, mientras su alumno aprende la mejora *kata*.

Hay que señalar que el coach va a hacer preguntas generales, para hacer pensar al alumno sobre la diferencia que están tratando de cerrar, es decir, condición actual versus la deseada. Reflexionan juntos sobre el último paso que han dado, tomándose el tiempo de ver lo que han aprendido de él y también identifican los obstáculos adicionales que deben sortear hasta llegar a la condición deseada. Lo siguiente es ver cuál va a ser el siguiente paso que van a tomar. Y el proceso vuelve a empezar.

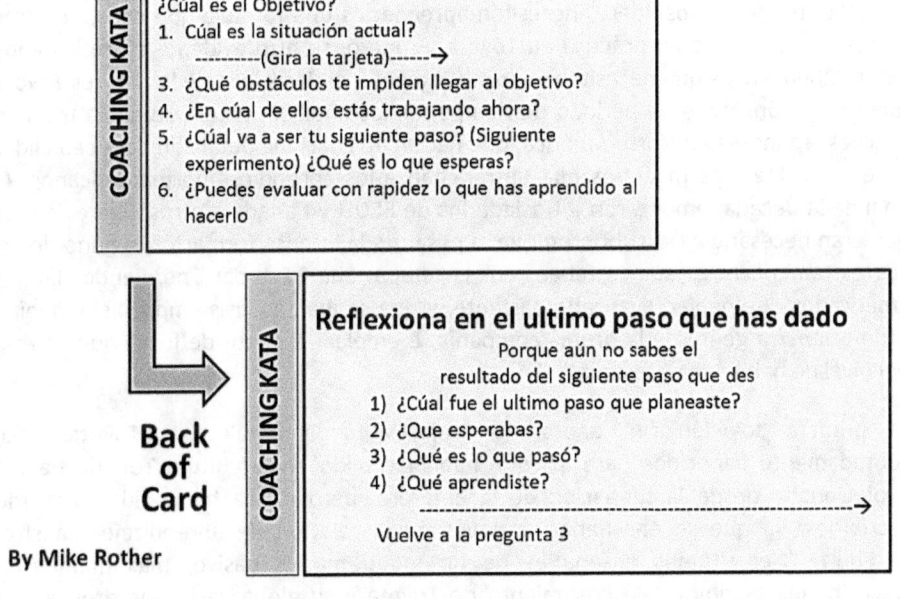

Imagen 5-9. La Tarjeta de Preguntas es El Trabajo Estandarizado para el Coach.

Receta de Tres Pasos Sobre Lo que los Líderes Deben Aprender

Receta de lo que Los Líderes Deben Aprender

1. Vivir los valores fundamentales de la filosofía- Toyota Way 2001.
2. Convertirse en modelo de la disciplina de resolución de problemas. Toyota Business Practices o Mejora *Kata*.
3. Convertirse en profesor y coach de la resolución de problemas. On The Job Development o Coaching *Kata*.

Puedes buscar ejemplos en mi libro *The Toyota Way*, sobre los principios del punto uno, en el libro de Mike Rother, *Toyota Kata* que te dará los pasos sobre Mejora Kata, que es cómo Toyota Business Practices, y el libro *Coaching Kata*, para ver "On the Job Development.

Análisis de Los Tres Pasos. Lo que un Líder Lean Necesita Aprender

La receta de lo que los líderes necesitan aprender es una fórmula que consta de tres partes. Se ha puesto en práctica en Toyota. Primero, se hizo evidente entre los años 1990 y 2000, en los que necesitaban, explícitamente, el desarrollo de los líderes Toyota fuera de Japón. Hubo un periodo de tiempo, en los años 80, en el que había muchos coaches japoneses en Norte América, que hacían un coaching detallado para cada líder de equipo. Eran los maestros que entrenaban a los aprendices norteamericanos. Al final de la década, empezaron a trasladarlos de EEUU y Canadá a otros lugares en los que eran necesarios. Descubrieron que, a pesar de la intensa formación, alguno de los líderes americanos, aún estaban en la etapa Shu. Estaban perdiendo líderes americanos que habían avanzado bastante, y que se iban a otras empresas, y debían promocionar a gente de la propia compañía, o emplear a gente de fuera que carecía del nivel de habilidad necesario.

La primera solución fue anotar los valores fundamentales de Toyota. Eran sobradamente conocidos para los que habían crecido en la cultura Toyota, habían evolucionado desde la fundación de la empresa, pero nunca había sido necesario escribirlos, ya que se enseñaban a través de la relación de aprendizaje maestro-aprendiz. "Necesitamos enseñarles de un modo menos pasivo, mas manifiesto. Necesitamos escribirlo." El crecimiento de Toyota y su globalización llevaron a una necesidad de escribir todo esto, y se plasmó en el libro *The Toyota Way 2001*, con los pilares de Respeto por los demás y Mejora Continua. La base son los cinco valores fundamentales de los que ya hemos hablado: reto, ir al *gemba,* desarrollar una mente *kaizen*, respeto y trabajo en equipo.

Lo escribieron, describieron cada uno de los valores, los sub-valores, pusieron ejemplos y frases famosas de los fundadores y líderes del pasado. Hicieron cursos de aprendizaje para aprender los valores a través de casos de estudio, para que los directivos de Toyota pudieran aplicar los valores y analizarlos.

Empezaron el entrenamiento desde arriba, desde los altos ejecutivos y fueron hacia abajo. Conforme empezaron con las primeras etapas de la enseñanza, se dieron cuenta de que tenía poder, ya que la gente empezaba a hablar el mismo lenguaje del Toyota Way, pero que no había la suficiente acción. Había que hacer que las personas llegaran a ver esos valores como rutinarios. ¿Cómo se hacía esto? Mediante práctica disciplinada.

Este les llevó a desarrollar las Toyota Business Practices (TBP), el modelo de ocho pasos del que hablamos en el Capítulo Dos, que sigue los estándares globales de Toyota. Para cada uno de los pasos hay valores definidos que aprendes cuando haces el paso de manera correcta. Por ejemplo, el primer paso es definir el problema, y uno de los valores de la empresa es que el cliente es lo primero, así que debes definir el problema desde ese punto de vista. ¿Qué es lo que el cliente necesita de éste proceso?

Más recientemente, Toyota ha desarrollado un enfoque formal de "On the Job Development". Se desarrolló en Estados Unidos, porque para ese momento, los americanos habían aprendido mucho y, aunque no eran japoneses, habían comprendido el proceso de aprendizaje explícito necesario en otros países. Tiene muchas similitudes con el enfoque Coaching *Kata*, aunque no es tan detallado.

Cambio de Cultura Mediante Cambio de Comportamiento

Aprendí este modelo de John Shook, que pasó a dirigir el Lean Enterprise Institute. No lo inventó él, pero articuló la forma de pensar. Explicó que el enfoque común (Imagen 5-10) es cambiar directamente el modo de pensar de las personas. Meterse en sus cabezas, ya que si piensan del modo apropiado, actuaran del modo apropiado. La manera en la que enseñamos a los demás a pensar es diciéndoles cosas "Soy el líder, pienso del modo correcto, debo verter mis conocimientos en tu cabeza. Es el modo en el que aprendí en la escuela, de un profesor que estaba ahí delante del aula dando un sermón, así que ahora que yo soy el profesor, yo estoy al frente del aula" ¿Adivina que pasa? No funciona

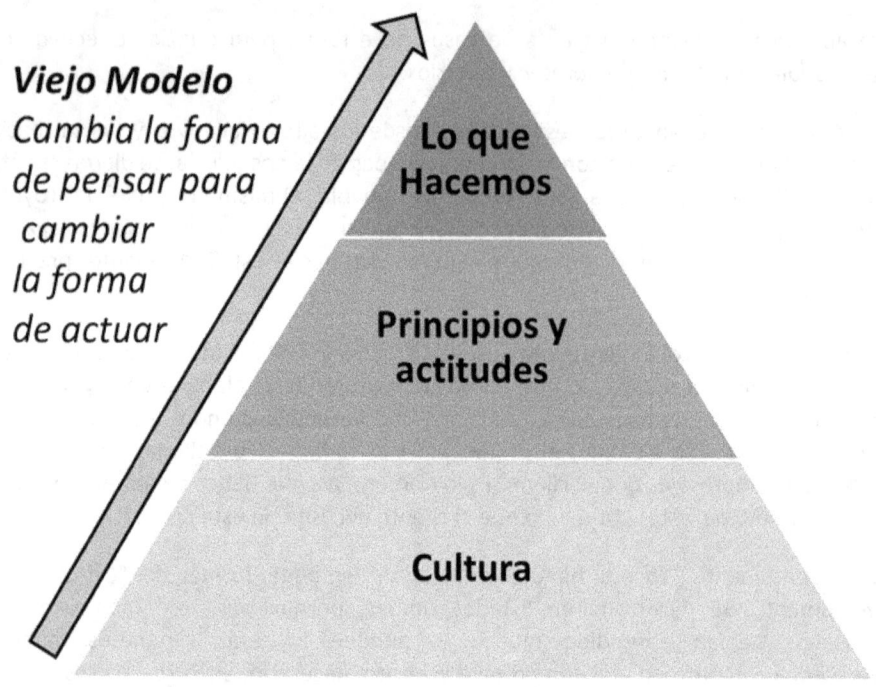

Imagen 5-10. La antigua manera de pensar

Cualquiera que esté familiarizado con Alcohólicos Anónimos, reconocerá que cambiar la conducta y la forma de pensar en un patrón de comportamiento complejo es un proceso que hay que hacer paso a paso, poco a poco, y sabrá que debes ver a tu coach, hacer lo que él te pida, y después volver y contarlo tanto al coach como al grupo de apoyo. Este es el modelo que siguieron en la Segunda Guerra Mundial para cambiar los hábitos alimenticios de las personas y que se convirtieron también en la base de las dietas de adelgazamiento. Éste modelo también funciona para los Líderes Lean.

Lo que John Further explicaba es que si te quieres empapar de la cultura, empieces con "Lo que hay que hacer" (ver imagen 5-11). El nuevo modelo es un cambio de comportamiento, y conforme las personas experimentan directamente una nueva manera de trabajar, liderar y comportarse, su forma de pensar también cambia. El alcohólico empieza a ver lo feliz que puede vivir sin alcohol. Empiezan a sentirse mejor y piensan "Madre mía, todas las cosas que me han estado diciendo en el trabajo durante años están cambiando mi vida para mejor". No podían entenderlas cuando estaban continuamente bebidos.

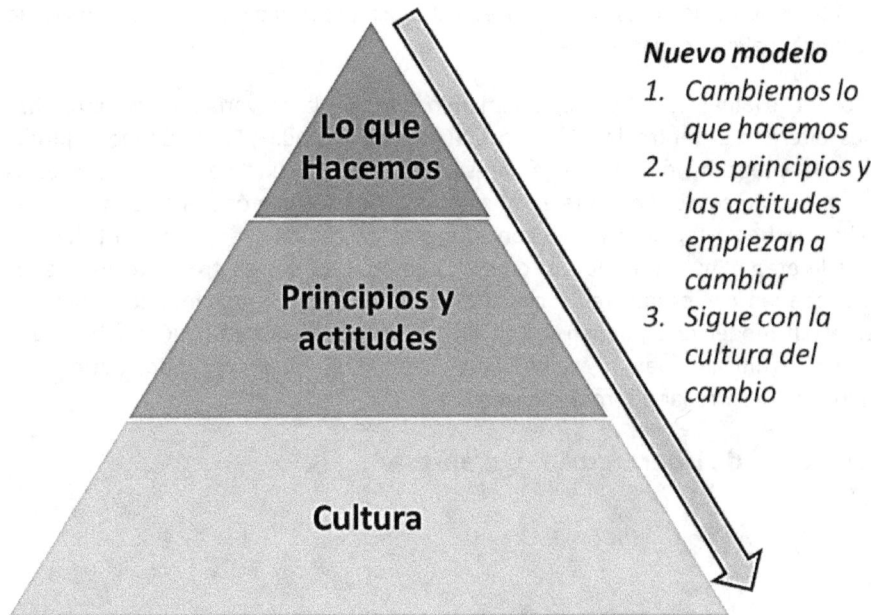

Imagen 5-11. Nuevo modelo de pensamiento

Conforme cambias tu comportamiento, cambia tu perspectiva del mundo. John encontró una frase muy profunda que lo describe "Es más fácil actuar hacia una nueva forma de pensar, que pensar el camino hacia una nueva forma de actuar"

Esto es el Toyota Way, como lo aprendió Sakichi Toyoda con trabajo duro, guiado por su padre. De algún modo, esta filosofía se perdió en la mayoría de las empresas americanas, y se adoptó el modelo de intentar cambiar los comportamientos de las personas sermoneándoles.

¿Cómo se adapta esto al desarrollo de los demás en tu Empresa?

Evalúa el Liderazgo de tu Empresa

Ahora puedes evaluar tu empresa y compararla con la imagen idealizada que os he dado de Toyota. Debo deciros que no todos los líderes que pasaron por los entrenamientos The Toyota Way of Thinking, Toyota Business Practices y On The Job Development han sido estrellas. Algunos profundizaron, y en otros el aprendizaje fue más superficial. Después de las primeras etapas de aprendizaje, hubo un grupo de norteamericanos que empezaron a entrenar a otros, y lo que se pretende es que cuando llegue el momento, los líderes formen al siguiente nivel y necesiten cada vez menos apoyo. Pero, ¿Estaban todos perfectamente entrenados e hicieron todos un gran trabajo de formación? La respuesta es no. Toyota está lejos de la perfección, pero lo intentan, y su esfuerzo es heroico. De hecho, es extraordinario, comparado con lo que hacen la mayoría de las empresas.

Te pido que evalúes tu empresa, asumiendo que, en la mayoría de los casos, hay grandes diferencias (entre la situación actual y la deseada). En el último capítulo, definiste la situación ideal de tu empresa. ¿Cómo sería un líder ideal? Con estas preguntas asumo cosas cómo que en tu estado ideal, esos líderes van a ser profesores y coaches. Debes estar de acuerdo con esto, ya que es una suposición del Liderazgo Lean. Es la etapa Shu, en la que tú eres el alumno y yo el maestro. Te digo que los líderes deberían ser profesores y coaches, pero los valores fundamentales que tus líderes están modelando pueden variar. En tus propias palabras ¿Qué palabras, que tengan un significado para ti, debería un Líder ideal estar pensando, haciendo y diciendo para desarrollar a otros? (Imagen 5-12)

Estado actual de Liderazgo en tu empresa

Imagen 5-12. El Objetivo

1=Diferencia Crítica, 2=Diferencia Grande, 3=Diferencia Seria, 4= Diferencia Menor, 5=Ahí Estamos

Toyota puede que tenga diferencias menores y que las tuyas sean más grandes. Sin embargo ¿Es una diferencia crítica? ¿Hay uno mayor que es urgente? Por otro lado, ¿Hay alguna otra diferencia que no es tan urgente? ¿O por el contrario la has alcanzado? Si me dices que has alcanzado la diferencia, te diré que te estás valorando demasiado alto, ya que nadie la consigue. Por otro lado, si tienes diferencias menores eso es fantástico. La mayoría de vosotros estará en una puntuación del uno al tres.

1. **¿Están los Líderes Suficientemente Desarrollados Cómo para ser Profesores y Coaches?**

¿Están los líderes de tu empresa suficientemente dotados y activos en la enseñanza y la mejora del coaching? Si me contestas que lo están haciendo todos, te diré que vayas al *gemba* y que mires mejor. Vuelve a lo esencial. Quédate en un círculo de pie observando. Dime si realmente lo están haciendo.

2. **Los líderes, a todos los niveles, valoran el desarrollo de las personas lo suficiente como para darles espacio y tiempo para aprender "haciendo"**

Cuando estábamos trabajando en *Toyota Under Fire*, entrevisté a Akio Toyoda y le pregunté por la "recall crisis", ¿Qué habían aprendido de la reacción de los americanos? ¿De la publicidad negativa de Toyota? Indiqué también que algunos analistas dijeron que el problema de Toyota era que estaban creciendo demasiado rápido. Le pregunté si estaba de acuerdo con eso.

Me dijo, "No, no estoy de acuerdo con que estábamos creciendo demasiado rápido. Crecer es bueno. Yo diría que el grado de crecimiento fue mayor que el grado de desarrollo de las personas". Toyota fallaba en cómo desarrollaban a las personas, conforme crecían e incorporaban nuevas personas a la empresa. No admitía que era imposible hacerlo, sino que ellos no lo estaban haciendo lo suficientemente bien, que debían hacerlo mejor.

Akio me dio un ejemplo de cuando a él lo contrataron en Toyota. Su padre consintió que trabajara en la empresa, pero solo si empezaba desde abajo cómo el resto de empleados. Su padre quería que empezara con el trabajo más duro posible, y éste era en Operations Management Consulting Division, (OMCD) el campo de entrenamiento para el aprendizaje del *Toyota Production System*.

Allí estaban los *sensei* más duros. Te enviaban a los proveedores, te daban retos prácticamente imposibles, tenías el agua al cuello, y o nadabas, o te hundías. "La tarea que me asignaron con uno de los proveedores fue entender la causa raíz, me llevó tres meses". Dijo "si le hubieran asignado la tarea a mi jefe, éste hubiera tardado tres semanas. Su jefe podría haberlo hecho en tres días y el jefe del OMCD lo habría hecho en tres minutos."

Hay una diferencia enorme de tres meses a tres minutos. ¿Qué haces si eres el jefe del OMCD y tienes un puñado de gente trabajando en proyectos, que tardan tres meses en hacer lo que a ti te costaría 3 minutos? Debe ser muy frustrante verles ir de aquí para allá, mientras los proyectos no avanzan y tu superior te está pidiendo resultados. ¿Cuál es la respuesta natural? Darles la respuesta. Darles tres días para solucionarlo y darles la respuesta. Akio Toyoda dijo que en el año 2000, cuando Toyota estaba creciendo tan rápido, eso es lo que solía pasar. Los coaches, que se suponían que estaban formando a los demás, daban las respuestas con demasiada facilidad. No les daban a los empleados el tiempo para esforzarse y poder identificar la causa raíz.

Como contramedida, Toyota comenzó a volver a las bases de cómo enseñar, cómo hacer coach, así como añadiendo niveles de gestión. En Ingeniería, por ejemplo, finalizaron el periodo de expansión, con un jefe por cada 20 o 25 ingenieros. Como no era un buen ratio para hacer coaching, añadieron un nivel de gestión, con un asistente para el jefe por cada 5 ingenieros, volviendo al modo en que siempre se había hecho.

3. **Los Líderes, a todos los niveles, están comprometidos en seleccionar y desarrollar futuros líderes, basándose en las habilidades de liderazgo, enseñanza y proceso de mejora de coaching.**

No somos todos iguales. No todas las personas van a aprender al mismo ritmo. No están todas motivadas por igual, ni son igual de determinadas o tienen los mismos propósitos. Debes observarlos y tienes el lujo, si los observas en el *gemba*, de verles en acción durante un largo periodo de tiempo. No es como hacerles una entrevista antes de contratarles, donde, durante unos pocos días, debes juzgarles basándote en cómo actúan en situaciones ficticias. Vas a observarlos durante un largo periodo, y decidirás quien va a promocionar basándote en sus habilidades para seguir los valores de la empresa, su habilidad de ejecución, su habilidad para liderar y dirigir a otros y su potencial. ¿Quién está preparado para tomar a más gente a la que enseñar? ¿Quién necesita quedarse donde está, porque necesita desarrollar sus propias aptitudes antes de poder tomar la responsabilidad de otros?

4. **Los líderes a todos los niveles, están modelando los valores fundamentales de la empresa.**

El proceso de selección y desarrollo lleva muchos años y si tu empresa no empezó a hacerlo hace diez años, no esperes mucha puntuación en esto. Espera de uno a tres. Obviamente, si la puntuación es uno será más prioritaria que si es tres, y si tienes diferencias menores, siéntete afortunado porque es muy raro.

Esto es simplemente una valoración general de liderazgo en tu empresa. Si decides hacer un sondeo entre cientos de personas de tu empresa, querrás abarcar demasiado. Si decides, sin embargo, coger un equipo de gente y evaluarlos individualmente para ver dónde están y después de eso habláis hasta llegar a un consenso sobre esas cinco cosas, entonces si sería un buen proceso.

En resumen, evalúa lo siguiente:

1. A los líderes se les desarrolla para ser coaches y profesores.
2. Los líderes a todos los niveles, valoran el desarrollo de las personas lo suficiente como para dejarles espacio y tiempo para aprender con la práctica.
3. Los líderes a todos los niveles se comprometen activamente en seleccionar y desarrollar futuros líderes, basándose en las habilidades de liderazgo, enseñanza y mejora del proceso de coaching.

4. Los líderes a todos los niveles están modelando los valores fundamentales de la empresa.

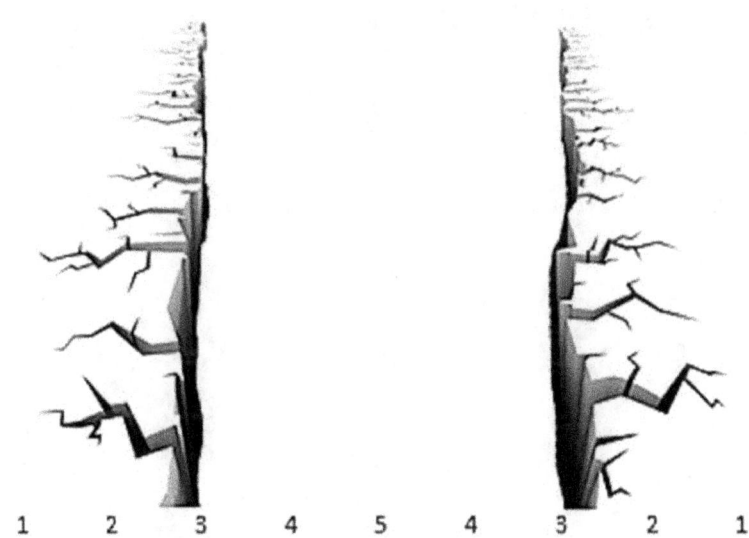

Imagen 5-13. Saltando las diferencias

Resume los puntos clave de tu visión de un Líder Lean. Mira las diferencias (imagen 5-13), después pregúntate cómo podrías aplicar esto en tu empresa. ¿Estás preparado para un proceso formal de entrenamiento en On-The-Job-Development o en Coaching *Kata*?

- Resume puntos clave que has oído acerca de cómo entrenar a otros como Líderes Lean
- ¿Cómo podrías aplicarlo a tu empresa?
- ¿Cómo es el proyecto con el que puedes trabajar como un primer paso, y Cómo sería el plan?

Mientras piensas en cómo aplicar esto en tu empresa, piensa en el proceso de mejora. No empieces listando 100 maneras de cómo aplicarlo, piensa dónde se encuentra tu empresa en comparación con dónde debería estar según lo que hemos hablado. Piensa en cómo desmenuzar esa gran diferencia en otras más pequeñas y medibles, en las que puedas trabajar para dar un primer paso. Después trabaja con el proceso de mejora del que ya hemos hablado.

Si sigues el proceso de PDCA cuidadosamente, los primeros pasos que des estarán dirigidos hacia tu visión. Harás progresos. No debes decir "Aquí estoy, mis líderes no son coaches, no saben cómo enseñar a otros, no saben solucionar problemas y yo quiero alcanzar ese estado", si no "Tengo una visión ideal y estamos muy lejos de ella, así que tengo que tener un primer objetivo claro para empezar a dar los primeros pasos hacia ella." Si lo piensas así lo podrás manejar. Cuanto más practiques, más se afianzará en tu empresa.

CAPÍTULO 6

APOYAR EL KAIZEN DIARIAMENTE

Llevar el Liderazgo Lean a los Grupos de Trabajo

Análisis del Auto-Desarrollo y el Desarrollo a los Demás

En los capítulos Cuatro y Cinco, hemos visto el auto-desarrollo de los líderes que después pueden enseñar y ser coach de otros (imagen 6-1). Empezamos con los dos pasos de nuestro modelo. Os pedí, después de las sesiones, que pensarais en esas ideas de liderazgo, comparadas con vuestra empresa, y como primer paso en el auto-desarrollo. Así como en los pasos que podríais dar para mejorar vuestras aptitudes, especialmente en resolución de problemas. Como un segundo paso, os pedí que pensarais cómo podéis empezar a hacer de coach y desarrollar a otros. Espero que hayáis estado practicando todo esto. Os habéis valorado, habéis visto las diferencias y las oportunidades, y espero que estéis comprometidos en el duro trabajo de mejorar vuestras habilidades.

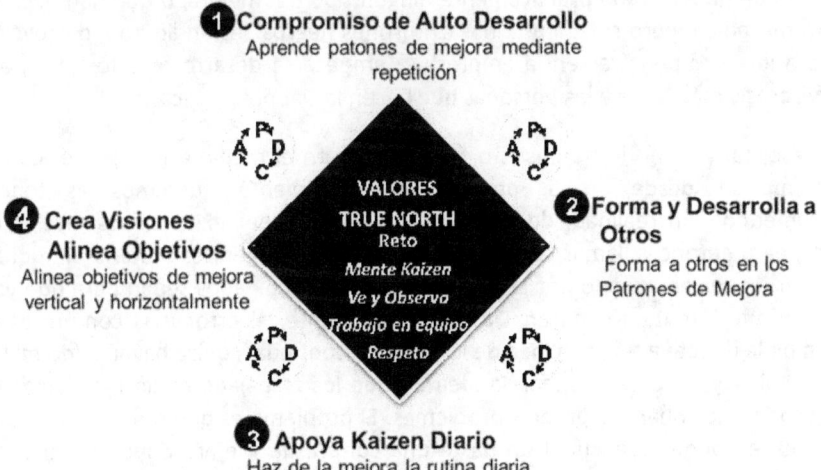

Imagen 6-1. El Modelo de Desarrollo de Liderazgo Lean (Modelo del Diamante)

Lo que normalmente pasa en las empresas en las que trabajamos, es que nos dirigen directamente a los niveles altos, posiblemente a Vice Presidencia o más arriba. Después se nos delega al jefe o director de Mejora Continua. Trabajamos directamente con el grupo de Mejora Continua, que se convierten en nuestros alumnos, les hacemos coach para que se desarrollen. En cada grupo hay un líder. Puede ser líder en el proceso de desarrollo de software, o de producción, o de atención al cliente, y lo que hacemos es desarrollarles a través en proyectos de mejora, utilizando el método PDCA estamos desarrollando al coach a la vez que al líder, empezando desde arriba y bajando. Normalmente en puestos medios de la empresa, digamos que el jefe de departamento sería el nivel más alto del departamento.

Vamos a suponer que tenemos éxito en lo que hacemos y los futuros coaches y los líderes están empezando a aprender. La gente que está involucrada en el proyecto ha pasado por parte de la formación y han realizado actividades *kaizen*. Imaginemos un departamento de treinta personas, en el que hay mucho que hacer. Normalmente, nos enfocamos en un área el departamento en el que la gente esté involucrada en un proceso determinado. Después pasaremos por el resto del departamento para ir involucrando a más gente cada vez.

En algún momento, los líderes se han desarrollado hasta el punto en el que pueden liderar la mejora hacía retos motivadores; y su grupo tiene la suficiente experiencia kaizen, con lo que el grupo de trabajo es prácticamente auto-suficiente. Llegados a este punto, pueden reunirse diariamente para hablar de los resultados del día anterior, y de lo que van a intentar mejorar hoy. Esto es lo que llamamos gestión diaria o mejora diaria. Llegar a esto requiere varios pasos. Especialmente cuando empezamos en una empresa que no ha hecho prácticamente ningún tipo de mejora, o que han hecho un intento mecánico, pero solamente los "cinturones negros" están liderando proyectos. Vamos a intentar penetrar en la empresa, y empezar a desarrollar a los jefes, a los supervisores y más tarde a las personas que hacen las labores básicas.

El proceso, tal y como lo he descrito, es empezar en el medio e ir bajando. Lo ideal sería empezar desde arriba, pero lo que realmente queremos es tenerles comprometidos. En realidad, deberíamos empezar a tener éxito en los niveles más básicos, para entonces llamar la atención de los altos y sugerirles "Estaría bien que os dejéis ver de vez en cuando por el *gemba*, y que los empleados sepan para qué vais". Eso es lo que intentamos hacer. Desafortunadamente, el error más común, es que alguien de la directiva tenga la idea de la "Mejora Continua", quizá hayan leído mi libro u otro similar y les parece buena la idea de que los trabajadores de los niveles más bajos sepan solucionar sus propios problemas. El problema es que no entienden cómo llegar desde dónde se encuentran hasta una cultura de Mejora Continua, ni cuanto deben involucrarse ellos mismos.

El Reto de Hacerlo Bien, No Rápido

Una vez trabajamos para una empresa en la que el COO (Chief Operational Officer) estaba muy emocionado con Lean. Le llevamos a visitar una cadena de tiendas con la que habíamos trabajado, y que estaba muy avanzada en temas Lean. Cuando volvimos dijo "Eso es lo que quiero, lo que ellos tienes. Quiero ese sistema". Pero el sistema que él quería había tardado en desarrollarse más de cinco años, y se aprendió con mucha dificultad. Él quería los resultados ya, de modo instantáneo.

Una de las cosa que vio era que los supervisores se reunían con su gente alrededor de un tablero de indicadores, y que todos tenían los mismos títulos para los indicadores clave. También vio que había imágenes que mostraban "Este es mi objetivo, y aquí mi evolución hacia él", había áreas en las que había sugerencias escritas de los empleados, que se estaban implementando. Eso es lo que él quería. Sin embargo, lo que él había visto era el resultado de un largo "viaje".

Así que ¿Qué hizo el COO cuando volvió a su empresa? Actuó sin pensar. Compró un montón de tableros. Todavía no habíamos empezado a hacer nada en la empresa, llevábamos menos de un mes contratados. Nos llamó por teléfono y nos dijo "Os vais a emocionar con lo que acabo de hacer, he ido a comprar 150 tableros y los he puesto en cada uno de los departamentos, y vamos a empezar a establecer categorías de indicadores. No vamos ni a esperar a que vengáis. Vamos a empezar ya."

Mi reacción fue pensar "Dios mío ¿Dónde nos hemos metido? ¿Qué va a hacer ésta gente con esos tableros métricos? No tienen conocimientos, nadie está trabajando con ellos, ni hay nadie instruyéndoles". Es como comprar un marcador de golf para alguien que nunca ha tocado un palo de golf, y esperar que alcance la máxima puntuación. Esto es un ejemplo de un error muy común. ¿Qué es lo tangible? Lo que puedes ver son los tableros, gente reuniéndose, un ejecutivo que se reúna cada mañana con su gente durante quince minutos alrededor de esos tableros, así que cada departamento va a tener uno.

Me contaron otra historia de una empresa diferente, una planta en la que tenían una versión propia del Toyota Production System, y en la que hablando con uno de los empleados le dijeron "Venimos cada día a trabajar, y nos encontramos con más trabajo del que podemos hacer. Sabemos que al finalizar el día vamos a tener problemas. Y aun así, tenemos que ir al maldito tablero y reunirnos durante quince minutos". Obviamente, esto no es lo que pretendemos. No queremos tener a la gente de pie enfrente de un supervisor sin formación, mirando los indicadores y diciendo "Ya sabéis lo que queremos chicos, así que ¡a por ello!, por cierto, volved al trabajo." Éste capítulo trata precisamente acerca de cómo obtener mejora diariamente, lo opuesto a un puñado de tableros de medición y un puñado de gente perdiendo el tiempo de pie frente a ellos.

Los Grupos de Trabajo Toyota son el Centro de la Mejora Continua

Las Reuniones Diarias alrededor de los Tableros de Medición pueden Ayudar Efectivamente a los Grupos de Trabajo

Responde a la pregunta "¿Por qué pierdes el tiempo en esas reuniones diarias? La respuesta es, utiliza el tiempo eficazmente para que la gente no lo pierda.

La razón por la que pierden el tiempo es porque el supervisor no está formado en cómo dirigir una reunión, cómo utilizar con eficacia un tablero de medición o mejorar un proceso. Quizá alguien simplemente puso ahí los tableros. Normalmente la cuestión sería ir al jefe de sección, no a las personas que están en el nivel bajo, ya que lo que estamos viendo en éste nivel, son las consecuencias de la mala gestión en el nivel superior, las decisiones equivocadas de alguien que piensa en términos mecánicos que piensan asi: "He visto a gente reunirse en torno a indicadores y haciendo muchas mejoras, como eso es lo que yo quiero voy a comprar los tableros de medición". Eso es causa-efecto simplista (los tableros causan la mejora).

Pero no, debe haber algo más, ¿Un cerebro quizá? Lo que faltaba ahí eran los cinco años de trabajo que causaron que la gente estuviera formada, y que los supervisores entendieran realmente cómo ser efectivos en Mejora Continua.

Raramente he escuchado quejas de las personas trabajadoras, si realmente están mejorando. Si ven que se tiene una reunión, que surge un problema, y que se trabaja en él todo el día y al día siguiente está solucionado. Puede ser un problema de que hay que agacharse demasiado para coger las piezas "Al día siguiente, cuando llegué, las piezas llegaban a la altura correcta, y no tenía que agacharme. Estas reuniones son efectivas, me motiva acudir a ellas". Si el proceso es efectivo, los tableros de medición se convierten en una ayuda. La pizarra no es la causa de la Mejora Continua.

Gestión Visual para que no haya problemas ocultos

El propósito de los tableros es proporcionar control visual y, tal y como aprendimos en el Capítulo Tres, el control visual es un modo de mostrar la diferencia entre **dónde quieres llegar** y **dónde te encuentras ahora**. Donde quieres llegar se representa mediante un estándar. Podría ser de calidad o de cómo haces tu trabajo, la secuencia o los trucos que utilizas para conseguirlo. Podría ser también un objetivo de producción o de seguridad. Podría ser cualquier aspiración o reto, cómo recortar mi tasa de accidentes laborales a la mitad, o doblar mi productividad. El tablero de medición debería mostrarte de un modo simple y claro, dónde te encuentras en comparación con dónde quieres estar.

Cualquier control visual intenta conseguir eso. Por ejemplo, un cuadrado Kanban es una forma de control visual. Piensa en una relación de Cliente-Proveedor. Pedimos a un proveedor que construya una pieza o que genere información donde ahora hay solamente un cuadrado vacío. El estándar es de máximo tres unidades de inventario (imagen 6-2). Si los tres cuadrados están completados deberías parar la producción. El cuadrado kanban ofrece una respuesta simple de si-no a la pregunta de si debo o no producir la siguiente unidad. En la imagen 6–2, vemos que los tres cuadrados están llenos y que otra pieza está ya construida y esperando fuera. Esto está claramente fuera de los estándares y se ve fácilmente. **En éste caso hay sobreproducción, el desperdicio fundamental.**

Utiliza el control visual para no esconder los problemas

Se utilizan en el trabajo diario y nos indican cómo se debe hacer el trabajo y si existe desviación del estándar

Imagen 6-2. Un cuadrado vacío de kanban es una señal visual de autorización de producción y en éste caso una unidad es sobreproducción.

Si ves que hay un problema, debes preguntarte por qué. En primer lugar ¿Por qué no se consume la pieza al ritmo debido? En segundo lugar, está caro que las personas que reciben la señal de parar la producción no lo hacen. Para hacerlo simple, la gestión visual es una herramienta de comunicación que nos indica cómo debemos hacer el trabajo, si nos estamos desviando del estándar y si la gente con la que trabajamos está formada y motivada por líderes que actúan como deben. Después ya solucionaremos el problema.

La Estructura del Grupo de Trabajo

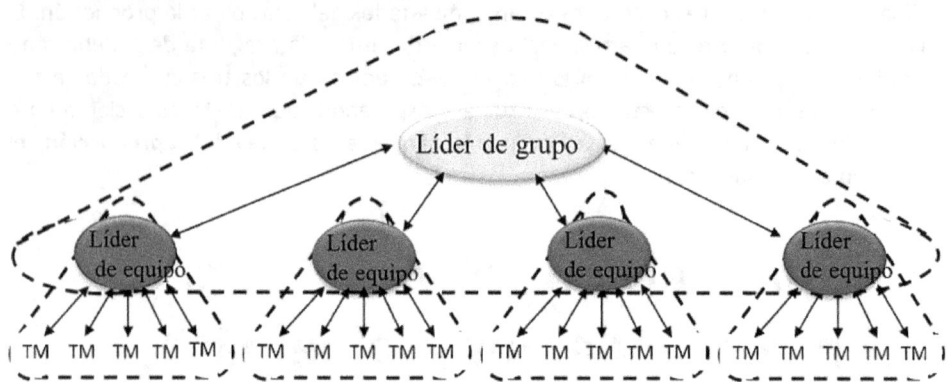

Imagen 6-3. La conexión entre el Líder del Grupo, el Líder de Equipo y los Miembros del Equipo.

Ésta es la típica estructura de empresa (Imagen 6-3) en una planta Toyota y se usa en toda la organización, a nivel mundial. La visto en call centers de Toyota, para servicio al cliente. En ingeniería, dónde el líder de equipo se convierte en asistente a dirección para una parte concreta del coche. En fábrica, donde es más consistente y estructurada, en varias tareas repetitivas.

El concepto básico es que estás gestionando un grupo de personas, y tu trabajo consiste en controlar que se consigan resultados, y si no se consiguen castigas al culpable, puedes tener veinte, veinticinco o treinta personas a tu cargo, sin problemas. Siempre que tengas estándares y medidas muy claros, no debes encontrarte con demasiados problemas, así que si la producción va bien, cómo supervisor puedes pasearte por ahí castigando a los empleados cuando están alborotando y no producen. Este es el sistema de mando y control.

Si, por otro lado, estás cambiando al modelo Lean y esperas que tus jefes sean profesores y coaches, que vean los problemas cuando ocurren, y que ayuden a resolverlos, éste sistema de organización plana puede que no sea efectivo. Toyota ha llegado a la conclusión de que el ratio ideal de líder (coaches) a alumnos es de uno a cinco. Es decir, un líder para cada cinco personas que están haciendo el trabajo que añade valor. Esto no tiene por qué significar que debas promocionar a un puñado de empleados para que dirijan.

En las fábricas, Toyota creó un modelo llamado "Líder de Equipo", formado por un grupo de operarios, seleccionados por su potencial de liderazgo. El líder de grupo busca entre los miembros del equipo, a trabajadores con potencial, los anima a acudir a la formación para llegar a ser líder de equipo y los acompaña durante el proceso, hasta que desarrollan las habilidades necesarias para liderar, por ellos mismos, un equipo de cuatro a siete personas. Pagan un poco más por hora al líder del equipo, y les prometen horas extra para que puedan llegar un poco antes que los demás y comprobar que todo está correcto. La producción empieza con una señal, y funciona como la seda desde el primer momento. Son los primeros en acudir a la señal *andon* de algún miembro de su equipo, para ver si se están quedando atrás, si van muy adelantados o se han quedado sin piezas. Si por alguna razón alguien ve que está fuera del estándar, tira de una cuerda, una luz se enciende, una música suena y alguien va a ayudar, normalmente el líder de grupo es el primero en acudir. Esto significa que, por supuesto, el líder de quipo no puede estar trabajando en producción, ya que no sería capaz de responder al *andon*.

Por último, el líder de grupo se queda después del turno para asegurarse de que todo está preparado para el turno siguiente. Puede que dispongan de algún tiempo durante la jornada laboral, en el cual no tengan que acudir a la llamada del *andon,* porque estén trabajando en algún proyecto de mejora, o sustituyendo a un miembro del equipo para liberarlo y que éste trabaje en un proyecto de mejora. A menudo, las empresas me preguntan cómo pueden disponer de trabajadores para dedicarlos a mejora, si están todo el día trabajando, y con éste rol de líder de equipo, tendrían algún tiempo disponible.

El Control Visual y el Sistema Andon Apoyan la Mejora

Crear un Buffer para posibilitar el Proceso Andon

A veces Just-In-Time está mal entendido como inventario cero. Ciertamente, el flujo de una pieza sería el ideal, pero hay buffers de inventario colocados estratégicamente donde se necesitan. El propósito es disponer de buffer contra las variaciones. Fluctuación cero y los buffers son necesarios, pero sin fluctuación, quizá no necesitemos un sistema *andon*. Estuve trabajando en una compañía de automóviles americana que había estado haciendo mucho Lean en la empresa, pero no habían formado Lean a los ingenieros que habían diseñado la fábrica y organizado el equipamiento. Nos pidieron que trabajáramos con los ingenieros de producción, para que pudieran diseñar líneas Lean. Una de las cosas que descubrimos fue que habían tomado el sistema de parada de línea, demasiado literalmente basándose en una comprensión superficial. Lo habían visto en plantas Toyota en algún tour y habían asumido que, cuando uno de los miembros del equipo tiraba del cordón, la cadena de montaje al completo, paraba inmediatamente.

Cuando se tira del cordón *andon,* una luz se pone amarilla, y la línea de producción se sigue moviendo hasta que el vehículo llega a la siguiente estación de trabajo. Llegados a éste punto, quien responda a la señal andon, tiene el derecho de volver a tirar del cordón una segunda vez y olvidar la parada. Si nadie tira del cordón una segunda vez antes de que el coche pase a la siguiente zona, la luz se vuelve roja y la línea parará; pero no la planta entera, sino una parte de la línea, ya que han colocado buffers estratégicamente entre segmentos de la línea, que permitirán al siguiente segmento producir hasta que el buffer se quede sin vehículos.

Estos ingenieros de producción no entendían la posición fija de la línea que permitía que la línea avanzara hasta la siguiente zona, ni tampoco eran conscientes de los buffers en los que Toyota guardaba automóviles entre segmentos de la línea. Estábamos en una posición delicada, ya que por un lado abogábamos por parar la línea si había un problema, pero por otro lado les decíamos a los ingenieros "¿Estáis locos? ¿Queréis parar la línea inmediatamente si hay un problema?"

"Por supuesto. ¿Toyota no para la línea?" decían

"No inmediatamente" les decíamos nosotros.

Cuando les explicamos el sistema recuerdo que uno de los ingenieros, americano dijo "Toyota hace trampas. Afirman parar la línea cuando tienen un problema, pero realmente no lo hacen. Construyen buffers y eso no es verdadero Lean."

Le contesté, "es sensatez, eso es lo que es. Sentido común. Si tienes cien procesos en serie, e instruyes a todos los miembros del equipo para que tiren del cordón por cualquier pequeño problema y la línea para de inmediato, ¿Qué posibilidades tienes de poder hacer un coche?

Lo importante es que producción puede parar y que los líderes se tomen en serio el sistema andon. Si el problema lo puede solucionar el líder de equipo mientras la línea avanza, es lo que hará. Si no puede, para el segmento y el buffer les dará unos 8 a 10 minutos de respiro hasta que el siguiente segmento pare. No es mucho tiempo para solucionar un problema serio, así que las paradas de línea ocurren. Si la línea nunca para entonces puedes reducir el tamaño del buffer.

Mejora Continua Significa... Un Poco Mejor Cada Día

Lo que teóricamente queremos decir con Mejora Continua, es en sentido literal, que cada segundo, cada microsegundo, estás mejorando. Obviamente no es real. Por otro lado, si mejoras una vez por trimestre, cuando los ingenieros empiezan un proyecto, eso está muy lejos de la Mejora Continua. Nos gusta definirla cómo mejorar todos los días algo de la empresa.

Imagen 6-4. Tablero de Mejora Continua

El tablero de indicadores de una planta Toyota, muestra los indicadores clave de actuación, las medidas para cada grupo de trabajo (imagen 6-4). Ésta era una nueva versión del tablero de aquel momento y se organizó según Hoshin Kanri, del que hablaré en el capítulo Siete. Cuando leas el tablero verás que hay cinco áreas de medición: seguridad, calidad, productividad, costes y desarrollo de recursos humanos. Las medidas pueden cambiar con el tiempo. Por ejemplo, en algún momento te enfocas en el desarrollo de recursos humanos, en otro en entrenar a las personas para que aprendan más de una tarea. Van a ser cosas diferentes las que vas a intentar mejorar en cada área.

En la parte de arriba del tablero, se pondrá la medida más general. Por ejemplo, en seguridad, podría ser el número de accidentes registrados, o de los que informas a las autoridades. Después, conforme vas bajando, las medidas se vuelven más específicas y se centran más en el proceso en sí mismo. Podrías determinar que el mejor método de reducir los accidentes es investigar el proceso, para que si alguien tiene un síntoma de que puede ocurrir un accidente, encontrar la raíz del problema antes de que llegue a pasar. Por ejemplo, si les duele un poco la muñeca o la espalda, y puedes actuar, hazlo antes de que lleguen al hospital para tener que operarse. Puedes medir los síntomas y después encontrar la causa raíz, que quizá sea que las herramientas no están bien colocadas o que no las están cogiendo de la manera correcta. Cuando consigas que en todas las tareas, los trabajadores no fuercen la muñeca para coger la herramienta, lo habrás conseguido, el indicador será verde.

Conforme avances en el tablero, las medidas se harán más específicas y quizá utilizarás informes A3 para el proceso de mejora.

Formar un Profesor que Cree Masa Crítica de Pensadores Lean

Los Líderes de Grupo, con ayuda, hacen funcionar Mini-negocios

Los jefes necesitan estar cualificados para desarrollar líderes de grupo, los cuales, a su vez, desarrollarán líderes y miembros de equipo. En las primeras etapas del auto-desarrollo y el desarrollo a los demás, nos centramos en los jefes y después se trabaja con ellos para desarrollar a los líderes de grupo; normalmente se hace en un área piloto, y más tarde, se empieza a expandir por el resto de la empresa.

No está tan claro como esto, pero éste es el modo ideal. Creas al profesor, que crea al estudiante, que a su vez crea un profesor, que a su vez crea un estudiante y así continuamente. Llegados a éste punto se crea masa crítica, y cuando se contrata a alguien, tienes muchos profesores para adoctrinarle en la cultura.

El grupo, en sí mismo, tiene establecidos una serie de procesos. Si eres el líder, y el equipo trabaja en estampación, tendrás una serie de máquinas de estampación que son tuyas. Tu trabajo es producir y hacerlo con gran calidad, mantener a los miembros del equipo a salvo. También asegurarte de que las máquinas operan al máximo nivel, y que puedes cambiar las matrices con rapidez si te piden hacer lotes pequeños en lugar de grandes. Esta es la responsabilidad del líder de grupo, es el propietario de ese mini negocio (esas 10 o 12 máquinas estampadoras)

Las responsabilidades del líder de grupo incluyen:

- Producir
- Asegurar alta calidad
- Mantener al equipo a salvo
- Que las máquinas funcionen a alto nivel
- Tiempo de cambio rápido
- Mantener la moral alta

Entonces ¿Cuáles son las funciones de los miembros del equipo? Por ejemplo ¿El papel de mantenimiento? El papel de mantenimiento es apoyar al líder de grupo. El líder es un cliente de mantenimiento, y debes ser un buen proveedor si eres un trabajador de mantenimiento, pero el buen servicio también necesita buenos clientes. Por ejemplo, el departamento de mantenimiento pedirá al grupo que haga mantenimiento preventivo a diario. "Comprobar los niveles de fluido, el filtro, cambiar el flitro", esto es lo que se espera en una planta Toyota, y si se hace correctamente el equipamiento funciona. Si, por el contrario, la persona de mantenimiento pide y el líder de grupo no se toma en serio y no consigue que su grupo tenga la disciplina necesaria, las máquinas van a fallar y la persona de mantenimiento perderá mucho tiempo cuidándoles y se necesitará más personal de mantenimiento.

En Georgetown, Kentucky, a largo plazo, todos los Key Performance Indicators (KPIs) mejoraron. Cada año se establecen nuevos retos para conseguir llegar a otro nivel. Los grupos de trabajo llegan a conseguir ese reto, o incluso lo exceden, así que el siguiente año hay más retos de mejora. Cuando introducen un producto nuevo, el proceso se desestabiliza, pero no importa en el punto en el que se hallen, ya que a final de año siempre hay mejora. Son muy consistentes en la mejora, porque han desarrollado grupos de trabajo efectivos, con el entrenamiento adecuado y el apoyo necesario de la Dirección y los grupos de soporte.

Crear masa crítica en grandes empresas

Vamos a imaginar que soy un jefe de planta, conocedor de Lean y que dirijo una planta de 700 personas que está empezando con Lean prácticamente desde cero. Muchos de los supervisores están formados de la manera antigua, y a los trabajadores no se les ha involucrado en la Mejora Continua. ¿Cuándo llegaremos al punto en el que haya algún parecido con la mejora diaria, haya reuniones efectivas y el kaizen funcione en la planta? ¿Cuándo andaré en cualquier dirección y veré actividades de mejora? Yo diría que, si realmente estas especializado como jefe de planta, en dos o tres años, la planta podría llegar a alcanzar un nivel de mejora de principiante en lean. Para llegar al punto en el que tienes un grupo bien desarrollado de líderes y líderes de equipo, con los que puedas contar para conseguir los resultados, tardarás al menos cinco años.

Es un gran compromiso asumir que los líderes de grupo van a quedarse en el puesto. Si les desarrollas y después hay una caída en las ventas, puede que te ordenen recortar la plantilla. ¿A quién despedirías? Los primeros puestos que se recortan son los de líderes de equipo, ya que no son necesarios en producción. Necesitas supervisores, pero no un ratio de un líder cada cinco miembros del equipo para sacar la producción. Así que el puesto desaparece, y el *kaizen* va para atrás, y cómo los líderes de equipo eran también tus futuros líderes de grupo, no dispones de un grupo potencial de líderes a los que promocionar. Esto puede hacer que todo se tambalee, y los sistemas que tienen unos años de recaídas, seguidas de crecimiento y recontratación siempre son inestables. Llegas a un punto, y retrocedes, y así continuamente.

Si ese gran jefe de planta, después de tres años, es tan bueno que le promocionan y se va a otro planta, el nuevo jefe que llegue quizá no sepa ser un buen Líder Lean, con lo que habrá una degradación de la planta. Por algún tiempo, si los grupos funcionan bien, seguirán funcionando, pero el mecanismo empezará a deteriorarse.

Toyota piensa a largo plazo, y se toman su tiempo para desarrollar líderes de grupo, líderes de equipo, directores o cualquiera que sea el puesto, que estén altamente cualificados. Cuando lanzan nuevas plantas en América, ya tienen gente suficientemente experimentada en las ya existentes, así que asignarán una de sus plantas a ser la planta madre de la nueva. Por ejemplo, cuando lanzaron la planta de Mississippi para hacer el Corolla, la planta Canadiense, que ya lo fabricaba, pasó a ser la planta madre de la nueva, se escogieron algunos de sus mejores jefes y los enviaron a Mississippi. Esto les permitió empezar a desarrollar líderes de equipo, cuando aún no se había instalado el equipamiento y la producción no había empezado.

El Papel en Toyota de los B-Labor Para Complementar los Grupos de Trabajo

Clasificación del Personal de Planta en Toyota

A-Labor: Miembro del equipo de producción cuyo trabajo proporciona valor añadido

B-Labor: Miembros del equipo de producción fuera de la línea

C-Labor: Personal de soporte

D-Labor: Equipo de gestión

Toyota clasifica al personal en las fábricas utilizando el sistema A-B-C-D. Los empleados A-Labor son las personas que hacen trabajo con valor añadido, los que trabajan en los coches. Los B-Labor son empleados de producción a los que se les ha sacado de la línea para hacer algún proyecto especial kaizen. No están, en este momento, haciendo trabajo con valor añadido, y a menudo se convierten en líderes de equipo cuando regresan a producción. Los empleados C-Labor podrían ser personal de soporte, como mantenimiento, y los empleados D-Labor sería el equipo completo de dirección. Esto es interesante, ya que normalmente pensaríamos en la A como un grado más alto y en D como el más bajo. Aquí lo que quieren decir es que la gente más importante es la que hace el trabajo con valor añadido. Cuanto más bajo es tu grado, más duro debes trabajar para añadirle valor. Si estas en el grado D, harás bien en hacer algo para ayudar a hacer mejor su trabajo mejor a los del grado A, o no estarás añadiendo ningún valor. Por eso debes pasar tiempo en el *gemba*.

A los empleados B-Labor se les saca de la línea para hacer *kaizen*, y normalmente se les asignan tareas durante dos o tres años. Como ejemplo, Toyota está continuamente lanzando nuevos modelos, tan pronto estuvo rediseñado el Toyota Camry y lo lanzaron a producción, el equipo de ingeniería, ya estaba trabajando en mejoras, y en un "lavado de cara" que verá la luz en dos años, y que significará un cambio en el aspecto del Camry, y en cuatro o cinco años un Camry totalmente nuevo verá la luz. ¿Quién es el responsable de todos estos cambios en producción? En una planta típica, es el departamento de ingeniería el que está muy ocupado lanzando el producto, y estableciendo el equipamiento, y lo hacen en paralelo a la producción, no se involucra a los empleados de producción.

En el caso de Toyota, al equipo B-Labor, se le llama Equipo Piloto. Trabajan en la etapa piloto del nuevo modelo. Desarrollan el trabajo estandarizado inicial, trabajan en la línea de equilibrado y en el diseño de las herramientas y el equipamiento. Incluso ya observan el modelo cuando aún es de "arcilla". Los trabajadores de línea puede que tengan que viajar a Japón para ver los coches, cuando todavía están en las primeras fases de desarrollo para contribuir con ideas. "Eso va a ser difícil de estampar, van a quedar arrugas. Eso va a ser difícil de soldar si lo diseñáis así."

Es una tarea de desarrollo. Después de unos tres años en el Equipo Piloto, normalmente vuelven como líderes de equipo, o líderes de grupo, o se les manda a otra tarea especial.

Caga director general tendrá varios cientos de personal a su cargo. Tendrá un cierto número de B-Labor presupuestados en sus equipos kaizen. Podría ser el director general de estampación. En la planta de estampación, hay unos 5 a 8 trabajadores con un ingeniero como líder y trabajan en *kaizen*. Los trabajadores de producción no son los únicos haciendo sugerencias *kaizen*, sino también los líderes de quipo, los líderes de grupo y esos empleados B-Labor que hacen actividades *kaizen* más importantes.

Vamos a ver un ejemplo de equipo B-Labor, que hizo un cambio revolucionario en el departamento de chapa y pintura en la planta Toyota de Georgetown-utilizando *kaizen* progresivamente.

Creación de un Flujo de Material Revolucionario (Caso Minomi)

Minomi

En el *Toyota Way to Lean Leadership*, tenemos un gran ejemplo de *kaizen*, que tuvo mucho impacto en la planta de Georgetown, Kentucky en el departamento de chapa y pintura dónde se sueldan piezas. Fue utilizando un sistema llamado Minomi, que significa "mover piezas sin contenedor". Normalmente, si tienes una pieza la pones en una especie de contenedor junto a otras. Si son piezas grandes de estampación, hace falta un toro para levantar el contenedor y llevarlo a otro lado en el que las piezas se van a montar y después se colocan en otro sitio. Normalmente se colocan en un soporte inclinado para que con la gravedad sea más fácil cogerlas. Esto fue una innovación en Japón centrada en eliminar los contenedores por completo.

Imagen 6-5: Planta de Piezas Dana Trucks — Montaje del eje enviado sin contenedor (Minomi)

La foto (imagen 6-5) muestra Minomi en la planta de piezas de camión Dana. Cuando Gary Convis entró como CEO en Dana, llevó consigo gente de Toyota y estuvieron trabajando en Minomi en otras plantas.

En éste caso, puedes ver que esos sub montajes del eje, están colocados en conveyors, no en contenedores. Se colocan en carretillas que luego ruedan guiadas por un vehículo automatizado (imagen 6-6), así las piezas fluyen sobre el estante gravitatorio y no hay intervención humana.

Imagen 6-6. Vehículos Automatizados en Dana trasportando sub montajes del eje

¿Cuál es la ventaja desde el punto de vista del trabajador? Antes tenían un gran contenedor e iban cogiendo las piezas cuando las necesitaban. Normalmente, en un sistema *kanban* con contenedores de piezas, debes tener al menos dos contenedores. Mientras uno de ellos se mueve para reemplazar el material, vas trabajando con el otro. Si los contenedores son grandes, digamos por ejemplo, 120 cm, y trabajas con dos contenedores eso supone, que si están colocados uno al lado del otro tendrás que andar dos metros y medio para coger las piezas. Después de cogerlas tendrás que transportarlas para ir a montaje. Esto ralentiza mucho el trabajo estandarizado, además agacharse a coger las piezas de la parte de abajo el contenedor puede causarte algún dolor.

Esto no pasa con el Minomi bien diseñado. En el sistema Minomi, el trabajador está de pie en un sitio y las piezas llegan a él, siempre al mismo sitio, así los estándares son los mismos para cada ciclo.

Minori en Soldadura en Georgetown, Kentucky

Cuando Gary Convis fue presidente de la planta Toyota en Kentucky, aprendió sobre Central Motors, una empresa que es parte del grupo Toyota en Japón. Estaban especializados en fabricar carrocerías de acero, y hacían una variedad increíble de ellas en el espacio probablemente más pequeño y burdo de todo Japón.

Se les conocía por ser los fabricantes más exigentes y al visitarlos y descubrir Minomi, Gary se quedó pasmado. "Es asombroso" dijo. Empezó a pensar en lo eficiente que resultaría utilizarlo en Georgetown. Aquí un Líder NO Lean pensaría ¡qué bien! "Vamos a poner Minomi en todas partes". Pero Gary estaba bien entrenado en lean Thinking, así que ¿Qué hizo? Volvió a su planta en U.S y formó un pequeño equipo de empleados B-Labor de los departamentos de producción y mantenimiento, con un ingeniero líder llamado VJ. VJ resultó ser un ingeniero fantástico, quizá el mejor de la planta. También resultó ser un poco agrio y no muy sociable. Sabiéndolo, Gary le asignó trabajar con el grupo y los envió a Japón un par de semanas, lo cual, en sí, ya es mucho. ¿Cuántas empresas americanas envían asalariados a Japón?

Su trabajo era ir y ver Central Motors. Cuando pensaban que habían visto suficiente, volvieron a casa y empezaron en un área piloto. En la Fase Uno, VJ y el equipo se quedaron tan impresionados con lo que vieron, que lo copiaron. Lo que utilizan en Central Motors era un sistema de ganchos. Imagínate ganchos colgando con carcasas de vacas, pollos o pavos que se mueven en una cinta transportadora. Cuando descuelgas un pollo para trabajar con él, la gravedad hace que otro pollo se ensarte en el gancho, y así sucesivamente. En este caso, en lugar de pollos, eran piezas metálicas estampadas, piezas del cuerpo, colgando de esos ganchos, y los ganchos colgaban de un cinta estrecha por el techo. Cuando el trabajador cogía una pieza, la pieza que había justo detrás se deslizaba gracias a la gravedad. Una vez que la cinta está cargada de piezas, ya no necesitas un contenedor. Aunque funcionaba bien en Central Motors, en Kentucky falló.

¿Por qué falló? Primero, cuando movieron las carretillas con las partes que colgaban, chocaron unas con otras, y eso provocó pequeños cortes y dentelladas. En Central Motors, esos cortes se arreglaban cuando las partes se juntaban y se soldaban, ya que su sistema de soldadura disponía de accesorios neumáticos que, ejerciendo mucha fuerza, unían las partes planchando los defectos. El sistema que tenían en Kentucky no tenía tanta fuerza y se creaban piezas defectuosas. El segundo problema era que las piezas oscilaban con ráfagas de aire, y los trabajadores podían meter una mano entre dos piezas y herirse, y eso era un asunto de seguridad.

Eso fue la Fase Uno, el proyecto que no funcionó. En la fase Dos, tenían que pensar en las contramedidas. Una idea innovadora fue cambiar el concepto de las piezas que colgaban desde arriba en un gancho por otro sistema en el que las piezas llegaban de abajo, como si fueran dedos sujetándolas. Empezaron con ello pensando en un soporte para DVD, en el que dejas los DVD y hay una sujeción abajo que los aguanta. Y eso es, básicamente, lo que hicieron. Soldaron en una lámina dedos metálicos, que sostenían las piezas como si deslizaras un CD en el soporte. Funcionó de maravilla y las piezas estaban más estables.

Después, curiosamente, la Fase Tres llegó cuando la gente de Central Motors oyó esto y fueron a Kentucky a verlo. La conclusión fue "Éste sistema es mejor que el nuestro" y empezaron a investigarlo, de nuevo, en Japón. Una de las cosas que descubrieron fue que podían automatizar en estampación, el proceso de cargar y descargar las piezas en el coche. El robot podía fácilmente recoger las piezas, rellenar el cartucho y eliminar así a la persona que hacía falta para descargar la máquina de impresión. Después TMMK lo copió y pudieron reducir trabajo adicional en estampación. Habíamos aprendido unos de los otros, no todas las ideas venían de Japón a EEUU. Ahora estampación también estaba involucrada.

En la Fase Cuatro, Kentucky extendió la automatización al transporte de materiales entre los departamentos de estampación y soldadura, añadiendo vehículos automatizados (AGVs), tal y cómo hemos visto en la foto de Dana. Un robot recogía las piezas de la prensa de estampación y las ponía en una carretilla. Un AGV empujaba la carretilla hasta el sitio correcto del departamento de soldadura.

En la Fase Cinco, ten en cuenta que tardó en implantarse años, no meses, añadieron lo que en Toyota llaman set de piezas (set-parts system) (SPS). En éste sistema, en lugar de transportar piezas A, B y C en tandas diferentes, si cada producto consiste de una pieza A, B y C y hay diferentes variaciones de cada una de ellas, lo que hacemos es traer la pieza A,B y C específica necesaria para cada producto. En éste caso, en lugar de traer a montaje una carretilla con puertas, otra con capós y otra carretilla con las piezas pequeñas necesarias para montar el capó, lo que llegaría a montaje sería una sola carretilla con el capó correcto, una puerta y las pieza concretas para montarlo necesarias para ese coche específico. Los miembros del equipo recogen de la carretilla exactamente las partes que necesitan, como si estuvieran montando un mueble que hubieran comprado en Walmart o IKEA.

Las carretillas las transportaba una persona primero, pero más tarde en la Fase Seis, la reemplazaron por un AGV. Esto añadía trabajo a un empleado, que era el que disponía las piezas en la carretilla que transportaba el AGV, pero las ventajas en producción compensaban el coste.

Conforme expandían esto a otras áreas de la planta, iban necesitando más AGV. Aquí es cuando sacaron gran beneficio de los empleados B-Labor, ya que uno de los trabajadores con mentalidad más práctica, preguntó "¿Por qué estamos pagando tanto por los vehículos automatizados?" estaban pagando unos 30.000 o 40.000 dólares, así que sugirió "Podríamos hacerlo nosotros mismos por una parte de ese precio."

Después de todo, estaban entrenados en soldar, así que podrían construir ellos mismos las carretillas; ésta pate del trabajo ya la hacían. Por lo que estaban pagando era por los pequeños robots automatizados. La clave era el programa de ordenador que les indicaba cuando debían parar, empezar a moverse, descargar, parar y así sucesivamente. Uno de los trabajadores resultó ser un buen programador y dijo "Me gustaría intentar programar uno de esos trastos yo sólo. ¿Por qué no me conseguís una placa de ordenador para programarla?" Sabía cómo hacerlo.

Cuando el primer AGV casero se terminó hubo una gran celebración. Imagina globos, comida, bebida (sin alcohol) y todo el mundo reunido, y Gary Convis, el presidente, bajando y dejando que el robot le arrastrara por toda la línea. Desde entonces, costó solo unos pocos miles de dólares hacer los AGV, una gran ganancia. Lo hicieron los miembros del equipo, ensuciándose las manos y haciendo que las cosas funcionaran.

Finalmente, la Fase Siete fue implicar a los proveedores. Las piezas llegaban en grandes contenedores y ellos las acoplaban al sistema Minomi, pero ¿Y si los proveedores pudieran empezar a ordenar las piezas? Esta evolución también llevó su tiempo.

Fueron fases muy extensas. Durante las fases, se necesitaron muchas actividades *kaizen* para llegar al punto en el que consiguieron un sistema automatizado que les llevara exactamente lo que necesitaban al sitio adecuado. El trabajador solamente coge lo que necesita de la carretilla. Mejoró la productividad de los soldadores, mejoró la productividad en el manejo de los materiales y se redujo el tiempo y los gastos necesarios para los cambios en las líneas de producción al introducir productos nuevos.

Resultados del Proyecto Minomi

¿Cuál fue el resultado de éste proyecto Minomi, conseguido por un pequeño grupo de empleados B-Labor, liderados por un ingeniero excepcional llamado VJ? Eliminaron 40 carretillas elevadoras, liberaron 100 líneas de trabajo, y el equipo aprendió a construir sus propios AGV, reduciendo el coste en todas las áreas de la planta en las que se utilizaban. Estos resultados se basaban sólo en la mitad de las piezas de estampación, y el *kaizen* continuó a partir de ese punto. Para la otra mitad, consiguieron otras 100 líneas de trabajo y otras 40 carretillas elevadoras. Otro resultado clave fue el desarrollo del liderazgo. VJ, al liderar ésta actividad, alcanzó su plenitud cómo líder.

Acompañé a VJ por la planta, después de completar todas las fases, todavía quedaban piezas en diferentes momentos de evolución, y la comparación era asombrosa. Lo que más me sorprendió fue que, conforme caminábamos por la planta, VJ conocía a todo el mundo y la gente la llamaba porque querían su ayuda. "VJ, esté Minomi que has implantado, tenemos ideas para mejorarlo" VJ anotaba todas esas ideas e iba dando la mano y saludando a la gente. Parecía la persona más popular de la planta, y eso que hacía unos años era considerado insociable. Ahora muchos soldadores querían estar en su equipo, así que pudo seleccionar de un listado de gente, quien iba a formar el equipo, basándose en requisitos estrictos.

La razón por la que querían pertenecer a su equipo, era porque había un excelente nivel de formación en *kaizen*. Todo esto floreció porque Gary Convis, que se reunía semanalmente con el equipo de VJ, se lo tomó en serio. Gary Convis, el Presidente, que tenía 6.000 personas informándole, se involucró personalmente en cada etapa del cambio, y cuando vio lo que vio en Japón, no cometió el error de copiar los resultados, sino que empezó un proceso de *kaizen* para empezar a experimentar y a aprender con el tiempo. Desarrolló e innovó eso más allá de los que vio originalmente. Es un gran ejemplo de *kaizen* en acción, del valor de los empleados B-labor, y de la manera de desarrollar un líder de primera, como VJ.

Resultados del Proyecto Minomi

- Eliminación 40 carretillas elevadoras + otras 40
- Liberación de 100 líneas de trabajo + otras 100

Los equipos aprendieron a construir y programar AGVs, reduciendo el coste de 25.000 dólares a 4.000 dólares y VJ como líder con un pequeño grupo de empleados asalariados que él entrenó y desarrolló.

Trabajo estandarizado para apoyar *kaizen* en grupos de trabajo
Trabajo estandarizado para una ruta de autobús

En 2005, tuvimos la oportunidad de apoyar a la empresa Hertz en su viaje a través de Lean. Una de la herramientas que introdujimos, fue trabajo estandarizado para para cada tarea visible que puedes ver en una de las tiendas de alquiler de Hertz. Se hizo mediante coaching y agentes internos de cambio, que trabajaban junto a las personas en cada tarea para desarrollar los estándares. Una de las cosas que Hertz hace en muchos aeropuertos de EEUU es proporcionar un autobús para las agencias de alquiler que están situadas fuera.

Te garantizan que no esperaras más de 10 minutos, y para conseguir eso, los autobuses deben salir a intervalos de tiempo marcado y tardar el mismo tiempo en hacer la ruta.

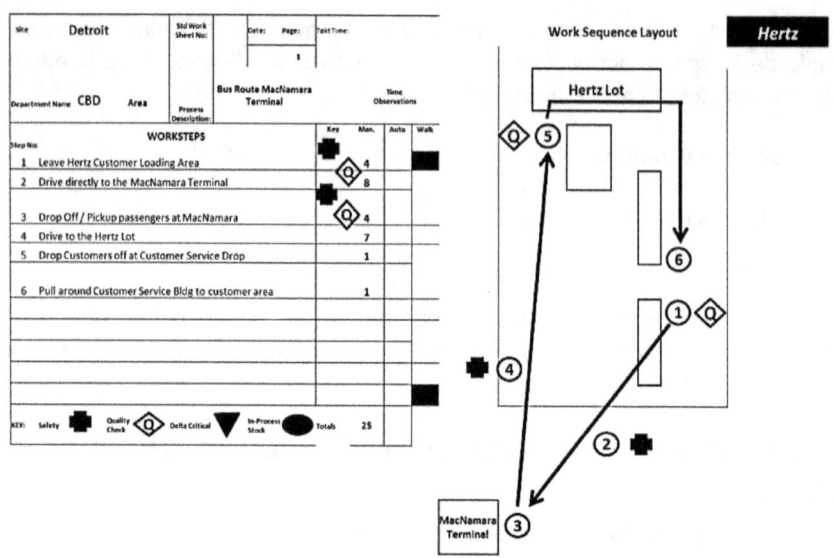

Imagen 6-7. Ruta del Autobús Hertz en la Terminal del aeropuerto McNamara

Requiere que todos los autobuses sigan el trabajo estándar. En éste caso, mostramos los pasos para, por ejemplo, salir de la zona de carga de clientes, y conducir a la terminal McNamara (imagen 6-7). Cada uno de los pasos está muy claro. También mostramos el tiempo que debería tardar el autobús, dónde estaban los posibles riesgos que debían evitarse en materia de seguridad, y donde necesitaban controles de calidad así como el diseño. Es una hoja de trabajo estándar típica. El total de la ruta era de 25 minutos, así que necesitaban tres autobuses para cumplir su compromiso de los 10 minutos.

Desglosar las tareas para formar

Hay otro gráfico que Toyota denomina "Desglose de tareas" y a veces "hoja de trabajo". El propósito de éste gráfico es formar. El trabajo estándar te da una idea de lo que debería estar consiguiendo en un nivel alto, y los tiempos, pero para formarte necesitas entrar más en detalle, desglosar esos pasos en otros más pequeños. Te muestra cómo debería hacerse cada uno de esos pequeños pasos. Debería incluir puntos clave como calidad o seguridad. En éste caso, esa fue la herramienta para formar a los conductores de autobús.

Hertz	WORK ELEMENT SHEET			
Área		Día		
		Job		Writer by
	IMPORTANT STEPS	KEY POINTS Safety: Injury avoidance, ergonomics, danger points Quality: Defect avoidance, check points, standards Technique: Efficient movement, special method Cost: Proper use of materials		REASONS FOR KEY POINTS
Step # 1	Leave Hertz Customer Loading Area	1) Play "talking bus" 2) Check Mirrors 3) Raise bus if lowered 4) Open gate using opener		1) Customer safety, destination, and luggage warning 2) Watch for customers or traffic 3) Prevent mechanical problems with bus 4) Prevent bus delay and damage
Step # 2	Drive directly to the MacNamara Terminal	1) Obey traffic laws 2) Yellow light stop observance. Brake unless unsafe. 3) Watch for merging traffic 4) Obey speed limit 5) Play "talking bus" as entering the terminal		1) Customer and Driver safety, as well as other traffic 2) Michigan Traffic Law 3) Customer and Driver Safety 4) Safety and Michigan Law 5) Give the customer vital information
Step # 3	Drop Off/Pick up Passengers at the Macnamara Terminal	1) Aid Passengers needing assistance 2) Watch for proper luggage placement 3) Watch for approaching customers 4) Close door and activate "talking bus"		1) Customer relations 2) Customer safety 3) Customer service 4) Customer information
Step # 4	Drive to Hertz Lot	1) Obey Traffic Laws 2) Yellow light stop observance. Brake unless unsafe. 3) Watch for merging traffic 4) Obey speed limit 5) Play "talking bus" as reaching Point 5 6) Watch for traffic pulling away		1) Customer and Driver Safety as well as other traffic 2) Michigan Traffic Law 3) Customer and Driver Safety 4) Safety and Michigan Law 5) Give the customer vital information 6) Safety of all concerned
Step # 5	Drop customers off at Customer Service Drop Off Area	1) Visually inspect to ensure all luggage taken off 2) Watch for customer before closing door 3) Watch for pedestrians and vehicles 4) Obey 10 mph Speed Limit		1) Customer does not forget something 2) Customer safety 3) Safety and Vehicle damage 4) Hertz regulations
Step # 6	Pull around building to Customer Loading Area	1) Park in Designated Area if 2 buses are in loading area 2) Pull up to the Pick-Up Area as soon as it is open 3) Lower bus (optional) 4) Leave Bus running		1) Customer relations 2) Customer safety 3) Customer service 4) Customer information

Imagen 6-8. Hoja de Trabajo para la ruta de Autobús Hertz

Esta es una ampliación de parte de la hoja de trabajo (imagen 6-8). Por ejemplo, antes de abandonar la zona de carga de clientes Hertz, pones un pequeño audio que se escucha al entrar al autobús. Levantas el autobús, si lo has bajado para que los pasajeros con discapacidad entren, y abres las puertas utilizando el mecanismo automático para ello. Para cada una de esas tareas hay una razón, y cuando formas a un conductor, tienes tu agenda para formarle. Lo haces repetitivamente, describiendo, mostrando y dejando que el alumno pruebe, explicándoselo más profundamente con los puntos clave, y dejándole que lo haga teniendo en cuenta esos puntos clave. Esto es lo que se conoce como el método "Job Instruction Training", una formación introducida en Toyota por americanos, que habían creado "Training Within Industry", un programa para el Ministerio de Defensa durante la Segunda Guerra Mundial. Se habla de él con detalle en Toyota Talent (mi libro escrito con David Meier).

Hoja de Trabajo para Formación

- Desglosa el trabajo estándar en elementos más detallados
- Incluye puntos clave y explica él PORQUE
    - Calidad
    - Seguridad
    - Trucos

Utiliza bocetos para explicar algunos pasos

Una labor fundamental de un líder de grupo es formar. Si eres líder de grupo, o líder de equipo, formas a las demás para seguir el trabajo estandarizado, lo auditas y si ves desviaciones preguntas por qué. Si la respuesta es que hay un método mejor, lo incorporas al trabajo estandarizado. Se trata de, cómo líderes, encontrar una manera de añadir valor mediante *kaizen*.

Resolver, una a una las desviaciones del estándar

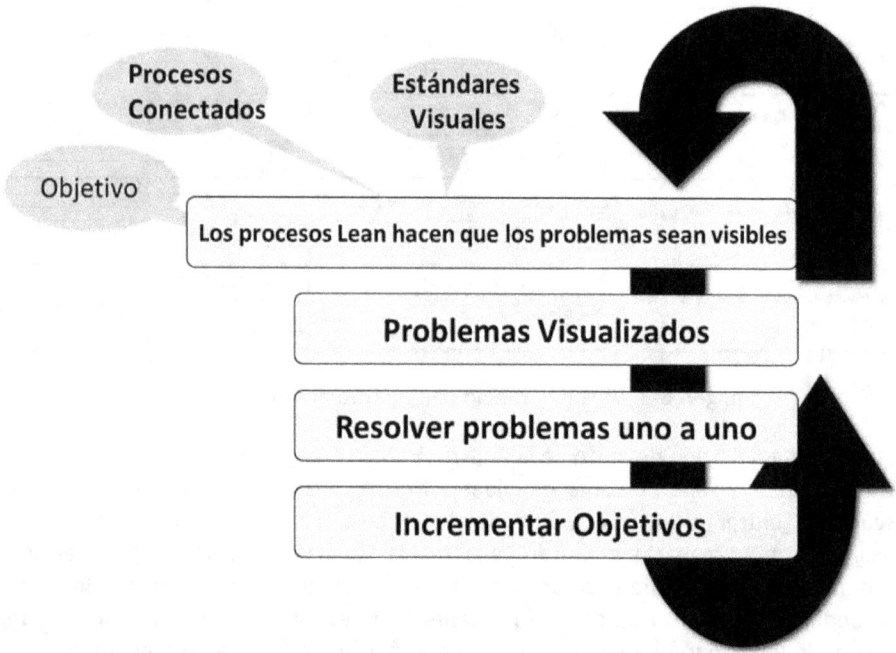

Fuente: Michael Balle
Imagen 6-9. Desviaciones de sistemas Lean del estándar, resolver los problemas uno a uno.

Teniendo estándares claros y viendo las desviaciones del estándar, los problemas saldrán fácilmente a la superficie. La definición del problema es ahora una desviación del trabajo estandarizado. Así, puedes ir resolviendo los problemas conforme van ocurriendo, en lugar de esperar a que se acumulen. De otro modo, miras atrás a tres meses de estadísticas y ¿Quién sabe lo que ha ocurrido? Apuntamos hacia un ideal de poder resolver los problemas uno a uno, en lugar de agruparlos, ya que se tienen más oportunidades de PDCA, lo que significa más oportunidades de que los trabajadores aprendan, así como los líderes de grupo, el líder de equipo y los directores.

Roles y Responsabilidades para el Trabajo Estandarizado

Todo eso depende de las personas que toman la responsabilidad de desarrollar, seguir y mejorar los estándares. ¿Quiénes son los responsables y cuáles son los roles? El principal papel de los miembros del equipo, aquellos que hacen el trabajo, es el de seguir los estándares. Hacerlo del modo establecido, pero buscando maneras de hacerlo mejor, de eliminar el desperdicio y de hacer propuestas para cambiar el trabajo estandarizado. Los empleados expertos, los ingenieros, establecen el trabajo estandarizado en el lanzamiento de un nuevo producto, y en Toyota se discute el rol de los equipos piloto formados por los empleados de producción que son parte del proceso. Los expertos también revisarán cualquier gran cambio que pudiera tener impacto técnico en las áreas de calidad, productividad o seguridad. El líder de grupo puede tirar de los miembros del equipo, para ayudarles si el trabajo que hacen sobrepasa su experiencia. Además, el personal experto, auditará periódicamente el trabajo estandarizado.

El líder del equipo está entrenado para utilizar el método de Job Instruction, desmenuzar el trabajo estandarizado a nivel elemental, enseñar a los miembros del equipo, pero deben estar certificados como formadores para utilizar el método Job Instruction. También crean hojas de trabajo, controlan a los miembros del equipo, auditando cada día a uno de ellos para ver si siguen los elementos del trabajo estandarizado, y colaboran con el equipo y el líder de grupo para desarrollar nuevos estándares y a encontrar nuevas ideas de mejora.

Por último, el líder de grupo también controla el trabajo estandarizado por medio de auditorías formales, auditan lo que el líder de equipo ya ha auditado, a veces junto a él. Evalúan propuestas de cambio del trabajo estandarizado, coordinan el lanzamiento de nuevos productos, la formación de los miembros el equipo y alguna de las mejoras. Todo el mundo tiene un papel alrededor del trabajo estandarizado.

Incluso los directores y los asistentes de gestión entran en escena. No se sientan en sus oficinas y acuden a reuniones todo el día. Acuden al *gemba* y controlan que el trabajo estandarizado, el *kaizen* y el método job instrucción se utilizan en su área. Están los suficientemente formados, como para poder observar al empleado y ver si está siguiendo el trabajo estandarizado y lo hace dentro de las bases fundamentales. Son los coaches del líder de grupo y de los miembros y controlan si el trabajo estandarizado está estable o va mejorando.

Líder de Equipo

- Forma a los miembros del equipo utilizando el método Job Instruction
- Crea hojas de tareas
- Controla a los miembros del equipo- si se sigue el trabajo estandarizado

- Trabaja con los miembros del equipo y con los líderes de grupo desarrollando nuevos estándares
- Busca modos de eliminar desperdicio

Líder de Grupo

- Controla a los miembros del equipo- si siguen el trabajo estandarizado
- Evalúa las propuestas de los miembros sobre nuevos estándares
- Coordina el lanzamiento de un nuevo producto
- Coordina la formación y el desarrollo de los miembros del equipo
- Busca modos de eliminar el desperdicio

Directores / Asistentes a Dirección

- Se asegura que el trabajo estandarizado y los métodos Job Instruction se sigan en la planta
- Controlan periódicamente si los miembros del equipo siguen los estándares en el *gemba*
- Revisan e inician todos los cambios de los estándares

DESARROLLANDO LÍDERES LEAN

	GL: (Nombre Líder Grupo)			Nombre Líder Equipo			
Nombre:	Jeff	Clave	Mike	Mary	Mark	Margaret
		⊞ 0%				
Dept:	Assy	◐ 50%				
Fecha:	01/01/08	● 100%				
	Process or Skill					
1	Procesos Equipo 1		●	⊞	◐	●
2	Procesos Equipo 2		◐	●	⊞	●
3	Procesos Equipo 3		⊞	●	●	●
4	Procesos Equipo 4		●	◐	⊞	●
5	Hora / Asistencia		●	◐	⊞	●
6	Equipo Especial Seguridad		●	⊞	⊞	●
7	Liderar Circulos de Calidad		⊞	◐	●	●
8	Coste		●	⊞	⊞	●
9	Procesador del Scrap		●	⊞	⊞	●
10	TPM en los equipos		●	●	●	●

Imagen 6-10. Hoja de formación de trabajadores multifunción (polivalentes)

Los estándares y la formación de job instruction también se utiliza para guardar un registro de quien se ha certificado en qué habilidades (imagen 6-10). Muestra a los miembros del equipo, y si el círculo negro está completo, pueden realizar esa actividad marcada con un nivel de actuación del 100%. Como ves, personas diferentes están marcadas en diferentes grados para diferentes tareas. Es una buena herramienta para ver si tus necesidades laborales están completas. Podemos mostrarte cuanta gente debería estar formada para cada tarea, y cuantas lo están realmente. También es una herramienta para asignar tareas a las personas. Si alguien no da la talla y hay que reorganizar las tareas, el líder de grupo puede ver fácilmente quien está cualificada para hacer cada trabajo.

¿Qué es Leader Standard Work?

En *The Toyota Way*, el director es un profesor, y el profesor en artes marciales actúa como el maestro y el subordinado es el aprendiz. Esta foto en concreto (imagen 6-11), se tomó en la planta Toyota de Texas. Alguien me estaba mostrando cómo enseñaron resolución de problemas durante la Gran Recesión. Fue cuando los miembros del equipo estuvieron yendo a trabajar incluso cuando no estaban fabricando camiones. Les enseñaban cada día nuevas habilidades. De nuevo, el rol del mentor es retarte en tu modo de pensar, en tu modo de actuar, darte tareas y observarte cuidadosamente sin darte feedback para dejar que te esfuerces. Después, te dará feedback y te asignará una tarea concreta.

Imagen 6-11. Aprendiendo en el Gemba

La relación maestro- aprendiz, muy común hace unos cientos de años, nunca ha dejado Toyota del todo. Cuando se te asigne una nueva tarea, hay alguien enseñándote, normalmente tu jefe. Si estás en un proyecto especial, podría ser alguien experto en *The Toyota Production System*. Les tratas con todo el respeto que un aprendiz debe a su maestro.

Por ejemplo, cuando Steve St. Angelo fue a Georgetown, Kentucky, como Vice Presidente ejecutivo para más tarde, convertirse en presidente, al principio todavía era un aprendiz. Tuvo muchos maestros japoneses, además de Gary Convis, que le estuvieron enseñando hasta que se convirtió en el Presidente de la planta. A pesar de décadas de experiencia como ejecutivo en GM y NUMMI, de buena gana se subordinó y aprendió de todos los empleados conforme iba aprendiendo a hacer sus trabajos. Éste tipo de coach "persona a persona" es el modo de aprender en el trabajo con On-The-Job-Development.

Más tarde ha emergido en Lean un movimiento popular, llamado "Leader Standard Work" que en muchos casos está basado en una simple presunción: si conseguimos que los líderes vayan al *gemba*, les hacemos algunas preguntas o les damos una lista de cosas que buscar, emergerán como Líderes Lean. En teoría, Leader Standars Work es un buen concepto. Nos referimos realmente a patrones repetitivos de actividades, que representan el mejor camino conocido para planear y controlar los procesos de negocios.

Trabajo Estandarizado es la parte rutinaria del trabajo

Hay una parte del trabajo de cada líder que puede ser muy rutinaria. Lo que mostramos (imágenes 6-12 a la 6-14, de un ex directivo de Toyota, Tony McNaughton) es que el porcentaje que es repetitivo, comparado con el porcentaje de tarea única y particular para esa trabajo, va a variar según el nivel del líder que la realice. Conforme más suben en la organización, más vas a reaccionar a circunstancias únicas, y cuanto más improvises y reacciones de la manera apropiada, y cuanto más te acerques a marcar el valor añadido de los miembros del equipo, más rutinario será tu trabajo.

Por ejemplo, considera el líder de equipo en Toyota (imagen 6-12). Se les saca de la línea y responden a la llamada Andon. Al líder de equipo se le forma en detalle para responder a la llamada Andon. ¿Qué pasa cuando la luz se enciende? Eres el responsable, ya que eres el líder de equipo. El miembro de equipo simplemente tira de la cuerda y ya ha terminado. Ha llamado la atención del problema. ¿Qué compruebas primero? Puedes estar entrenado de un modo rutinario, pero realmente, cada situación a la que te enfrentas en la línea será diferente y se requiere un gran nivel de habilidad más allá de la rutina.

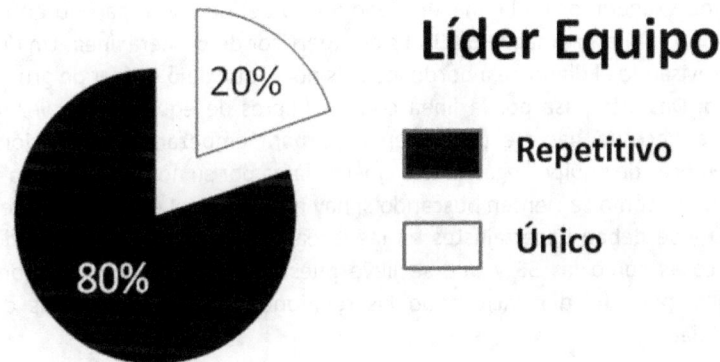

Imagen 6-12. Porción teórica del Trabajo del Líder de equipo que es Único y Repetitivo

¿Qué pasa si falta una pieza? ¿Y si un miembro del equipo comete un error de calidad? ¿Cómo juzgas si debes permitir que la línea se pare, o si por el contario debes pulsar el cordón una vez más y solucionar el problema, mientras el coche se desplaza por la línea? ¿Qué haces si el problema se te va de las manos y debes pedir ayuda? Hay rutinas definidas para manejar esas situaciones, aunque también debe haber improvisación.

También hay cosas rutinarias que haces como líder de equipo, como comprobar si las herramientas entran dentro de las normas de calidad. Por ejemplo, ¿Está la llave de torsión dentro de las medidas correctas? Haces controles de calidad. Recoges datos. Hay cosas que debes comprobar antes de que el turno comience. Llegas antes como líder de equipo, y todo debe estar preparado para antes de empezar el turno. Aproximadamente el 80% de tu trabajo es repetitivo y un 20% que debes improvisar. El fallo de una máquina de una manera que no has visto, por ejemplo. Incluso entonces, en un sistema Lean, el líder de grupo te echa una mano.

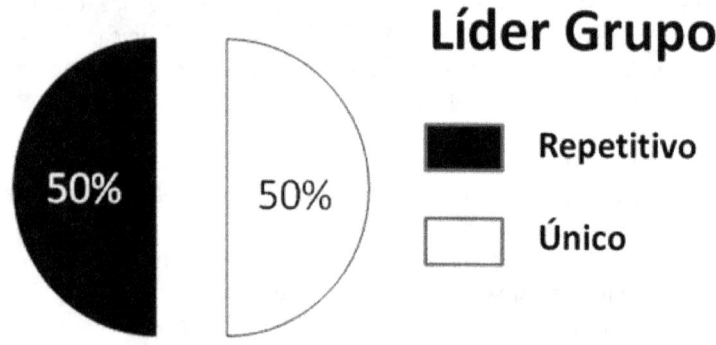

Imagen 6-13. Porción teórica del Trabajo del Líder de Grupo que es Único y Repetitivo

El líder de grupo que sugerimos en la imagen tiene 50/50 del tiempo repartido entre trabajo rutinario y no rutinario (imagen 6-13). Es el supervisor de primera línea. Un día típico empezaría revisando el diario de a bordo, con las notas que dejó el líder de grupo del anterior turno. Después pasa por la línea con los líderes de equipo, para ver la situación y lo que necesita hacerse para prepararla para empezar la producción. Conforme los miembros de equipo llegan al trabajo, les llama por su nombre, les mira a los ojos y les pregunta cómo se sienten buscando si hay algo anormal en ellos. A veces falta una persona y se deben hacer ajustes en las tareas, junto con otros líderes de grupo. Verifican cosas como las 5S y que se lleve puesto el equipo de protección. Después elabora el plan del día, incluyendo las reuniones del equipo, charlas de seguridad y de calidad.

Durante la producción, la mayoría del trabajo de líder de grupo es pasear por la planta y ver anormalidades. También hay cosas rutinarias, como controlar si los trabajadores siguen el trabajo estandarizado y se encargan del mantenimiento preventivo. Cuando la producción para, hay mucho trabajo administrativo, calcular, informar y rellenar el cuaderno para el siguiente turno. Aquí es cuando las actividades *kaizen* se miden.

Según subes al nivel de director quizá solamente un 20% de los que se hace es repetitivo, y un 80% se adapta a las circunstancias y a las necesidades de los demás. Lo que intentamos decir con Trabajo Estandarizado de Líder, es que, incluso un director puede sacar ventaja de ese 20%, estandarizándolo y haciéndolo más productivo (imagen 6-14). Hay un día de cada cinco días que se hace trabajo relativamente rutinario, y esa es la parte que se quiere estandarizar. Debería aprenderse una manera rutinaria de formar a los demás para que mejoren. Se podrían estandarizar las preguntas, pero se necesita una formación adicional para hacer preguntas de seguimiento, y poder guiar al alumno hacía una aproximación más profunda de la mejora.

Para el resto de las partes, se necesita aprender de un mentor a lo largo de muchos años a través del método On The Job Development, las partes tácitas del trabajo, las que no se pueden anotar como procedimiento. Son las que se aprenden con la experiencia de lidiar con situaciones diferentes. Así se van desarrollando una serie de habilidades que nos permiten manejar al empleado que se ausenta mucho, lidiar con la máquina que se rompe de un modo espectacular y que podría parar la producción durante el resto del día, o con el vendedor que pierde un envío. Aunque todas son situaciones diferentes, ya se han presentado en algún momento del pasado, se van desarrollando un repertorio de habilidades para ese 80%, y para el otro 20% es trabajo específico, rutinario y repetitivo y se puede recoger en un procedimiento.

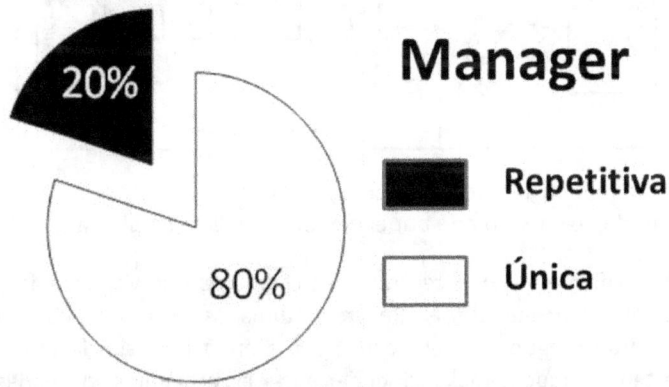

Imagen 6-14. Porción teórica del Trabajo de Director que es Único y Repetitivo

El trabajo estandarizado de los líderes está en el *gemba*

Parte del trabajo rutinario de un Líder Lean debería ser una visita diaria al *Gemba*. Ilustramos una visita diaria de un jefe de planta en una fábrica (Imagen 6-15). Lo hará todos los días a no ser que haya alguna emergencia. Anotará el área que han decidido visitar "Hoy voy a profundizar aquí" "Voy a pasar más tiempo con éste equipo de trabajo" y lo irán cambiando cada día. En cada lugar al que van hay cosas que van a buscar.

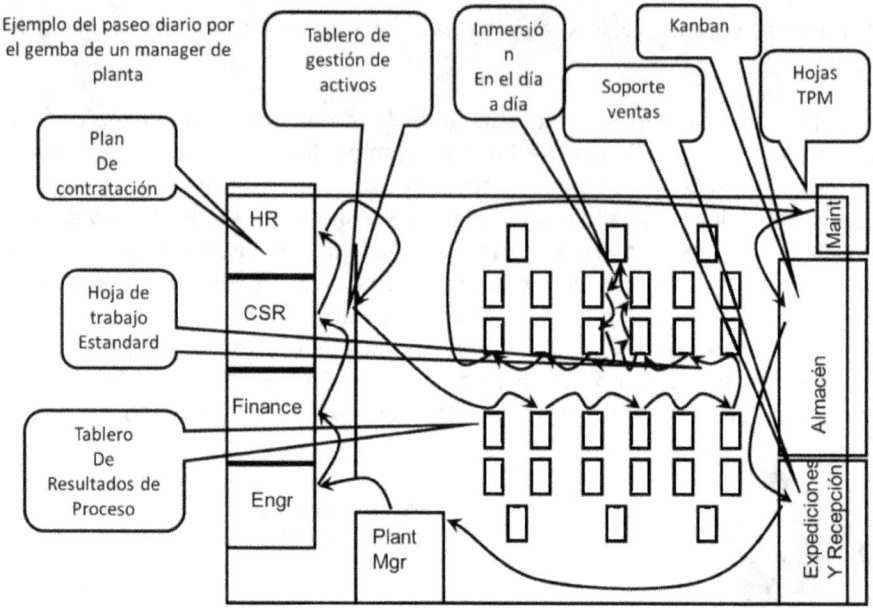

Fuente: Tony McNaughton, former Toyota Manager

Imagen 6-15. Ejemplo de paseo diario por el *gemba* de un jefe de planta

Se proponen ver algo específico en lo que centrarse en cada área que visitan, e irán modificándolo con el tiempo. Por ejemplo, en Recursos Humanos (HR), podría ser el plan de contratación y harán preguntas sobre ello. Si la información está de modo visual y pueden ver el estado es mucho más fácil poder hacer las preguntas adecuadas y retar a los empleados.

Seguir un guion es útil, pero es solamente un primer paso hasta que se conviertan en Líderes Lean naturales, hasta que se hayan desarrollado hasta el punto en el que no necesitan tenerlo formalmente por escrito. En el *gemba* deben hacer mucho más que pasearse, deberían estar sistemáticamente controlando el proceso y siendo coach de los empleados, definiendo los estándares y las herramientas visuales para mostrar las desviaciones de los estándares. Debe haber un plan para ese paseo y un propósito claro. Mas arde el director se convierte en un coach y profesor, más que en alguien que se pasea gritado órdenes al azar.

El trabajo estandarizado de Líder que hemos descrito, es un paseo general por el lugar de trabajo, estándar versus actual. El objetivo es el coaching. El Coaching Kata, del que ya hablamos en el Capítulo Cinco, proporciona otro tipo de trabajo estandarizado para un Líder. Está diseñado para desarrollar rutinas profundas para proyectos de mejora de coaching, centrados en objetivos definidos. Se centra en la relación coach-aprendiz y es más riguroso para desarrollar hábitos de mejora que los rutinarios paseos por la planta.

Atándolo Todo

Imagen 6-16. Escenario de Fábrica en el que todas las piezas están en su sitio

El Trabajo Estandarizado, la Gestión Visual y el Trabajo Estándar del Líder están interrelacionados. Los estándares ofrecen aspiraciones por las que luchar, como reducir la variación y desempeñar el trabajo a gran nivel. La Gestión Visual es una herramienta, con la que poder ver fácilmente las desviaciones de los estándares para resolución de problemas. El Trabajo Estandarizado del Líder es una manera de desarrollar a los líderes, para que tengan rutinas para controlar los sistemas y a las personas en el *gemba*, y dependiendo de éste Trabajo Estandarizado y de la Gestión Visual, el líder puede hacer su labor de coach con un enfoque claro y basado en hechos.

Vamos a ver una fábrica en la que todas esas piezas están donde deben. Tienen un tablero visual con todos los documentos clave para el grupo de trabajo. Vemos a un líder de equipo en la zona de la célula de trabajo (imagen 6-16), y se aprecia mucha gestión visual.

En el tablero cuelgan el trabajo estandarizado (imagen 6-17) para cada tarea, un montón de gráficos con el actual equilibrio de las labores, una matriz de formación, para ver quien está formado en qué tarea y también hay gráficos de tendencias, que muestran cómo van auditando el trabajo estandarizado por turnos. Es fácil ver lo valioso que éste tablero resulta para un director o un líder de grupo, cuyo trabajo estandarizado es ser coachs del grupo de trabajo.

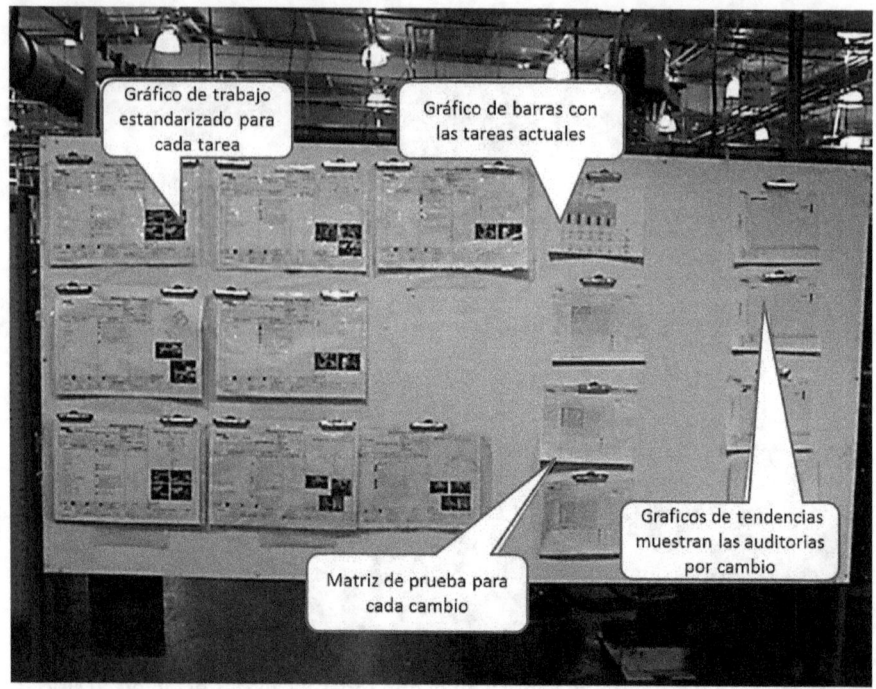

Imagen 6-17. Tablero Visual de Trabajo Estandarizado

Esto es una ampliación de la hoja de trabajo estandarizado que debe ser firmada por el líder de grupo y los líderes de equipo según los términos de Toyota (imagen 6-18). En éste caso, hay tres turnos y todos han firmado. Con la firma indican "Estamos de acuerdo con esto. Así es como vamos a seguir haciendo el trabajo", y si después cambia algo, deben volver a firmar que están de acuerdo con los cambios y formarse en los cambios, utilizando el método job instruction.

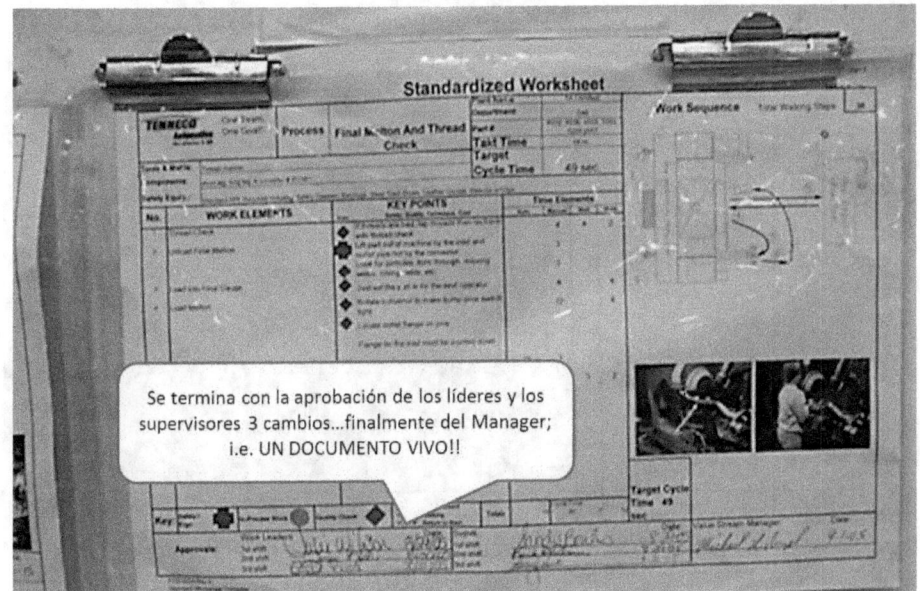

Imagen 6-18. Hoja de Trabajo Estandarizado

Aquí vemos una simple tarjeta de auditoría (imagen 6-19). Como verás solamente hay preguntas de tipo si/no. "¿El trabajo estándar se hace en el sitio correcto? ¿SÍ o no? "¿Está al día y aprobado? ¿SÍ o no? Para totalizar la puntuación, simplemente suma las respuestas Sí. Es muy simple a propósito. Podrías poner una escala de puntuación (de uno a 5), pero es más complicado, y si se hace bien el trabajo estandarizado, si lo hay o no lo hay. Esta actualizado o aprobado o no. No es el grado de estar actualizado lo que estamos midiendo. Puedes hacer gráfica la puntuación total y encontrar áreas en rojo, amarillo o verde.

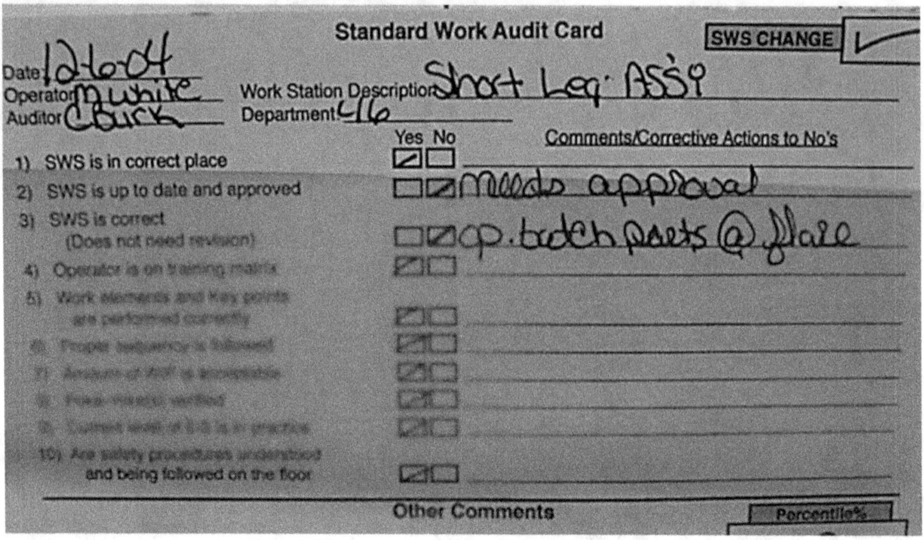

Imagen 6-19. Tarjeta de auditoría

¿Cuál es la Situación Actual en tu Empresa?

De lo que estamos hablando es de cómo llegar al punto en el que tengas *kaizen* diario en tu empresa. Uno de los puntos clave es que es muy difícil, prácticamente imposible, mejorar sistemáticamente un proceso en el que no haya estándares, porque un problema se define cómo la desviación del estándar. El estándar pude ser trabajo estandarizado en el que sigues los pasos de un modo determinado, o las herramientas que siempre colocas del mismo modo como en 5s, o puede ser un estándar técnico de calidad. También puede tratarse de un reto con aspiraciones o un indicador clave de actuación como por ejemplo, si el viejo estándar era 10 defectos por turno, queremos conseguir que el nuevo estándar sea de 5 defectos por turno. También podría ser un número en un gráfico, o algo físico cómo el número de papeleras permitidas en un inventario en proceso ´

Todo el equipo debe entender su papel, los ingenieros, los líderes de grupo, los líderes de equipo, los miembros del equipo y los directores. Todo el mundo debe conocer su papel en el desarrollo, control, mantenimiento, y mejorar más allá de los estándares para conseguir los objetivos que la empresa pretende conseguir. La estructura el grupo es donde pasa la mayor cantidad de *kaizen*, y es responsabilidad del grupo. Valora, por favor, los siguientes términos según se apliquen en tu empresa (imagen 6-20).

¿Cúal es el estado del Kaizen Diario en tu empresa?

1=Diferencia Crítica, 2=Diferencia Principal, 3= Diferencias Varias, 4= Diferencias Minimas
5=Conseguido

1. Supervisores de Primera Linea y Miembros de Equipo se organizan en grupos de trabajo.
2. El Trabajo Estandarizado está presente y actualizado con regularidad.
3. El Trabajo Estandarizado es la base para la formación de los empleados.
4. Los indicadores clave de actuación son visibles para cada grupo, prestando atención a los objetivos.
5. Los Proyectos de Ingenieria se ven como actividades kaizen a largo plazo.

Imagen 6-20. Preguntas para Evaluar el *Kaizen* Diario

En el número 1, simplemente una declaración de que tienes grupos de trabajo, como muchas empresas. Yo valoraría esta pregunta con puntación alta, solamente si tienes un ratio de líderes por miembros de equipo similar a lo que dicta Toyota, sobre 5 u 8 miembros de equipo por cada líder. Es ecir, equipos de 5-8 miembros. De otro modo no hay suficientes líderes para apoyar y hacer coach a los miembros del equipo.

El número 2, indica que el trabajo estandarizado está presente y al día. Podría estar presente pero no en cada lugar de la empresa al que vayas está actualizado y se utiliza como herramienta para *kaizen*.

El número 3, dice que el trabajo estandarizado es la base para la formación de los empleados. Tienes algo como la hoja de trabajo, con puntos y razones, que se utilizan de un modo muy estructurado como la formación job instruction. Esto es menos probable.

En el número 4, esperamos, tanto que los indicadores clave sean visibles para cada tarea, como que haya una responsabilidad de alcanzar los retos establecidos.

Finalmente en el número 5, los proyectos de ingeniería son un conjunto de pequeñas actividades *kaizen* apoyadas por miembros del equipo (tal y como vimos en el caso Minomi). Tienes un gran reto y debes dar muchos pasos pequeños para alcanzarlo.

Estaría muy sorprendido si la puntuación fuera alta en todos los puntos. Deberías ser capaz de apuntar un área en tu empresa, que consiga una puntuación de cuatro y lo esté haciendo muy bien, y otros lugares en los que no es tan buena y acabes de empezar.

Es interesante ver que en las plantas Toyota también hay variación. Varían los líderes de grupo dependiendo de lo bien formados que estén. También hay variación, si la planta ha tenido mucho lío porque haya habido un lanzamiento de nuevo modelo, y todo el mundo va contra reloj en producción. Puede que en estas circunstancias el trabajo estandarizado no se actualice, no se use el método de job instruction y que el *kaizen* disminuya, en éste punto es cuando en Toyota oirías "Tenemos que volver a los fundamentos".

Después de haberte evaluado a ti mismo, ver donde están tus diferencias, has pensado en los puntos clave que has aprendido aquí sobre *kaizen* diario, y cómo podrías aplicarlo a tu empresa. Cada empresa es diferente. El trabajo estandarizado para las tareas no repetitivas no va a estar tan detallado, puede que te encuentres más dificultades a la hora de crear gráficos cómo los que hemos mostrado, y la tarea quizá no esté tan definida. ¿Cómo puedes definir estándares que sean interesantes, útiles y visibles sea cual sea el tipo de trabajo que hagas? ¿Cómo puedes utilizar ese trabajo estandarizado y KPIs para crear sistema de gestión que funcione, y que los directores sea cual sea su nivel, se involucren en mejorar el trabajo con valor añadido?

CAPÍTULO 7

CREAR UNA VISION Y ALINEAR OBJETIVOS MEDIANTE *HOSHIN KANRI*

Crear la Visión y la Capacidad

Modelo de Liderazgo Lean Creando *Hoshin Kanri*

Si pudieras hacer en tiempo real todo esto de lo que hemos hablado, ahora estarías auto-desarrollado, andarías cada día por el *gemba*, haciendo coaching y preguntando a tus empleados, controlarías los procesos, habría gestión visual en todas partes con medidas claras, entenderías tus procesos, y todos los líderes de la empresa también. Como líder, tu trabajo sería pasear y controlar los procesos y a las personas, y viendo quien está preparado para asumir funciones más exigentes, y quien se esfuerza con las tareas que tiene asignadas. Estarías continuamente mejorando el modo de solucionar problemas, la manera de alcanzar tus retos y tu empresa estría mejorando y mejorando, y mientras tanto, tus competidores no tendrían estas capacidades, con lo que se irían quedando atrás.

Esto sería el Nirvana, y no va a suceder en pocos días o en pocos meses, sino más bien en unos cinco a diez años. Conforme vayamos profundizando sobre el modelo, recuerda que lo que pretendo es familiarizarte con un método y una manera de pensar sobre la importancia de desarrollarte a ti mismo y a los demás, ver a las personas como lo más valiosos de la empresa, apreciar tus recursos y tener una disciplina similar a un entrenador deportivo, o un director de orquesta. Lo que intentas conseguir es desarrollar todos los instrumentos de la sinfonía y hacerles tocar en armonía

De lo que hablaremos ahora es de la última parte, de tocar en armonía. Has estado trabajando en ti mismo, desarrollando a otros, pero resulta que algún cuarteto de cuerda va por su cuenta. Puedes ensayar, hacer sesiones prácticas e irán mejorando. En percusión pasa lo mismo. Cada sección de la orquesta va mejorando y haciéndote sugerencias de cómo mejorar la forma de dirigir.

El problema es que no todos tocan la misma pieza. Los Chelos interpretan un concierto de Bach y los violines una sonata de Mozart, cada instrumento toca su propia pieza y el conjunto suena terrible.

¿Qué es *Hoshin Kanri*?

Necesitas que todos se muevan en la misma dirección, ahora que tienen las habilidades y la pasión. Quieren ser un equipo, y están preparados para serlo. Debes encontrar una pieza de música para cada ocasión y ahora debes trabajar con la orquesta de un modo distinto. Tu trabajo es prepararles, ayudarles a prepararse a sí mismos para que estén en armonía, que empiecen a tocar a la vez, al volumen adecuado y así juntos crearán un solo sonido.

En Japón inventaron el término Hoshin Kanri, parte de un movimiento nacional de los años 1950 y 1960, centrado en calidad y llamado Total Quality management (TQM). El hoshin es la dirección. A veces utilizan la analogía con un compás. Estamos todos tocando la misma pieza, moviéndonos en la misma dirección, y el Kanri es el modo en que lo haces. En desarrollo de liderazgo son las fases de la uno a la tres, has estado desarrollando la capacidad de hacerlo, puedes imaginarte el cómo, pero aun necesitas el qué. Aun necesitas la dirección. Necesitas el propósito claro de alinear a los demás.

¿Qué va primero?

Es como el dilema del huevo y la gallina. ¿Cómo va a centrarse la gente en mejorar el negocio sin una visión común? Por otro lado, es peor si se la dices, y carecen de la capacidad. Por ejemplo, si los violinistas son malos y no alcanzan la nota, y los baterías tocan fatal, ningún director va a arreglar eso. La película *The Music Man*, en la que un falso director dirigía a niños sin habilidades, era una película, pero no era real. Por otro lado, si tienes músicos con gran formación y habilidades y tocan piezas diferentes, suena fatal y no satisface a los clientes.

Entonces ¿Qué viene primero? ¿Es el tener una visión clara, y un propósito claro para que la gente se alinee y empiece a centrarse en modos de resolver los problemas, mejorar los procesos y a sí mismos? o por el contrario ¿Es mejorar a las personas para que posean la capacidad de participar en Hoshin Kanri, y alienar visión y objetivos?

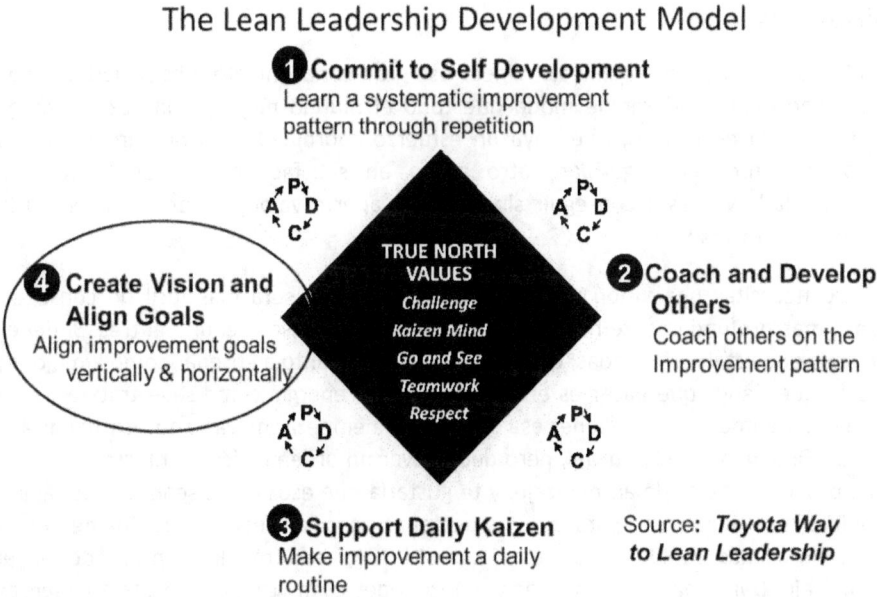

Imagen 7-1. Modelo de desarrollo de Liderazgo Lean (Nos centramos en paso 4)

El modelo de desarrollo de liderazgo Lean (imagen 7-1) parece muy simple y secuencial.

Primero desarrollas a las personas, y después lanzas Hoshin Kanri. Si he aprendido algo es que cualquier visión lineal del mundo va a estar equivocada. El mundo es mucho más complicado que todo eso.

Éste capítulo, se centra en la fase cuatro, y voy a asumir que las fases uno, a tres se han trabajado, sino hasta la perfección, al menos dando unos primeros pasos. Piensa en esto como en un ciclo que va girando y girando y en cada ciclo vas aprendiendo a través del proceso PDCA. Planeas, haces, controlas y actúas. Mejoras tú, el personal a tu cargo, hay más entusiasmo, y la moral está más alta. En algún momento, estás preparado para estirar de la cuerda y empezar a llevar a esa gente hacia una visión común. Además, los directivos van trabajando hacia una visión y lideran el proceso de que todo el personal se alinee para pensar: "¿Qué debería hacer? ¿Qué significa esa visión para mí?" no tiene porqué ser un proceso perfecto. De hecho, al principio va a haber muchos trompicones, que es como se aprenden las cosas.

Hoshin Kanri para Enfocar la Energía en Ciclos de Aprendizaje Alineados

Hoshin Kanri se centra en alinear. Alinear ese gran conocimiento y habilidad que has desarrollado para mejorar de modo que todo el mundo mejore a la vez, las cosas correctas para el negocio, que haya un esfuerzo coordinado. No buscamos que un grupo se centre en seguridad, otro grupo en satisfacción al cliente, otro en productividad. No vas a conseguir sinergia que aporte valor al cliente y ayude a la empresa a enfocarse.

Por eso necesitas una visión y alinear objetivos, y eso será más fácil de conseguir cuanto más profundamente hayas profundizado en los pasos del uno al tres. Si tienes personas que están preparadas, que aprenden rápido tanto a enseñar como a mejorar, todo lo que tienes que hacer es encauzar toda esa energía como si se tratara de un rayo láser y enfocarla. Si no tienes esa energía para empezar no vas a enfocarte hacia la mejora. Finalmente todo encaja, pero debe llevar un orden lógico. Conforme avanzas, vas a pasar por ciclos de aprendizaje, y te gustaría que esos ciclos sean lo más rápido posible a nivel individual, para que las personas consigan feedback rápidamente; ya que cuanto más rápido vayan esos ciclos PDCA, más rápido y profundo es el aprendizaje. Darán paso a ciclos más y más grandes cada vez. Si miras atrás y piensas "¿Cuál fue el proceso mediante el cual aprendí mi primera pieza musical difícil?" debió ser tras un año de largo aprendizaje. Sin embargo, embebido en ese ciclo de aprendizaje, hay otros cientos de ciclos, como los ejercicios de práctica que tuviste que repetir una y otra vez. Los ciclos de aprendizaje son abstractos. Puedes pasar por un ciclo cada minuto, si estas tratando de hacer algo intencionadamente, cuando compruebas como funciona, vuelves a ajustar el procedimiento. Cada vez que tocas una escala musical podría ser como un ciclo de aprendizaje de 10 segundos.

Necesitas un método de aprendizaje llamado "práctica deliberada", en el que intencionadamente tratas de aprender algo. Desarrollas un método para hacerlo, y si cometes un error, una nota no suena del modo que esperas, imaginas el por qué y puedes hacer ajustes e intentarlo de nuevo. Éste es el ciclo de la práctica deliberada. Un coach puede ayudarte a identificar la causa del error y a hacer los ajustes necesarios.

Lo opuesto a las prácticas deliberadas es no tomárselo en serio. Puedes ir tocando pero sin mejorar, vas sacando sonidos que no están mal, y te sientes bien porque si lo repites muchas veces, el sonido va saliendo mejor. Puede que llegues a tocar una pieza fácil, pero no mejorarás más allá.

Conforme un líder desarrolla habilidades para liderar la mejora se van alcanzando niveles más y más altos de mejora coordinada a través de *Hoshin Kanri*. También se le llama "Despliegue de política u objetivos". Todo el mundo que oye hablar de esto está ansioso por empezar enseguida, pero es muy difícil encontrar ejemplos de empresas, en la que se esté haciendo de arriba a abajo, y que hayan pasado por las suficientes fases, las suficientes veces como para considerarse buenos en ello.

Las empresas japonesas experimentadas en *Hoshin Kanri* han establecido ciclos anuales. En un año quizá no estés preparado para ningún *Hoshin Kanri*, ni siquiera para una versión floja, aunque tus proyectos de mejora tengan objetivos establecidos ligados a las necesidades del negocio. En el primer año estás centrado en los pasos del uno al tres. Algunas organizaciones puede que se centren en ellos durante años antes de empezar con *Hoshin Kanri*. Llegados a un punto, lo intentarás, y cuando lo hagas, debes pensar en ello como un primer experimento, y como algo en lo que vas a estar trabajando el resto de tu carrera para mejorar.

Hoshin Kanri en Toyota

El problema de alinear a la gente hacia un objetivo común de empresa

¿Cómo desarrollas a las Personas con habilidades y motivación para que lleguen a estar alineadas hacia una Visión Común?

Ésta es la vieja pregunta de gestión. Apuesto a que podéis encontrarla en escritos de la antigua Grecia, o quizá antes. Los líderes se rascaban la cabeza y se preguntaban "¿Por qué las personas no hacen lo que necesito que hagan, bien hecho y con pasión? Les estoy diciendo lo que necesitamos para tener éxito ¿Por qué no lo hacen? Bueno, las personas son por naturaleza resistentes al cambio." La definición de líder es que tienes seguidores, y si todos siguen tu visión, eso es la gloria.

Si se presenta la oportunidad a cualquier CEO del mundo, estarían de acuerdo "Lo queremos", entonces yo les haría la siguiente pregunta "¿Cómo vais a hacerlo?" probablemente, las respuestas serían muy elocuentes, pero basadas en un punto de vista simple de motivación y capacidad. Quizá algo así "Les diré lo que necesito y les motivaré e inspiraré, y en la empresa tenemos un entorno de trabajo positivo y tratamos bien a nuestros empleados. Espero que trabajen todo el día para conseguir los retos que establecemos". Eso es genial, pero ¿Cómo lo consigues? No me responde a la pregunta de cómo lo vas a hacer. Yo ya asumo que tenéis el ambiente apropiado y que los líderes necesitan que la gente encuentre el camino para conseguirlo.

En éste libro existe la proposición subyacente de que hay una serie de habilidades necesarias para la mejora que pueden aprenderse al igual que se aprenden otras. No pasa simplemente porque un líder ofrezca charlas apasionadas, te trate bien, prometa unas pagas elevadas, un entorno de trabajo seguro y establezca objetivos claros. Las personas necesitan una estructura para desarrollar los planes, necesitan una disciplina, nivel de habilidad y liderazgo para ejecutarlo a diario. A corto plazo, se necesitan planes bien concebidos y ejecutados con motivación y habilidad a todos los niveles. No pueden ser planes estáticos, ya que el mundo es mucho más complejo. De hecho, los planes y su ejecución necesitan continua evolución a través de PDCA.

La Historia de *Hoshin Kanri* en Toyota

Toyota empezó el viaje a *Hoshin Kanri* en 1961. Las principales empresas de Japón ya lo utilizaban como parte del Total Quality Management y en esa época, Toyota Motor Company había conseguido ya muchísimo. TPS se había desarrollado en Toyota y estaba funcionado bastante bien. La mayoría de sus proveedores directos estaban formados en TPS, los ingenieros que se habían ensuciado las manos, estaban continuamente mejorando los diseños y lanzando nuevos vehículos.

Tenían mucha gente inteligente y trabajadora pero los líderes de Toyota se dieron cuenta de algo "No somos una empresa moderna globalizada. Somos una empresa buena local y si queremos alcanzar nuestros objetivos y ser una empresa de éxito en la automoción a largo plazo, necesitamos extendernos, y eso lo conseguiremos con la globalización."

Decidieron que tenían que modernizar sus operaciones, y el entonces Presidente Eiji Toyoda, sobrino de Kiichiro Toyoda, identificó dos necesidades fundamentales. Lo primero era que tenían que clarificar los objetivos; en particular, Toyota no era competitiva en calidad por aquel entonces. Su calidad iba aumentando, pero había una diferencia con los productores de automoción americanos. Clarificar objetivos no significaba que tenía que mejorar su discurso como Presidente, sino que tenía que tener objetivos claros y que tuvieran un significado para las personas que hacían el trabajo. Lo segundo era que necesitaban un sistema de Gestión que promoviera la cooperación multifuncional. No era suficiente con dar órdenes en cascada según la jerarquía vertical. Ventas, ingeniería, compras, marketing y los demás departamentos, necesitaban identificar como comunes los objetivos, y trabajar juntos para conseguirlos. Los clientes compran un coche que empieza como un concepto y termina con la entrega al cliente. No están comprando servicios independientes.

Simplemente agitar las manos y decir "necesitamos calidad, queremos menos defectos" no va a surtir efecto. Responsabilizar a las personas de los defectos o para que consigan objetivos, era sólo rascar la superficie. Voy a seguir en el departamento de estampación, estampando carrocerías y diciendo "Entonces, ¿Qué quiere que haga? Tenemos un defecto de medidas, sabemos los errores que tenemos en la fábrica, y los que están llegando al cliente, sabemos que no están satisfechos con la carrocería, porque hay mucho ruido y el aire entra. Sabemos todo eso, pero ¿Que se supone que tenemos que hacer? ¿En que se supone que debo trabajar?"

Algo como medir los defectos es muy inespecífico para poder ayudar a la gente a identificar a nivel local qué es lo que pueden hacer, y entonces, Eiji Toyoda reconoció que, aunque pudiera hacer bien lo primero, no iba a funcionar hasta que no promoviera la segunda necesidad fundamental, la cooperación multifuncional. Calidad, Recursos Humanos, Mantenimiento e Ingeniería, necesitaban trabajar juntos para conseguir la calidad que querían. Toyota descubrió *Hoshin Kanri* en 1960, y empezó a implementarlo con un objetivo más concreto que simplemente "Queremos calidad excelente". El objetivo concreto era ganar el Deming Prize. Deming se había convertido en un gurú de calidad en Japón, enseñando procesos estadísticos de control y la filosofía de fabricar desde calidad, en lugar de inspeccionándola después. Fue altamente considerado en Toyota y Japón fundó un premio con su nombre, el cual era muy duro ganar. Eiji Toyoda estableció el reto "Un objetivo concreto en la empresa es que vamos a ganar el Premio Deming." Lo consiguieron en 1965.

Historial *Hoshin Kanri* en Toyota

1961: TMC identificó la necesidad de modernizar la gestión de las operaciones para completar la localización. Eiji Toyoda identificó dos necesidades fundamentales:

- Necesidad de que dirección clarifique objetivos (especialmente de calidad), y de comprometer a los empleados.
- Sistema de gestión que promueva la cooperación multifuncional.

1965: Toyota gana el Premio Deming de Calidad

1972: Hoshin Kanri maduró tal y cómo se practica en la actualidad.

Indicadores Visuales alineados de Arriba a Abajo para cumplir con el Plan Anual

Una de las primeras cosas que puedes hacer para empezar a alinear a las personas, es colgar los indicadores visuales de arriba a abajo en el lugar de trabajo. Ya hemos hablado en el Capítulo Seis, de la importancia de los indicadores visuales para los grupos de trabajo. Hemos hablado de que los grupos de trabajo deben reunirse en algún lugar, ver visualmente cómo lo están haciendo y, paso a paso, desarrollar planes de mejora. Sabemos que dirección debe estar presente y controlar el proceso, a las personas y ver si van consiguiendo los objetivos. Los indicadores te dan un punto de partida. "¿Cuál es tu objetivo? ¿Dónde estamos? Estamos en rojo, la diferencia entre el objetivo y el estado actual", después ya puedes empezar a hacer coaching.

Durante la recesión, en febrero de 2008, visité la planta de Toyota en Indiana. Habían estado trabajando durante ocho años fabricado camiones, minivans y SUV e iban ganando premios de calidad constantemente. Durante la recesión tuvieron que cerrar durante tres meses, ya que tenían demasiados camiones y la demanda había bajado, después tuvieron que seguir durante otros ocho o nueve meses al 60% de la capacidad. Durante ese tiempo no despidieron a los empleados, sino que convirtieron la planta en una especie de universidad, en la que enseñaron el *Toyota Production System* durante tres meses, sin construir ni camiones ni otros vehículos y después de eso, los miembros de los equipos se dividían entre trabajar a media jornada y aprender.

Una de las cosas en las que se centraron fue en *enseñar Hoshin Kanri*, utilizando el *Floor Managemenet Developmnet System* (FMDS) del que ya hablamos en el Capítulo Seis, sistema para conseguir que la gente se reúna cada día, identifique los problemas en el trabajo y que hagan *kaizen* diariamente en pequeños círculos PDCA, PDCA, PDCA. Introdujeron por primera vez pizarras visuales FMDS alineadas desde el nivel de ejecutivos (imagen 7-2). Se desarrollaron hacía más de 10 años en Japón y las pizarras se organizan para facilitar el *Hoshin Kanri* y enseñar a las personas a seguir el *Toyota Business Practices*. Para mi sorpresa, actuaron como si fuera nuevo. Yo lo había estado viendo en Toyota durante 10 años. ¿Por qué esta gran planta, con tantos premios de calidad, estaba hablando de *Hoshin Kanri* y de FMDS como si fuera algo nuevo?

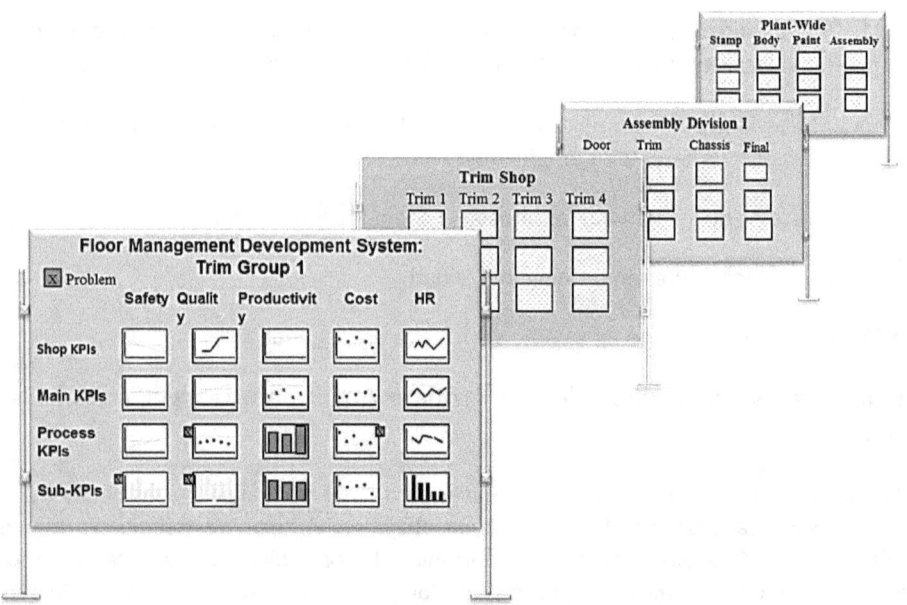

Imagen 7-2. Pizarras visuales que alinean el Plan de alto nivel a los Indicadores de fábrica.

La respuesta era "Hemos conseguido comprometer a nuestros empleados en *kaizen*, algunos de ellos son mejores en *kaizen* que los directores. Estábamos vendiendo tantos coches, y haciendo tantas horas extraordinarias que descuidamos el entrenamiento en nuevas herramientas. Lo que no hemos hecho nunca, es tomarnos el tiempo de trabajar en el proceso entero de *Hoshin Kanri* para alinearlo perfectamente en la planta. Lo estamos haciendo ahora que tenemos tiempo."

Acababan de instalar los tableros de FMDS para cada grupo de trabajo, guiados por un líder de grupo y líderes de equipo. (Imagen 7-3). Como ejemplo, si eres jefe de grupo de una de las piezas de la carrocería que indica "soldar la puerta", en la parte de arriba del tablero, tendrás los indicadores principales de seguridad, calidad, productividad, coste y gestión de recursos humanos. Esas son las categorías estándar, y conectan directamente con los tableros de Hoshin para el líder de carrocerías.

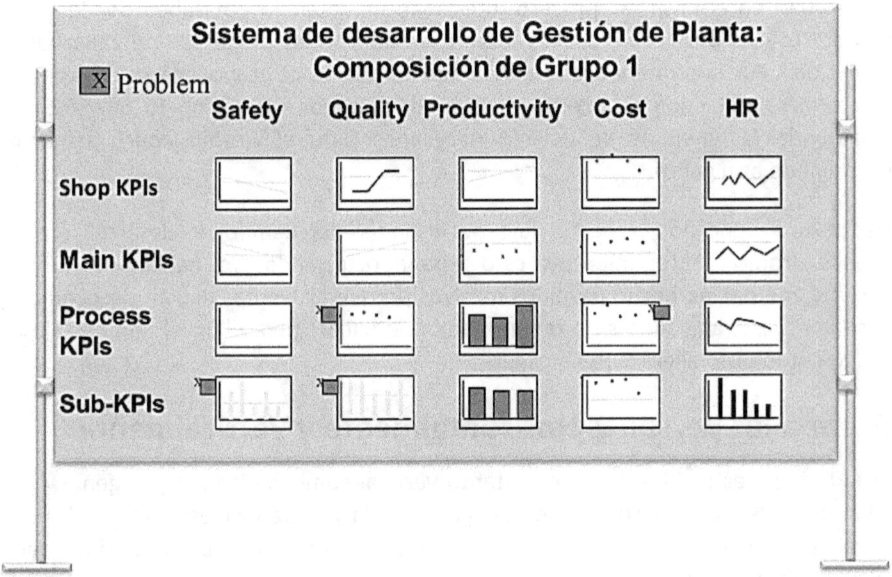

Imagen 7-3. Tableros de Floor Managemenet Development system

La planta de Indiana se centró en objetivos del Presidente así como en otros internos relativos a formación y desarrollo mientras la producción estaba parada o era más lenta. Una de las áreas que enfatizaron fue la de calidad. Decidieron adelantar los objetivos de calidad del año siguiente, y llegar a ellos un año antes ya que tenían el tiempo para centrarse en ellos.

El indicador de primera línea era defectos por cada 100 coches producidos, que era la medida general de la planta. Como he dicho, los defectos producidos es una entrada genérica. Después, conforme vas bajando por el tablero, tienes que traducirlo. Un área de defectos que descubrieron en la planta de Indiana fue lo que llamaron "mutilación" de la carrocería, un término que sonaba muy dramático y que se refería a rascaduras, dobleces, y abolladuras de la carrocería, localizaron que la mayoría de ellas se producía cuando se soldaban las piezas. Ahora tenían un KPI más específico llamado mutilaciones y se estableció un objetivo para reducirlas.

En la carrocería existían puntos de inspección en los que podían identificar el momento en el que se producía esa "mutilación" y el proceso específico que la causaba. Los equipos de trabajo en esos puestos se centrarían en el nivel del proceso en el que se ocasionaban el mayor número de defectos.

Lo que hacían era algo parecido a la mejora *Kata*. Observaban el patrón de operación para esos puestos, observaban las condiciones del objetivo, identificaban los posibles obstáculos y empezaban a experimentar con las contramedidas. Estaban al nivel de los ciclos PDCA, debían documentar lo que hacían en la parte de debajo del tablero FMDS, o bien utilizar un tablero en blanco o un gráfico aparte. En el caso de Indiana, cuando se centraban en el nivel del proceso, utilizaban un rotafolio y pasaban por los ocho pasos del Toyota Business Practices, para cada uno de los procesos que causaban la "mutilación". Fue la primera ocasión en la que los líderes de grupo, líderes de equipo y los miembros del equipo tuvieron ocasión de aprender TBP, con lo que estaban consiguiendo las mejoras de calidad necesarias para el *Hoshin Kanri*, así cómo desarrollando a su gente.

Esto fue una bendición, tener el lujo de disponer del tiempo de desarrollar a las personas. Irónicamente, mientras esto estaba ocurriendo, yo hablaba con otras empresas que habían hecho despidos masivos porque las ventas habían descendido y escuchaba "Los trabajadores no tenían nada que hacer" para ellos, el aprendizaje no era algo por lo que valiera la pena pagar.

Alinear a las personas Horizontalmente y Verticalmente

El estado ideal es la alineación total, tanto vertical como horizontal (imagen 7-4). El Hoshin llega de modo vertical, con diálogo en cada par de niveles. Esto es el modo vertical. El horizontal es la coordinación que debe tener lugar cruzando funciones, departamentos y localizaciones físicas.

El proceso de *Hoshin Kanri* debería llevar a debates en la empresa, siempre con un líder claro. Gary lideró la reducción de los plazos de garantía fuera de la jerarquía de fabricación en Norte América, y tuvo que implicar a líderes de otras organizaciones en todo el mundo. Esto fue alineación horizontal de la buena.

Incluso en el caso de la soldadura, ningún grupo trabaja aislado. Una de las cosas que podrían descubrir, es que algunas de las piezas llegan deformadas de estampación. Puede que las piezas que llegan no ajustan bien para poder soldarlas, han sido estampadas dentro de la tolerancia, pero están al límite. Puede que encajen a la fuerza, pero no de manera fácil, así que quizá con la presión que tienen que hacer para poder soldarlas, se pueden dañar.

Si eres líder de grupo de carrocería, solamente tienes control sobe lo que tu haces, pero el problema se ha originado en estampación. Por último, deberías pedir ayuda a quienes desarrollan el producto, porque no han establecido bien el nivel de tolerancia, por lo que las piezas normalmente encajan, pero no siempre. ¿Cómo lo haces? ¿Cómo puedo conseguir alineación entre funciones tan diferentes? Esto requiere elevar el problema a un nivel superior, ya que no queremos que un líder de soldadura vaya por los departamentos hablando con ellos para convencerles de que cambien su proceso.

La alineación horizontal va a tener lugar mediante dirección, y la vertical puede suceder a través de la jerarquía con los tableros FMDS. Los directores de todos esos departamentos, tienen objetivos de calidad en sus planes *Hoshin Kanri*, así que ya tienen un grado de alineación. Se puede formar un nuevo equipo multifuncional, que se centre en eliminar la "mutilación" a la que lleva el desarrollo del producto, en su estampación o en soldadura, tendrán objetivos adicionales a los que ya tienen en sus planes *Hoshin Kanri* individuales.

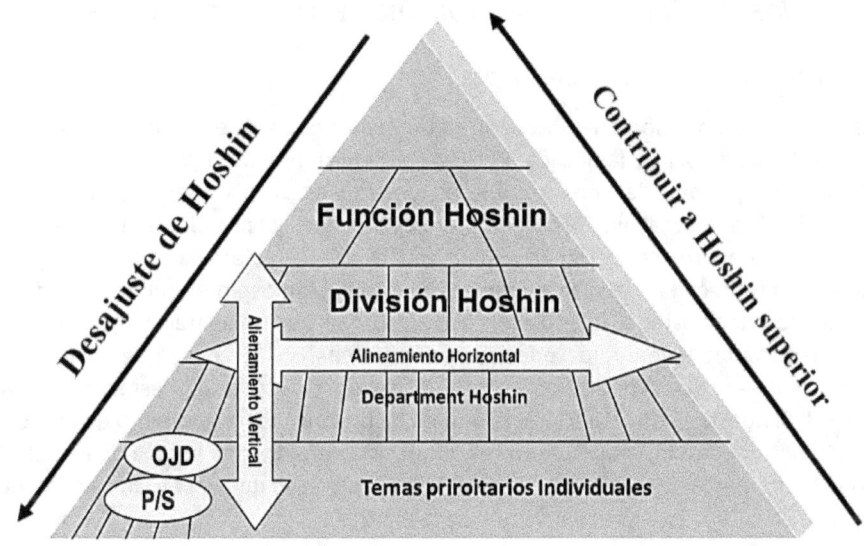

Imagen 7-4. Hoshin Kanri alineación Vertical y Horizontal

Esto significa que todo el mundo necesita ser experto en resolución de problemas. ¿Cómo llegan a serlo? Toyota tiene una respuesta sencilla para ello. Está en On The Job Development (OJD). Está en el ADN de Toyota. Si te forman en OJD para seguir el espíritu y la práctica el Toyota Business Practices, será natural para ti trabajar con otros departamentos para conseguir los objetivos de la empresa, y tener las habilidades para hacerlo efectivo.

La empresa quiere ser más competitiva en calidad. Saben lo que necesitan, la total satisfacción del cliente. Esto necesita desmenuzarse en acciones dentro de los diferentes departamentos, realizando actividades multifuncionales. Después esos departamentos y equipos multifuncionales, deben desmenuzarlo a su vez a nivel granular, ejecutarlo, y finalmente comprobar cómo lo están haciendo. Lo hacen comprobando y haciendo ajustes, contribuyendo de éste modo a Hoshin de alto nivel. Vas bajando al desmenuzar, y subiendo con las contribuciones, incluyendo la comprobación. Al desmenuzar se incluye todo el plan: cómo vamos a hacerlo, la ejecución, y los beneficios. Tenemos un modelo y es una visión muy poderosa, así es cómo seriamos si fuéramos la empresa perfecta, todo el mundo lo haría de este modo. El cambio real es hacer realidad esa visión.

Cómo *Hoshin Kanri* y la Gestión Diaria Trabajan Juntos

El Ciclo Anual *Hoshin Kanri* en Toyota

Hoshin Kanri es un ciclo anual diseñado para apoyar el plan de negocio a cinco años vista y la visión global de la década. El ciclo por sí mismo, a nivel mayor, sigue el ciclo PDCA. Por un periodo de unos tres meses, desarrollas un plan de preparación para todo el año. El año fiscal, en Toyota, empieza el 1 de abril. El presidente da un discurso a principios de enero estableciendo *Hoshin* de alto nivel, empieza hablando de la visión de la siguiente década y el plan quinquenal, donde estamos en el quinto año, dónde deberíamos haber estado, la situación actual, lo que hace nuestra competencia, los retos medioambientales a los que nos enfrentamos, y las cosas nuevas que han pasado; por ejemplo, este año ha habido un tsunami, así que aquí están los nuevos objetivos. Si nuestra competencia lleva una racha histórica de lanzamiento de coches, y nos estamos quedando atrás. Lo que sea, el presidente pinta una escena de los retos a los que la compañía se enfrenta, se centra y dice" Esto es lo que necesitamos conseguir al final de éste año. Éste es el plan anual de la empresa."

Esta es la orden de partida de un esfuerzo complejo y agotador, que en Toyota se ha convertido en rutinario, desmenuzar en funciones, primero en las oficinas del más alto nivel. Hay un jefe de I + D, jefe de ventas, jefe de logística, jefe de finanzas, jefe de calidad, de recursos humanos y entre todos empiezan a desmenuzar sus planes y se distribuye en grupos funcionales. ¿Qué va a asumir Norte América? ¿Y Europa? Después ya se desglosa en unidades, como las unidades técnicas, las de ventas, y la fabricación. Va fluyendo hacia abajo, y a medida que fluye hay dos caminos, uno sobre qué es lo que necesitamos firmar para conseguir los objetivos de la empresa, y otro cómo vamos a conseguirlo. ¿Cuál es nuestro plan inicial? ¿De qué niveles podemos tirar que nos permitan conseguir los resultados?

Todo esto pasa en la etapa Plan, como he mencionado, empieza en enero y durante tres meses se hace todo lo que acabamos de ver, hasta el inicio del año fiscal el 1 de abril y ahí empieza todo. Alguien da el pistoletazo de salida y empieza la carrera, se empieza a ejecutar el plan *Hoshin Kanri*. Hay constantes comprobaciones, constante acción, PDCA todo el tiempo, pero hacia la mitad del año, en el mes seis, hay un gran control corporativo a nivel mundial en ese punto, todo el mundo debe estar haciendo informes y comprobaciones y así la empresa sabe dónde se encuentra. Hay tiempo para hacer ajustes. Vamos a fijarnos, por ejemplo, en el tsunami y terremoto que asoló el Este de Japón, que llevó a escasez de piezas. Pasó en el mes de marzo, y para entonces, el *Hoshin Kanri* estaba prácticamente terminado, sin considerar sus efectos, tuvieron que meterlo en el plan, y sacar algunas otras cosas.

En ese control de los seis meses, reflejamos donde se encuentra la empresa e imaginamos los ajustes que debemos hacer para el resto del año. Al mismo tiempo, empieza el proceso de planear el siguiente año. Una catástrofe como la del terremoto, puede hacer que algunas cosas se pasen al año siguiente. Por lo que tenemos que empezar a recopilar datos para los objetivos del año siguiente. Para las mejoras logradas hasta el momento, debemos estar en la etapa Acción del ciclo PDCA, por lo que debemos estabilizarlas para que se mantengan.

La gente en Toyota estará de acuerdo en que tres meses, desde enero, no es mucho tiempo para poder desarrollar un plan así, también te dirán "hemos estado pensando en el *Hoshin* desde agosto, sabemos bastante bien lo que nos van a pedir, ya estamos trabajando en ello."

Así es como el ciclo anual *Hoshin Kanri* funciona y, a nivel de empresa, puedes verlo como un gran PCDA. Aquí esta nuestro plan anual, lo ejecutamos, esto es lo que hemos conseguido, y esto lo que nos queda hacer. Dentro del PDCA anual, existen pequeños ciclos PDCA a niveles más pequeños. Si hay algo que no funciona, intentas arreglar esos problemas también a través de PDCA. Como vemos, el aprendizaje PDCA está embebido en la empresa, de arriba abajo.

La Relación Fundamental entre *Hoshin Kanri* y la Gestión Diaria

El *Hoshin Kanri* aprovecha la energía de toda tu gente para utilizar el plan, y ejecutar la disciplina que han estado desarrollando durante años, y la gestión diaria, lo que Toyota llama The Floor Managemenet Development System es lo que guía a los grupos de trabajo al PDCA diario. Para sacar el máximo partido, HK y FMDS necesitan trabajar unidos. El Hoshin kanri establece tus grandes visiones y objetivos, y la gestión diaria es lo que hace que traduzcas esa visión en acciones específicas.

La primera pregunta que debes contestar es ¿Qué es lo que necesitamos hacer? Debes contestarla para la empresa, para cada departamento y por último, para cada grupo de trabajo. La respuesta final a la pregunta es una serie de objetivos traducidos en retos medibles. La segunda pregunta es ¿Cómo podríamos hacerlo? ¿Cuál es el proceso que vamos a seguir para poco a poco dar en el blanco? De momento, estamos lejos. Para conseguirlo, necesitamos actividades diarias que nos den la práctica para ir acercándonos al objetivo. Por último, tenemos que saber cómo lo estamos haciendo y cuáles son los resultados que estamos consiguiendo, y para ello necesitamos la revisión diaria de los principales KPI´s, y de los Sub KPI´s de los procesos individuales en lo que estamos trabajando, desde la gran visión, hasta los pequeños detalles de los pequeños problemas. ¿Cómo deberíamos hacerlo? La gestión de que estamos haciendo y cómo lo estamos haciendo, están interconectadas. Los pasos dos y tres son una constante en nuestras reuniones diarias, en kaizen, en la comprobación constante de cómo lo vamos haciendo y en identificar el siguiente paso.

Hoshin kanri y Floor Management Development System, Aprovechan la Energía de los Grupos de Trabajo

¿Qué necesitamos hacer?

Empresa-Departamento-Grupo de trabajo

- Hoshin-Objetivos y KPIs

¿Cómo podemos hacerlo?

(Proceso)

- Gestión desde el suelo-Actividades diarias

¿Cómo lo estamos haciendo?

(Resultados)

- Principales KPIs, De Proceso KPIs, Sub-KPIs

He hablado de *Hoshin Kanri* como algo aparte de la gestión diaria, pero íntimamente conectados. Por *Hoshin Kanri,* nos referimos al proceso de plan y check, desde una gran visión del Presidente hasta el trabajador y en cada nivel intermedio, y por gestión diaria nos referimos a lo que estás haciendo diariamente. Por ejemplo, si estás de pie delante de los tableros FMDS con tu equipo y diciendo "Aquí es donde tenemos flaquezas, nos vamos a centrar hoy en esto. Vamos a instalar así estos paneles." Esto es detalle de gestión diaria, lo que hacemos cada día.

Puedes plantearlo como dos cosas diferentes y algunas empresas lo hacen. Hemos observado que las empresas que implementan *Hoshin kanri* pero tienen una gestión diaria débil para traducir los objetivos en acciones, experimentan el efecto "Dientes de Sierra". Tienen grandes mejoras en algunos indicadores, quizá calidad. Entonces los ejecutivos tienen presión en los costes y eso se convierte en la nueva prioridad, con lo que la calidad baja. Por otro lado, la gestión diaria sin *Hoshin Kanri* puede ser efectiva, pero no habrá mejoras importantes. Sin embargo, si integras las dos, tendrás resultados muy buenos, tal y como se muestra en el grafico (imagen 7-5) lo que mostramos es un gran paso adelante, seguido por uno más pequeño. Por ejemplo, decidimos que vamos a reducir los defectos en un 10% y hacemos muchos cambios. Cambiamos herramientas, el modo de formar a las personas, trabajamos con nuestros proveedores para que cambien sus procesos, incluso damos feedback a los diseñadores del producto, para que la siguiente versión sea más fácil de construir.

Hay muchos cambios, mucha gente debe cambiar el modo de hacer su trabajo, la comunicación debe fluir entre los departamento a diario, deben hacerse nuevas tareas. Después de hacer todos estos cambios, necesitamos estabilizarlos para que continúen.

Encontraremos nuevas cosas para mejorar día a día, pero todavía no vamos a pretender plantearnos llegar a un reto mayor.

Por ejemplo, en 2010, el yen estaba muy fuerte y muchos analistas dijeron que esto podía ser letal para Toyota, ya que fabricaban tantos coches en Japón, que cuando los exportaban era difícil ganar dinero, podrían incluso perder dinero a causa de que el yen fuera tan fuerte. Toyota no pensó que fuera imposible solucionarlo, pensaron que tenían que trabajar en ello, establecieron un objetivo de reducción de costes en Japón, del 30% en un plazo de 3 años, una reducción del 10% anual. Había muchos costes fijos que era muy difícil rebajar y otros muchos variables en lo que había que trabajar. Finalmente rediseñaron el vehículo completamente y la forma de montarlo, e hicieron muchos cambios en las fábricas. Tuvieron que replantearse todo para poder conseguir un 30% en una empresa ya de por si extremadamente eficiente, lo consiguieron, y para entonces, el Primer Ministro, Abe consiguió rebajar el yen y Toyota era una empresa extremadamente rentable.

Eso sí que es un gran cambio, y no se puede conseguir todos los años. Habrá periodos en los que tus objetivos sean más pequeños, para poder sostener tus cambios, recargarte y prepararte para escalar la siguiente montaña. De nuevo, el *Hoshin* te proporciona esos grandes retos, y debes utilizar la gestión diaria para poder hacer esos pequeños cambios necesarios para alcanzar el objetivo y estabilizar el proceso.

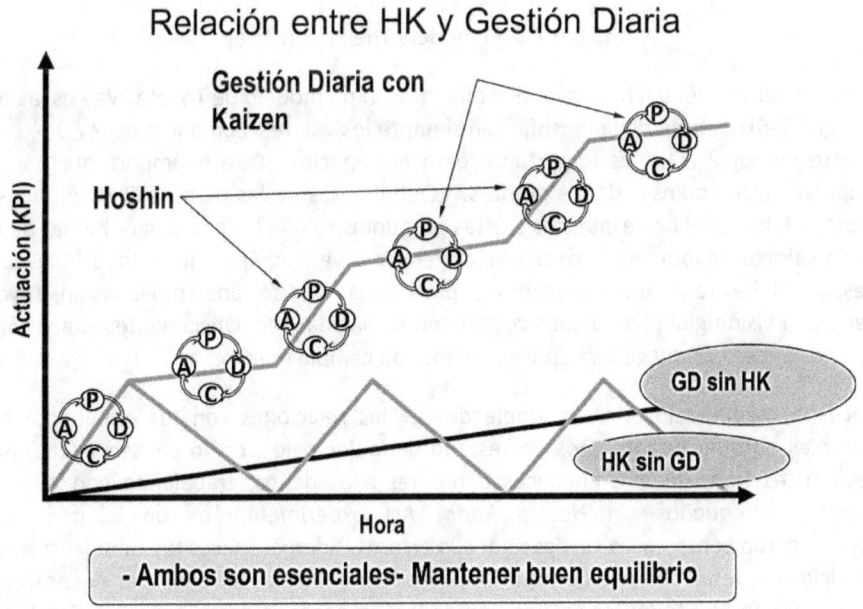

Imagen 7-5. Hoshin Kanri y la Gestión Diaria trabajan juntos para avanzar y mantener

La Filosofía de *Hoshin Kanri*

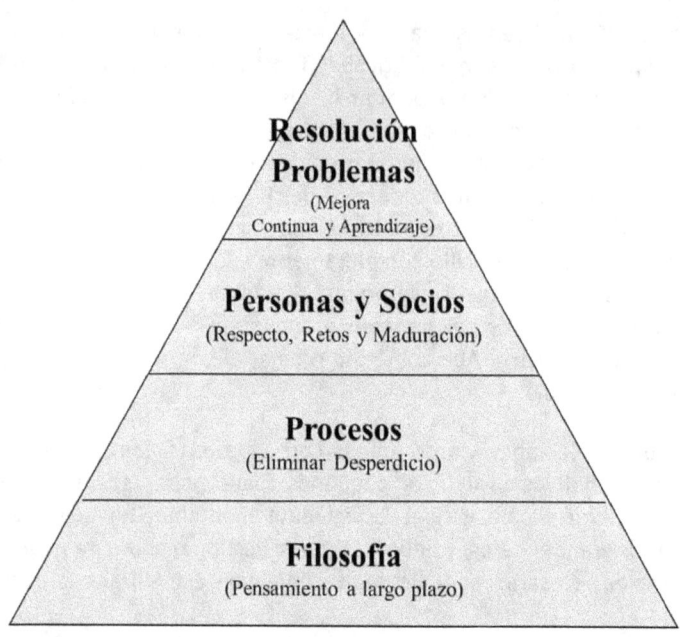

Imagen 7-6. El modelo The Toyota Way

Vamos a retroceder y a hablar de filosofía, que en mi modelo de Toyota Way es la base (imagen 7-6). La base de la filosofía son siempre los valores. ¿En qué crees? ¿Qué es lo que te empuja? ¿Qué es importante para el negocio? ¿Qué es importante para la empresa? ¿Qué piensas de los clientes? ¿Qué piensas de las personas? ¿Qué piensas sobre el liderazgo? las respuestas a éstas preguntas te dan las bases para hablar de los cinco valores Toyota: reto, *kaizen*, ir al *gemba* a ver, equipos de trabajo y respeto. Después debes tener una dirección y el paso inicial va a ser una amplia visión, Toyota tiene una visión global a 10 años colgada en su página web. Obviamente, una visión a 10 años debe ser muy general, porque el mundo cambia mucho.

Necesitas cooperación de tus empleados. Si las relaciones con tus empleados son horribles porque durante años has estado dándoles palos, como consecuencia de tu gestión, es hora de que empieces a reparar esos daños, trabajando con ellos en proyectos pequeños sin *Hoshin Kanri*. Así experimentarán con la mejora, y comprobarán cómo no les castigas por sus errores. Además, necesitas cambiar a través de ciclos de desarrollo de liderazgo. Debes volver al autodesarrollo, y es necesario en todos tus líderes a todos los niveles, como ideal empezando desde arriba y bajando.

- Los valores centrales son la base
- Empieza con una visión de futuro (por ejemplo a 10 años)
- Esfuerzo cooperativo de todos los empleados

Después debes tener un propósito claro para Hoshin kanri, en el caso de Toyota, así como en cualquier otra empresa, quieren resultados. Necesitan resultados para el negocio, pero van más allá, ya que consideran que los resultados, sin mejora y sin haber estabilizado el proceso, son insostenibles. Quieren evitar el efecto diente de sierra. Quieren resultados, pero también un proceso que se repita y que produzca mejora sostenible, y saben que únicamente las personas son las que pueden mejorar los procesos. La gente necesita formación y desarrollo, para que puedan comprobar los resultados, saber qué es lo que hay que cambiar en el proceso y hacer esos cambios.

Propósito: Mejora de Procesos X Resultados X Desarrollo de las Personas

El verdadero Hoshin Kanri se centra más en el desarrollo de las personas que en conseguir resultados. La filosofía subyacente no es conseguir los resultados a final de año, eso es parte del proceso, pero la filosofía de Hoshin Kanri es utilizar los objetivos de la empresa, para satisfacer a los clientes y mantener el negocio sano, al mismo tiempo que se mejoran nuestros procesos y desarrollamos a nuestros empleados. Las tres cosas deberían suceder a la vez, y si solamente una de ellas falla, el Hoshin Kanri ha fallado. Si una de ellas es cero, el total es cero, como en una multiplicación.

La creencia fundamental es que un buen proceso, llevará a buenos resultados. En otras palabras, puedo empezar con el resultado y decir "¿Qué necesito para conseguir éste resultado?" esto lleva a simples reducciones de coste, así que mis ingenieros y "cinturones negros" me darán como resultado, grandes beneficios, así me tendrán contento. En Toyota se cree que el único modo de sostener los buenos resultados cada año, es tener procesos definidos, que se repitan y que continuamente mejoren, gracias a las personas que los hacen posibles.

A corto plazo, cuando estás trabajando en un proceso, parte de las cosas que hacen son una inversión, como el mantenimiento diario o la formación de las personas, no tienen un beneficio que puedas medir de inmediato. Las haces porque sabes que necesitas que el equipo funcione a alto nivel, y porque necesitas personas altamente motivadas y que ayuden al negocio practicando su *kaizen* diario. Necesitas esas reuniones alrededor de los tableros, sabes que necesitas un líder de equipo y un líder de grupo que sepa cómo ser coach. Todos esos elementos deben estar en su sitio, para conseguir los resultados deseados, así que trabajas en ellos sin esperar un beneficio inmediato cada vez que entrenas a alguien o cada vez que autorizas el mantenimiento de un equipo.

Comparación entre MBO y *Hoshin Kanri*

"Management by Objetives" se ha Convertido en Mando y Control

Cada empresa tiene objetivos de algún tipo. Los más comunes son el "Management by Objectives" (Dirección por Objetivos). Lo que esto parece es: charlas desde la ejecutiva para que obtengan objetivos medibles. Suena como Hoshin Kanri, pero ahí se acaban las similitudes. Las charlas son, casi exclusivamente, sobre los resultados que deben obtener, normalmente asociados a premios o castigos. Si consigues esto vas a obtener éste bonus o una promoción, si fallas tendrá sus consecuencias.

En resumen, eso es miedo, reconocimientos y premios y es tangible. Si consigues los resultados, eso va a convertirse en un premio tangible en tu carrera. Esto ha llevado, por ejemplo, al sistema ABC que popularizó GE. Tienes empleados A, que consiguen subidas excepcionales y bonus, empleados B, que hacen un buen trabajo y van a conseguir un aumento, y tienes empleados C, que necesitan mejorar y a los que vas a castigar. Si siguen siendo empleados C durante dos años seguidos, les vas a despedir.

Cada grupo de digamos, 10 personas, debe tener al menos un empleado C, y dos empleados A, el resto están en el medio. Fuerzas a los jefes para que define a los ganadores y a los perdedores. Esto encaja en la filosofía de la gestión por objetivos, que es miedo, premios, objetivos claros y darles caña. Deja a las personas que hagan su trabajo y estarán lo suficientemente motivados como para conseguir los resultados.

Cuando nos fijamos en las características de la Dirección por Objetivos (MBO), vemos que se centra a corto plazo. Los altos directivos dictan los resultados a conseguir a corto plazo, y te controlan. Los resultados no están ligados a ninguna visión de la empresa a 10 años, eso queda muy lejos de tu mente. Lo que tienes en mente es "Tengo que llegar a los números, porque me van a evaluar al final del trimestre"

Debería indicar que uno de los defensores de la Dirección por Objetivos, fue Peter Drucker, uno de los grandes gurús del liderazgo de todos los tiempos. Tal y como él la describió la Dirección por Objetivos incluía dirección participativa, diálogo y empowerment. Era mucho más parecido a Hoshin Kanri entonces. En algún punto, el intento original de la Dirección por Objetivos se perdió.

Características de la Dirección por Objetivos

Corto plazo, sin Filosofía

Digo que "no hay Filosofía", pero lo que quiero decir es que no hay una filosofía definida de cómo liderar a las personas y de cuáles son tus valores (imagen 7-7). Podrías resumir la filosofía diciendo "Sobrevive el más apto, deben conseguirse resultados a cualquier precio, y los resultados son lo que nos están demandando a corto plazo, normalmente los directores, los accionistas o los inversores."

Evaluación de Resultados Orientada al Esfuerzo

"Solamente vamos a evaluar los resultados. No me importa cómo lo haces. Simplemente hazlo. Obviamente, no debes violar los principios éticos, no robas, ni quebrantas la ley, ni pones a las personas en peligro. Nos preocupamos de la seguridad, y somos éticos, pero aparte de eso, no hay reglas. Simplemente hazlo."

De Arriba Hacia Abajo, la Comunicación Directiva

La comunicación es de arriba hacia abajo. Debes ser correcto, agradable y escuchar las preocupaciones de las personas, pero los objetivos son los objetivos.

Principalmente Orientado por la Autoridad

Tú poder es tú autoridad. Estas en posición de dar premios o castigos, tú eres la ley, esa es tu herramienta más poderosa.

Gestión por Objetivos	Hoshin Kanri
Corto Plazo, No hay Filosofía	Principios Fuertes, Pensamiento a largo Plazo
Orientado por los Resultados, Evaluación de Esfuerzo	Preocupado por los Resultados y Procesos, pero Centrado en el Desarrollo de las Personas
Communicacion de arriba a abajo	Se establece la dinámica desde arriba y hay flujo de Informacion y métodos de abajo a arriba
Directivo	Participativo
Orientado principalmente por Autoridad	Orientado Principalmente por la Responsabilidad

Imagen 7-7. Comparación entre Dirección por Objetivos y Hoshin Kanri.

Características de *Hoshin Kanri*

Largo plazo, principios fuertes

Hay una serie de principios que nos guían, una visión a largo plazo. Los principios tratan de las personas, el respeto, y no nos importan solamente los resultados, sino también el proceso y nos centramos en el desarrollo de las personas.

Preocupados por los resultados y el procesos del desarrollo de las personas

Con *Hoshin Kanri*, nos centramos en desarrollar a las personas a todos los niveles, desarrollando una confianza básica, los trabajadores están siempre, y no solamente al final del trimestre, sino continuamente, trabajando en mejorar las cosas que piensan que pueden llevarnos a conseguir los resultados. Puede que se equivoquen, puede que tengan que reajustar su trabajo según van aprendiendo, y eso es lo que convierte al proceso en un proceso de aprendizaje.

Ajuste de la Dirección de Arriba a Abajo

La dirección es la que establece la dónde vamos. Las necesidades del negocio no emergen de un proceso democrático, sino de un profundo análisis de nuestros competidores, de las nuevas tecnologías, de las oportunidades de futuro, de hacia dónde vamos como empresa y de cuál va a ser nuestro modelo de negocio. El plan estratégico viene de arriba, y los directores ejecutivos necesitan determinar qué necesita el negocio para tener éxito. Es una necesidad.

Participación de abajo a arriba

Cuando la información va bajando, si las reacciones que obtienes son "No, eso no lo podemos hacer, solamente vamos a poder hacer la mitad, o, solo podemos hacer un cuarto de todo eso", el negocio no va a conseguir lo que necesita. En cuanto crees las instrucciones de arriba a abajo, es cuando verás los resultados. El mayor esfuerzo se va en discutir los medios, más que en establecer los objetivos. "¿Cómo vamos a conseguir esto?" Hay mucha planificación en cuanto a qué métodos se van a utilizar. "Para conseguir más productividad, ¿Qué vamos a medir que sea significativo para la operación?" en pintura, por ejemplo, podría ser tiempos de actividad. En montaje, podría ser horas de trabajo por unidad, si estás en ventas, podría ser el tiempo que tardas en cerrar una venta.

Es un proceso participativo en el que todo el mundo se involucra. Están activamente involucrados, piensan, analizan, miran los datos, elaboran planes. No es participativo en el sentido que tienen la potestad para decidir "El 30% es mucho, creo que mejor el 17%", no es ese tipo de participación, sino más sobre el reparto de objetivos en la organización y el "¿Cómo vamos a hacerlo?"

Ante todo, Orientados con Responsabilidad

Eso significa que las personas firman, ponen su nombre al lado del objetivo, y lideran el esfuerzo y responden al mandato de su jefe. En Toyota no tienen muchas recompensas "Si consigues esto, obtienes esto. Si consigues esto otro, obtienes esto otro". Existe un bonus bi- anual en Japón (en otros países es anual), que va ligado a que la empresa consiga objetivos, o la planta consiga los objetivos. Es un bonus global, y hay un porcentaje de bonus individual a nivel directivo, que va ligado a Hoshin Kanri. Muy raras veces se despide a nadie, así que no pasas a la lista de empleados C durante dos años y luego te despiden, no fuerzan el reparto, si todo el mundo es excelente, todo el mundo es excelente. Se centran fundamentalmente en la motivación "Soy parte del equipo, me pagan bien, hago mi trabajo y una parte importante de mi trabajo es conseguir estos objetivos para la empresa."

Transformación Lean Radical: Dana, Proveedor de Piezas de Chasis

Parece haber un malentendido, y es que Hoshin Kanri se ve como algo que haces a nivel de planta, donde se hacen los cambios pequeños, lo cual es cierto, pero esa es solamente un parte de la historia. Lo que se pretende es que los trabajadores de planta se involucren en Mejora Continua, que trabajen hacia objetivos concretos que ayuden al negocio de manera colectiva. Todo eso es cierto, pero existe una jerarquía directiva, desde el presidente al CEO y de éste a los trabajadores, y cada nivel de esa jerarquía debería estar comprometida con la Mejora Continua. Conforme vas subiendo en esa jerarquía, la envergadura de los proyectos que lideras personalmente aumenta.

Encontrarás que, en Toyota, la mayoría de los cambios de gran impacto se lideran desde el nivel ejecutivo o desde dirección, son los grandes proyectos, que implican a cientos de personas, quizá miles, y muchas piezas de equipamiento. Por supuesto, en niveles inferiores se hacen mejoras pequeñas que apoyan los proyectos más grandes que se establecen en dirección. Además, existen funciones de personal, como la planificación de la producción, que lideran grandes mejoras de actividad. Se centran en cosas como nivelar los horarios, dar información del flujo a los proveedores, y tienen mayor franja de responsabilidad en su Hoshin Kanri, con más implicaciones de presupuesto, calidad y seguridad, aunque dependan del apoyo de los grupos de trabajo para hacer posibles esos grandes cambios.

Quizá nos guste pensar en Hoshin Kanri como algo que delegas, como pasar una patata caliente que nos saca del atolladero. Primero la tiene el Presidente, la pasa al Vicepresidente, éste la pasa al Director General, él a Director, y va bajando, hasta que por último llega al grupo de trabajo, que empieza a trabajar en mejoras. Todas esas capas del medio están renunciando a su responsabilidad, porque deberían estar ellos también trabando en mejoras de otro alcance.

Cuando Gary se retiró de Toyota, pasó tiempo participando en consejos de administración. Una de esas empresas fue Dana, y Dana tenía problemas. Se había declarado en bancarrota y salieron de ella en 2007, justo en la Recesión y cuando la gasolina subió el doble en EEUU. Dana era proveedora de componentes de chasis de automoción y de camiones pesados. Un sector de los clientes construía grandes camiones comerciales y el otro sector, camiones más pequeños, y cada semana, una empresa se iba a la bancarrota. Dana tenía demasiados compromisos y se convirtió en una de las víctimas.

Gary estaba en el consejo de administración cuando desarrollaron un plan agresivo para emerger de toda esta crisis, y el plan era bueno. Iban a contratar un CEO para liderarlo, pero en el último momento cambió de opinión. El consejo llegó a un acuerdo con Gary para que él mismo actuara como CEO por un año. Aceptó el trabajo de ayudar a ésta compañía a recuperarse.

Era una gran crisis, y era muy probable que Dana terminara cerrando. Hubo ayuda del gobierno, bancos y empresas privadas para ayudar a sacar a estas empresas de la bancarrota, y si no cumplían los requisitos, entonces podrían llegar a disolver las empresas.

Panorama de Dana

- Fundada en 1904
- Base en Maumee, Ohio
- Ventas 2009: 5,2 Billones de $
- 22.000 empleados
- 96 instalaciones en 26 países

Era una gran empresa, 5,2 billones de dólares en ventas, 22.000 empleados, y 96 instalaciones en 26 países. Esto era en 2008 y debían pasar por una transformación radical. John Devine, el Presidente de la empresa, que era el ex CFO de Ford, y más tarde de General Motors, contrató a Gary. Era un peso pesado, sabía cómo reorganizar una empresa desde el punto de vista financiero, y eso era crucial. Reorganizar significa cerrar cosas, vender otras, consolidar y forzar a los proveedores, limitar programas de pensiones y recortar empleados. Él conocía el lado oscuro de dar la vuelta a la situación, pero tenía un modo de pensar lo bastante avanzado cómo para darse cuenta de que esa industria en particular, la de camiones, los estándares de calidad y las presiones de innovaciones técnicas habían llegado tan alto, que no podías recortar tu camino al éxito. Se necesitaba excelencia operacional.

Se había convertido en un requisito básico para estar en el negocio. Necesitabas productos excelentes, a tiempo, calidad altísima y por supuesto I+D para ofrecer a tus clientes nuevas tecnologías que no pudieran ofrecerles los demás. Se dividieron el trabajo. El trabajo de Gary, se centró en la excelencia y en reducir costes, y el trabajo del presidente era liderar el cambio financiero. John Devine trajo a amigos de Ford, que estaban entrenados en restructuración de contratos, consolidación de plantas, negociación de salarios y reestructuración tradicional.

Mientras tanto, Gary empezó a contratar a personas que ya conocía de su etapa en Toyota y que eran expertos en excelencia operacional. Como un líder entrenado en Toyota, acudía a las plantas a hacer los paseos *gemba* y sugerir mejoras, a la vez que evaluaba las debilidades y puntos fuertes de los líderes de las plantas.

En resumen, estos son los antecedentes.

Febrero 2007: salida de la bancarrota

Verano 2007: las ventas cayeron cuando se duplicó el precio del petróleo en EEUU

Octubre 2008: crisis de Lehman Brothers

Abril 2008: Gary es nombrado CEO

Otoño 2008: la Gran Recesión continúa con las ventas bajas y la infrautilización de las instalaciones

Podría haberse esperado, basándose en todo ello "2009: cierre de la compañía". De hecho, pasó todo lo contrario.

Darle a vuelta a una empresa no es algo nuevo. Hay una industria de expertos dedicados a ello que compran empresas y les dan la vuelta. Lo que hacen es estimar los números pensando que es necesario eliminar: "Tenemos tantas personas trabajando en ésta categoría, hemos visto que tenemos un excedente de un 30% de personas más que otras empresas de la competencia, así que debemos eliminar el 30% de los empleados." Después se espera que los líderes de ese grupo de personas vean cómo conseguir con el 70% de las personas el 100% del trabajo. Eso significa trabajar como locos, apagar fuegos constantemente, bajo un estrés completo pero, sea como sea, lo hacen para conservar sus trabajos.

Uno de esos asesores asignado a Dana les explicó: "no podéis obtener resultados con la vieja directiva con la que tuvisteis problemas" una de las primeras cosas que hay que hacer es reorganizar a los ejecutivos, despedir a la mayoría de ellos y contratar a un nuevo equipo de pueda obtener resultados. Después reestructuras, que realmente significa cerrar y vender un montón de cosas, despedir un montón de gente, quitar las pensiones del personal y diezmar la compañía. Esto te proporciona la reducción de costes que necesitabas, y una vez has hecho esto, la empresa está diezmada, mucha de la propiedad intelectual que estaba en las personas se ha marchado, muchos de los trabajadores más cualificados se han marchado y el siguiente reto es estabilizar el negocio. De algún modo debes fabricar componentes del chasis de un camión con una empresa inestable, la empresa se ha debilitado, pero has sobrevivido y tu punto de equilibrio está más bajo. Ahora toca renovar el negocio, y conforme vuelves a ganar dinero empiezas a contratar nuevos trabajadores, gente joven más barata de contratar, y que quizá saben menos, pero tienen más energía, lo cual se convierte en un nuevo reto. Éste sería la forma tradicional de darle la vuelta a una empresa, pero viola todos los principios de *The Toyota Way* para formar una empresa excelente.

¿Cómo desarrollas Líderes Lean en una Crisis?

¿Cómo consigue Toyota alta calidad, a la vez que cumple retos como la reducción del 30% de costes? Lo hacen a través de Liderazgo, y la forma de desarrollar a sus líderes es con el modelo que hemos estado aprendiendo. Auto Desarrollo, Coach y Desarrollo de los demás, desarrollando a nivel de "suelo" un sistema de *kaizen* diario, y alineando las acciones a través de visiones, objetivos, medidas y planes. El resultado es que consigues una empresa con alta adaptabilidad, con gran capacidad de liderazgo, ya que formas a líderes de grupo, directores y directores generales. En cada nivel, las personas desarrollan una alta capacidad para liderar, enseñar y desarrollar sus propios proyectos de mejora.

Esto es genial, pero cuando nos preguntan cuánto tiempo se tarda en llegar a ese punto, la respuesta es de siete a diez años, e incluso con ese tiempo estarás a un nivel básico. En ese plazo, una empresa en crisis está fuera del negocio. Lo que debes hacer en una crisis, lo que hicieron Gary y John Devine en equipo, fue seguir ambos caminos al mismo tiempo. John Devine lideraba el proceso de reorganización tradicional, mientras que Gary lideraba el de excelencia operacional. A través de la excelencia operacional, puedes conseguir ahorros si te enfocas en eso. Si el asunto de vida o muerte es que los costes son demasiado altos, puedes desglosar el problema, tal y como se hizo en el ejemplo de la reducción de la garantía, y filtrando ese objetivo puedes terminar consiguiendo dos cosas importantes. Una es la reducción de costes. La otra es reducción de stocks, ya que, en éste caso en particular, el stock significa dinero. Es flujo de efectivo, el cual necesitas, ya que los créditos tienen intereses muy altos que debes pagar, y cada dólar que ahorras paga ese crédito.

En cierto modo, Dana estaba tomando dos caminos: El desarrollo del Toyota Way To Leadeship y la Reestructuración, caminos que se complementaban el uno al otro. Había líderes muy duros, con sus hojas de cálculo tomando decisiones sobre las compras y agrupando edificios. Por ejemplo, Dana hacía I+D en uno de sus edificios, y las oficinas centrales estaban en otro, así que movieron I+D al edificio de oficinas, y se deshicieron del otro edificio para ahorrar dinero.

Por el otro lado, si estás interesado en la excelencia operacional a largo plazo, necesitas desarrollar líderes. El primer paso para hacerlo, es saber identificar futuros líderes. ¿Quién va a ser capaz de funcionar, en el entorno de Dana, basándose en la Mejora Continua? Debes equipar a esos futuros líderes con el entrenamiento, el coaching y las herramientas necesarios. No os voy a decir que es fácil, identificar a esos líderes va a suponer que los que consideren que no son válidos, van a ser empujaos a otros puesto, quizá se les baje de categoría, o incluso se irán de la empresa, ya sea o no voluntariamente, pero muchos de ellos se irán de un modo u otro. Éste es, obviamente el lado feo de todo esto, pero conviene que si la gente que tenemos no es la mejor, hagamos purgas periódicamente y nos deshagamos de aquellos que por lo que sea, no tienen las capacidades de liderazgo apropiadas para conducir una gran mejora. En una crisis es inevitable sufrir ciertos daños.

Lo que queremos es llegar al punto en el que estemos construyendo excelencia, mediante *kaizen* diario y estemos desarrollando líderes continuamente. Estas en ese momento en el que tratas de fijar la empresa, de que el negocio vuelva a regenerarse, con nuevos líderes, algunos viejos que se han renovado, y con un cuerpo directivo con más fuerza para conducir la Mejora Continua.

Esto es el ideal, llevar esos caminos paralelos para que, después de haber llegado al punto en el que sabes que vas a sobrevivir, que no cierras la empresa, puedas continuar el proceso de construir excelencia operacional. Durante el periodo de reestructuración y despidos, estás como en un campo de entrenamiento de los marines, ahí es cuando los líderes van a desarrollar sus habilidades, hasta un punto que pensaban que no era posible. También debes recomponer la empresa para que sobreviva, tendrás un nivel de equipos de trabajo que normalmente nunca conseguirías, estas emergiendo más fuerte en lugar de más débil. Esto se hizo remarcablemente bien por Alan Mulally, que lideraba Ford cuando casi llega a la bancarrota, durante la Gran Recesión.

Acciones de Dana durante el Primer Año: Centrarse en el Desarrollo del Liderazgo

Las décadas de experiencia que Gary tuvo en Toyota, le llevaron a crear un equipo de liderazgo operacional excelente con un Vicepresidente excelente, se creó una estructura en la que las personas a nivel regional y personal de las plantas le reportaban a él. Redujeron los presidentes del grupo de unos seis a solamente dos personas, cada una dirigiendo un sector del negocio, los camiones comerciales, o los ligeros. El objetivo era tener una sola Dana con objetivos unificados a nivel de CEO. El Dana Operating System (DOS) se creó siguiendo exactamente el modelo del Toyota Production System (TPS).

Necesitaban también estándares, indicadores de actuación. Gary estaba acostumbrado a ver los informes de estándares en Toyota y podía asesorar a cualquier nivel: a nivel de Norte América, a nivel de planta, o incluso a nivel de departamento. El problema era que en Dana no podía hacerlo, era como si, de repente, estuviera medio ciego, así que pensó "Así no puedo liderar", así que tuvo que crear el sistema para poder tener la visibilidad suficiente para ver los diferentes problemas de las diferentes áreas. Más tarde decidió, como cualquier líder Toyota hubiera hecho, que sus recursos para la Mejora Continua, debían ser internos, comprometidos y propiedad de Dana, no de consultores externos. Encontró personas que ya conocía de antes de su amplia red de contactos, y les contrató 10 meses como consultores externos, como prueba antes de contratarlos internamente. La mayoría llegaron a ser directores regionales de Mejora

Continua, y su trabajo era reforzar la capacidad de liderazgo de los directores de planta, haciendo proyectos. Realizaban actividades *kaizen* agresivas, en departamentos que eran un cuello de botella y les daban la vuelta por completo. Eran los líderes de la planta, incluido el director de planta, los que debían liderar esas actividades personalmente.

A veces directores de otras plantas venían y participaban en esas actividades. Una de sus políticas era que cuando debían hacer un gran *kaizen*, uno radical, asignaban diferentes áreas de mejora a diferentes jefes de planta, que no podían abandonar la planta hasta que consiguieran el 100% de los objetivos establecidos. Algunos estaban allí durante una semana, otros cuatros semanas, pero querían inculcar que la única medida de éxito era conseguir el 100% del objetivo. Era un campo de entrenamiento muy intenso, con gente muy experimentada que les lideraba y eran sus coach.

Un resumen de las acciones que se llevaron a cabo en las plantas de Dana, lideradas por el CEO y el personal se muestran en la (imagen 7-8). Estas son las bases para el desarrollo del Dana Operating System.

Historial de Dana
Acciones Emprendidas: Centradas en Desarrollo de Liderazgo

▶ Se crea Excelencia Operacional a nivel de Presidencia, reportando al CEO con el objetivo de planta global :
  – Se Crea el Dana Operating System (DOS) a semejanza del Toyota Production System
  – Se Establecen 12 estándares globales KPIs en seis categorías
  – Se Forma núcleo interno de Consultores Lean
  – Destaca la capacidad de liderazgo de la dirección en planta, los metodos, y las herramientas.

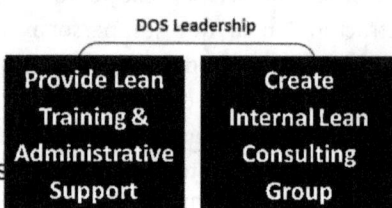

Imagen 7-8. Primer año de las acciones tomadas por Dana para la Excelencia Operacional.

Proceso de Siete Pasos para Lanzar el Dana Operating System

El sistema es como el TPS, pero Dana necesitaba desmenuzar el problema en pasos más pequeños, (como haríamos en Toyota Business Practices). Inicialmente se centraron en saber con claridad cómo estaban operando, tanto la planta, como los distintos departamentos. En este punto es cuando llegaron los indicadores de actuación, y se estableció un área en cada planta, a la que llamaron Dana Diamond área. Aquí era donde estaban los indicadores de toda la planta y los directores de planta mantenían las reuniones diarias.

Desarrollaron un sistema de comunicación global en el que los KIPs de las bases de datos de los ordenadores, podían desglosarse a cualquier otro nivel. A nivel regional se habían mantenido reuniones para discutir las actuaciones, pero a nivel global la mayor parte de la comunicación era virtual, incluyendo conferencias. Por ejemplo, la persona que había sido asignada, como parte del cambio de la empresa, tenía experiencia en Danaher, que posee el Danaher Business System, un programa Lean muy amplio. Son muy agresivos a la hora de obtener resultados y eso era lo que esa persona había aprendido. Su trabajo, cada jueves de todas las semanas, a veces incluso los viernes, era hablar con los 90 directores de planta, uno a uno, para saber qué habían hecho durante la semana, los problemas en los que estaban trabajando, qué resultados habían conseguido e interrogarles. "¿Cuál era el problema de aquella máquina que se estropeó y paró la producción durante medio día? ¿Qué pasó? Si le contestaban por ejemplo: "Uno de los robots se rompió, era viejo" "¿Por qué se rompió ese viejo robot? Preguntándoles así, el ex coach de Danaher les estaba enseñando el proceso de resolución de problemas. No es de recibo decir que el robot se rompió, los robots no se rompen, deben tener mantenimiento. Estaba haciendo coach a los directores de planta para que se convirtieran en Líderes Lean. Les estaba guiando a través del proceso de desarrollo, utilizando el coaching en sus llamadas semanales.

Esos directores de planta acudirían entonces a sus Sistemas de Mejora continua y dirían "tenemos un problema con mantenimiento, estuvimos de acuerdo en desarrollar un programa de mantenimiento en producción, pero no sabemos cómo hacerlo, necesitamos vuestra ayuda." Esto sucedía, semana tras semana, no cada trimestre. Se trataba de entrenamiento en resolución de problemas, mejora de procesos, *kaizen* y herramientas básicas lean. Esa era la formación que necesitaban, resolución de problemas de una manera disciplinada y estructurada. Necesitaban sostener el programa a través de gestión visual.

Lanzamiento de la Fase 1 del Dana Operating System

1. Transparencia (KPIs, Diamond área)
2. Comunicación Global
3. Transmitir los valores y las oportunidades de mejora

4. Estabilizar las células (flujo, gestión visual, seguimiento por hora)
5. Líderes de equipo: eliminar desperdicio, aprender *haciendo*
6. Entrenamiento en resolución de problemas, mejora de procesos y *kaizen*
7. Sostener las mejoras (gestión visual, pull system)

Visualización y Cumplimiento de las Normas de Gestión

¿Por dónde se empieza? Desde el punto de vista de Gary, parecía obvio empezar desarrollando líderes ¿En qué lideres te centras? Él se centró en la cima, que es lo que hace Toyota. Empiezan por la cima, y entonces ellos son los responsables de convertirse en los coaches del siguiente nivel, y así, hacia abajo, con ayuda de expertos. Su mayor foco de formación era el nivel ejecutivo, y el jefe de planta, del jefe de planta se esperaba que enseñara y desarrollara al resto de las personas de la planta, y hubo mucha iniciativa en el desarrollo de los trabajadores de producción.

Por ejemplo, conforme liberaban a empleados para tareas de mejora de productividad, pongamos que tenían a 10 personas, y querían hacer kaizen radical, y quedarse solamente con 3 personas, guardaban una persona extra para formarlo como jefe de equipo. La política era que no se perdía el trabajo por culpa del Dana Operating System. Los empleados desplazados se colocaban en un puesto nuevo, a veces en un equipo *kaizen*, hasta que llegaba la orden de que había que prescindir de un número de personas. Esa era la realidad, trataban de separar las necesidades del negocio para subsistir, del esfuerzo que hacían en *kaizen*. Los empleados a los que desplazaban por el *kaizen*, no eran necesariamente a los que despedían. Por ejemplo, si les daban un papel de líder de equipo se les valoraba mucho, y lo normal era que no se les despidiera.

Podéis imaginar que no es 100% posible convencer a los empleados de que los despidos no tienen nada que ver con lean, y muchas personas decían," Vale, no vamos a perder nuestros empleos por culpa del Dana Operating System, ha sido lean el que ha hecho que perdamos el trabajo". Otros empleados entendían la realidad de una crisis y apreciaban que, cuando las actividades *kaizen* eliminaban siete puestos un viernes, esas siete personas aún tenían un empleo el lunes siguiente.

El primer paso seguía siendo conseguir visibilidad, basada en Indicadores de actuación, con el liderazgo del CEO hacia abajo, en la que se informaba de la actuación relativa a los objetivos a nivel del grupo de trabajo. Gary no quería simplemente imponer el KPIs que utilizó en Toyota, quería hacerlo propio y que fuera a medida para ese negocio. Lo que hizo fue reunir a los ejecutivos regionales y retarles: "Necesitamos llegar a un acuerdo en indicadores principales de actuación, que todos vosotros vais a juzgar, eso es lo que yo voy a ver y lo que vosotros vais a examinar cada día"

Finalmente llegaron a estas categorías: seguridad, calidad, eficiencia, productividad, costes e inventario. Después establecieron medidas específicas y escogieron una planta en cada región para pilotar el KPIs. Basándose en lo que aprendieron de los pilotos, hicieron ajustes (PDCA). Finalmente decidieron y anunciaron "Estos son las medidas estándar para cada planta de Dana en el mundo." Ésta evaluación llevó varios meses, así que si alguno de vosotros ha visto la serie "24", en la que toda la acción se desarrolla en 24 horas, y deben salvar al mundo en esas 24 horas, en las que cada minuto cuenta, esto fue algo parecido. Estaba pasando a un ritmo acelerado.

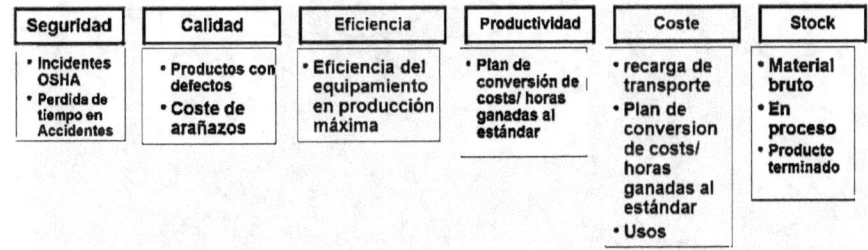

Imagen 7-9. Indicadores Globales de Actuación de Dana.

En la imagen de arriba (imagen 7-9) aparecen subrayados los indicadores que iban a ayudar a salvar la fábrica. Necesitaban seguridad y calidad, y mejoraron esas dos cosas de manera significativa. Por ejemplo, el coste de la chatarra era altísimo en muchas de las plantas, así que ese era uno de los indicadores a reducir. Era necesario también que los equipos fueran eficientes, era necesario para productividad. Había mucha relación entre los indicadores, pero el principal, el que más les interesaba era la reducción de costes, que se calculaba como coste de conversión de la planta. Esto desestimaba el coste de los materiales en bruto y se centraba en los costes controlados por el director de planta. Todos los costes, incluida la electricidad, el equipo de limpieza, los costes de producción, el coste de los defectos, eran parte de la conversión de la planta y podían ser objeto de kaizen.

Los costes totales de la conversión de la planta estaban así divididos en horas por estándares, como un modo de estandarizarlas por volúmenes, por ejemplo: una planta con el doble de volumen de producto, no debe ser comparada con otra planta la mitad de grande. Lo estandarizaron según el volumen de producción. El coste de reconversión era su mayor enfoque, y el inventario era el segundo. Cada dólar de inventario es un dólar que puede usarse para pagar la deuda. De algún modo, era como MBO y tanto los objetivos por coste, como el inventario se establecieron por Gary, aunque poco a poco, los líderes se iban desarrollando en la comprensión de lean y la resolución de problemas.

El KPIs se rastreaba a diario en cada planta

Resultados en el área común:

- Transmitir el desafío
- Reforzar el compromiso y la propiedad

Imagen 7-10. Dana Diamond área

Aquí hay una foto de una de las Dana diamond area (imagen 7-10), como veréis hay cuadros de indicadores que rastrean el KPIs de modo muy visual. Si lo pudierais ver de cerca, veríais las diferencias entre el objetivo y la situación diaria actual. A nivel de planta puedes hablar de cómo vas en las bases diarias, en uno de los departamentos principales puedes hablar de cómo va según los turnos, y a nivel de departamento de planta podrías ver la realidad actual versus la producción planeada por hora.

El rendimiento se volvió transparente. Todo el mundo en la planta podía verlo. Si miras la foto, verás que no hay sillas porque los empleados se espera que estén de pie mirando los tableros, ya que varios empleados son los responsables de los indicadores de actuación, y son los que reportan. "Esto es lo que está pasando ahora, éstas son nuestras contramedidas, y esto es en lo que estaremos trabajando mañana."

Los datos se introducían en un sistema web y Gary era capaz de ver cómo iba toda la compañía y profundizar, tanto a nivel de departamento, como a nivel de planta. Simplemente tener los indicadores no garantiza nada, lo único que garantiza es que tienes material visual para que la gente que visite la fábrica los vea. Lo que realmente importa, son las acciones que vienen tras el análisis de los datos, como comprobar las medidas, encontrar las diferencias, priorizar, llegar a las contramedidas y aplicarlas para ver cómo funcionan.

A nivel ejecutivo, cada mes revisaban la actuación de todas las plantas (imagen 7-11). A nivel regional, cada semana lo hacían el vicepresidente y el director de operaciones, y visitaban las plantas de su zona regularmente. A nivel de planta, los directores bajaban al *gemba* todos los días, ese era su trabajo estándar, estar dónde surgían los problemas y bucear en ellos. Les indicaba el área que más necesitaban visitar ¿Qué ha pasado? ¿Cuál es la causa raíz? ¿Qué vamos a hacer? ¿Tenemos un buen procedimiento para resolver el problema? ¿Quién necesita más formación para conseguir sus objetivos? Con todo esto, el jefe de área se reunía con quienes le reportaban directamente y por último con el líder de equipo, que en Dana se creó nuevo.

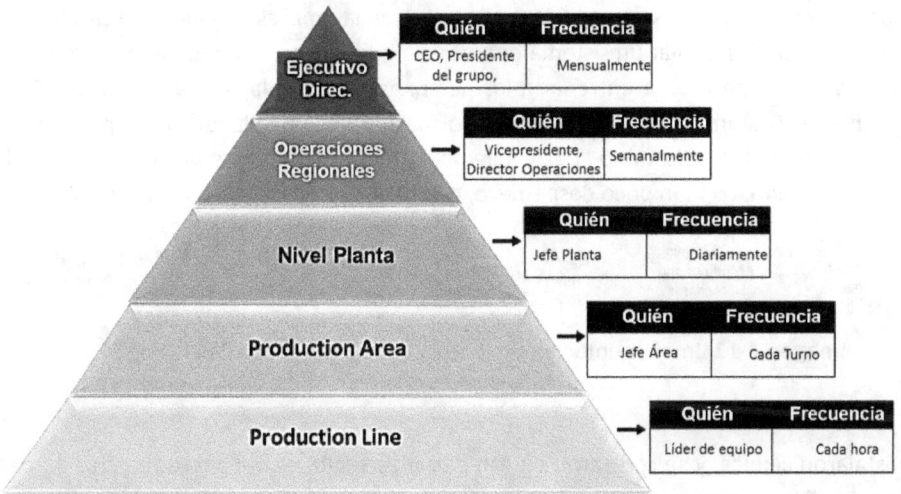

Imagen 7-11. Reuniones estándar según frecuencia y responsabilidad

En los departamentos también progresaron mucho con los tableros "hora a hora". Cada hora comparaban lo que debían estar produciendo, con lo que realmente producían. Esa diferencia es una buena medida, porque puedes ver la diferencia de las piezas que produces bien, con la que esperabas haber producido, así puedes resolver los problemas hora a hora, y vale para cualquier departamento, afecta la calidad, las paradas de las máquinas, un empleado poco formado que no llega a cubrir los estándares. Todo eso afecta en la producción que quieres conseguir cada hora, y conforme cada hora funcione cómo tienes planeado, te mueves hacia la perfección.

Años del 2 al 5: Hoja de ruta de la implementación del Dana Operating System

El primer año fluyó muy de arriba abajo. No hubo mucho diálogo entre los niveles de mando. En lugar de eso Gary decía: "Esto es lo que tenéis que conseguir en éstas áreas." Los expertos que Gary contrató iban y ayudaban, pero los jefes de planta eran los que conducían el cambio y los responsables de los resultados.

Miraban diez años adelante para desarrollar e implementar la hoja de ruta del Dana Operating System. El primer año fue para estabilizar el proceso y empezar a generar ahorros. Empezaron con los indicadores clave y mucha resolución de problemas. Se centraron a muy corto plazo para desarrollar el campo de entrenamiento del liderazgo. Conforme el plan de los cinco años progresaba (imagen 7-12), y había menos presión para obtener resultados a corto plazo que salvaran la empresa, el enfoque cambió y se centraron en desarrollar un sistema operativo a largo plazo, aunque todavía esperaban resultados. Empezaron a entrenar a las personas en todas las herramientas del Dana Operating System, con módulos de formación, desarrollando e implementado estándares y el lema cambió "Desarrollemos un flujo básico, que las partes fluyan del modo deseado, con tan poco desperdicio, de stock, por ejemplo, como sea posible."

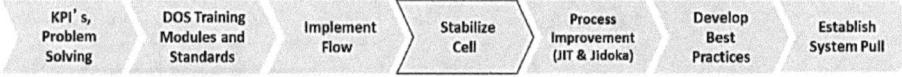

Imagen 7-12. Implementación de la Hoja de ruta del Dana Operating System

Instalaron células, y se centraron en estabilizarlas según el trabajo estandarizado para que pudieran producir según la tasa de demanda del cliente. Ahora ya estaban preparados para avanzar en el Just in Time, sistema pull, la entrega de las piezas más frecuentes y llegar por último a un sistema pull total. Por supuesto, todo esto era teórico y al final siempre hay variaciones; algunas plantas ya hacían pull en el segundo año, incluso algunas el primer año, así que no siguieron ese camino de modo lineal.

Dentro de una misma célula, la mejora de desmenuzaba en más detalle todavía. Tenían 11 pasos (imagen 7-13). Utilizaron mapas de cadena de valor, desarrollaron el trabajo estandarizado, miraban cómo llegaban las piezas a los operarios y se fijaban en las 5S. Desarrollaron también auditorías para que el proceso se sostuviera. Cada uno de estos pasos estaba muy detallado.

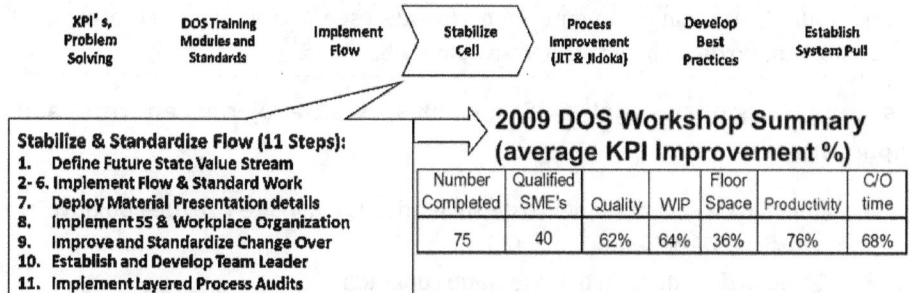

Imagen 7-13. Alguno de los resultados de implementar el Dana Operating system.

Los planes están bien, pero ¿Cómo fueron los resultados en las primeras etapas? La respuesta es muy bien. Por ejemplo, en 2008, antes de la mayoría de los esfuerzos Lean, tenían 3 días de inventario. En 2009, recortaron sobre el 40% de ese inventario, así que habían bajado 25 días, lo que se trasladó a 273 millones de dólares menos de stock. Lo que significa que tenían 273 millones de dólares para pagar el interés de la deuda. En 2010, ahorraron otros 100 millones.

Los agresivos workshops *kaizen* de los que os hablé, eran un modo de conseguir victorias rápidas, así como de entrenar a la directiva de la planta de modo rápido, utilizando la inmersión. Los jefes de planta lideraban esos workshops con la ayuda y soporte de los coaches. Hicieron muchos eventos *kaizen* en 2009, unos 75. A los jefes de planta también se les exigió que liberaran a alguno de los trabajadores, para crear expertos de cada materia del DOS. Así había en la planta un experto en trabajo estandarizado, un experto en sistema pull, otro en hojas de ruta. Tenían que escogerlos del personal que ya trabajaba en la planta, y Gary recibió muchísimas quejas de los jefes de planta, que le decían que tenían tan poco personal que no podían hacerlo.

Sin embargo, lo hicieron, y conforme el proceso llego a ser más estable y predecible, se dedicaron menos a apagar fuegos, y más a planificar y hacer que su personal de planta estuviera más cómodo.

La calidad se persiguió con la reducción de costes y en un año se redujo el 62%. También liberaron un tercio del espacio de sus fábricas. Mejoraron la productividad un 76%. Redujeron el tiempo de cambio en las maquinas, con lo que pudieron fabricar lotes más pequeños (mayor reducción de inventario). Sus números reflejaban ese cambio radical, no eran solamente números que esperas conseguir sobre el papel. Todo esto requirió de un liderazgo agresivo de arriba abajo.

Los cambios globales del DOS en 2009, se tradujeron en resultados importantes

- Objetivo de reducción del coste superado, 170 mil $ (en 2010 el objetivo era reducir el 5% del actual en 2009)
- Objetivo de reducción del inventario superado.

Herramientas para planificar y sostener el kaizen en Dana

Una de las herramientas para sostener éste impulso, fueron los informes A3 (imagen 7-14). Se utilizaban en muchos niveles y tanto en fabricación como en I+D. Aquí mostramos uno que se creó inicialmente como documento para que un equipo iniciara kaizen, y llegó a ser un A3 de alto nivel de resolución de problemas, conforme consiguieron resultados y los fueron metiendo en el informe.

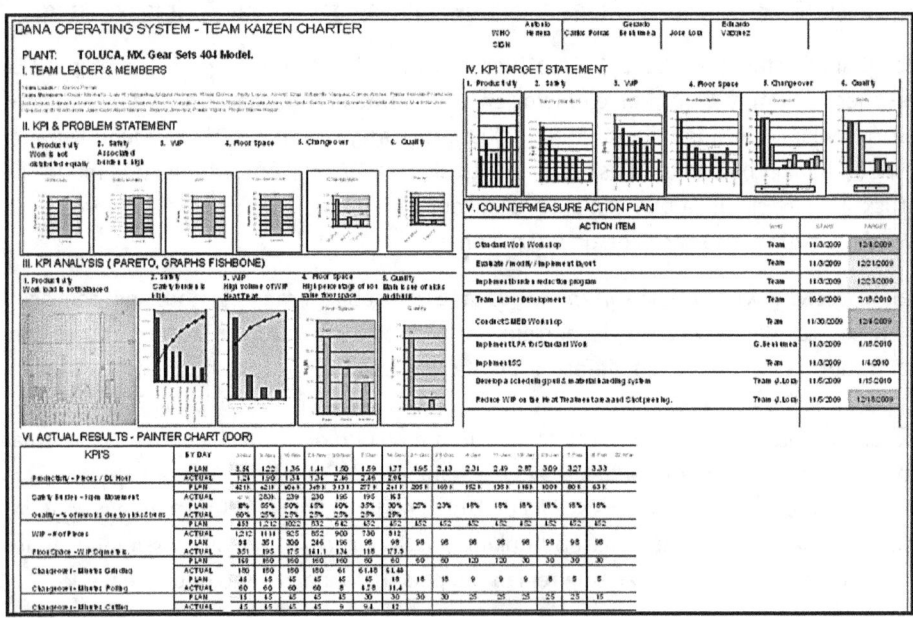

Imagen 7-14. Propuesta de A3 para plan de actividades y resultados esperados del DOS

Ésta propuesta de A3 se utilizó también, a nivel de planta, como parte de su versión inicial de *Hoshin Kanri*. Así que, por ejemplo, cuando Gary hacía una revisión con cada uno de los jefes de planta, quería ver el plan A3. Por ejemplo, les decía que para éstas fechas esperaba una reducción de costes de 5%, no les pedía sus opiniones, si no que siguieran un plan para conseguirlo y marcaba en rojo las diferencias que veía en el informe A3.

Se sentaba en sus oficinas de Ohio, y desde China o cualquier otro país, le enviaban por mail el A3 y lo iba revisando con ellos al teléfono. Iba enumerando los problemas que veía en el A3, ya que conocía las plantas al haberlas visitado. Su asistente iba apuntando todo y enviaba a continuación un email con las observaciones de Gary y los acuerdos a lo que llegaban. Lo que seguía a esto era que el jefe de planta tenía el trabajo de arreglar el A3 para mejorar el plan, y esto no terminaba hasta que Gary y los líderes de Excelencia Operacional lo daban por válido. Éste era otro de los modos de que vieran la importancia de tener un buen plan y lo que ello significa, una de las partes críticas del PDCA.

El mapeo del flujo de valor fue una poderosa herramienta para reducir el stock ya que haciendo visual el flujo de material, el desperdicio se hizo evidente. Otro tipo de documento de planificación es un mapa de estado futuro. Lo hicieron a mano, con recortes que podían mover de un sitio a otro, lo cual es mucho mejor que tenerlo en un ordenador, que es como la mayoría de gente lo haría. No se puede trabajar eficazmente en equipo si están todos alrededor de una pantalla de ordenador y con alguien manejando las casillas, mientas los demás esperan, todo lo contrario a simplemente escribir algo en un post-it y pegarlo en una pizarra. Más tarde puedes meter los resultados en el ordenador, para que circule y comunicarlo, pero el proceso en sí mismo debe ser muy manual, activo y atractivo.

Después, para mantener el impulso, necesitaron muchas auditorias, hicieron coaching a los líderes que no llegaban a los resultados. A veces hizo falta reemplazar a los directores de Excelencia Operacional, que fueron seleccionados por hacer un gran trabajo en otras plantas de proveedores de Toyota, que ya tenían TPS, pero que no estaban haciéndolo lo suficientemente bien con el cambio. Había muchísima gente, y el proceso de ajuste necesitaba mantener ese impulso para seguir mejorando.

Los resultados de Dana a través de tres años de transformación radical

2009 fue un año extraordinario. Con la ayuda de Jon Devine, el presidente, y sus estrategias de reducción de coste, a pesar de una disminución del 35% de volumen, fueron capaces de mantener el equilibrio en la cuenta de pérdidas y ganancias. Incluso elevaron a 2500 millones de dólares el capital social al liberar inventario. Redujeron su deuda en 250 millones de dólares.

En 2010, Dana estaba en el camino de estar financieramente saneada. Habían añadido más productos, así que el departamento de "Desarrollo del Producto" estaba igualmente saneado, sacaban productos nuevos a un ritmo récord, y tenían nuevos clientes. Una cosa que hizo Gary con su "Pedrigree Toyota" fue hablar con empresas japonesas como Toyota, Nissan y Honda y empezaron a hacer negocios que antes no hacían, porque estas empresas ahora estaban impresionadas por lo que habían conseguido en tan poco tiempo. "Es increíble lo que habéis conseguido en tan poco tiempo". También invertían en nuevos productos y nuevos equipamientos; el cambio conseguido en tan poco tiempo fue increíble, y lo hicieron desarrollando líderes Lean en lugar de diezmar sus recursos humanos.

Estupendo 2009

- Aumento del capital en 2.500 millones de dólares
- Reducción de la deuda en 2500 millones de dólares
- Despejaron las deudas
- Redujeron más de 35 días de inventario

Una de las razones del éxito, fue incrementar el precio de las acciones. En 2009 se les reconoció a nivel mundial como el proveedor de piezas más rentable para los accionistas. No digo que todo esto fuera gracias a Lean. La mayoría de la reducción de costes vino siguiendo el modo más tradicional de reducción de costes, cerrar plantas, uniones, despidos y todo eso. Las contribuciones de la excelencia operacional fueron Primero: la liberación de capital, y los mayores ahorros. Segundo: a la vez que estaban consiguiendo esas reducciones de coste, estaban creando capacidad, en lugar de reducirla, capacidad de desarrollo de producto, capacidad de estrategia que no tenían, estaban haciendo marketing más efectivo, y creando productos de mejor calidad, con menos personal y menos coste en las plantas. Todo era más fuerte y mejor, no estaban destruyendo su capacidad intelectual ni sus activos físicos.

En 2010, Dana estaba financieramente saneada y ofreciendo productos nuevos, con nuevos clientes y capital de inversión.

Con la filosofía correcta todo va bien

En resumen, cuando vas más allá de las herramientas Lean para desarrollar líderes, construyes unas bases sólidas. Las empresas son dinámicas, no estáticas. No implantas un sistema pull y esperas que funcione a alto nivel. Lo que se supone es que, a menos que lo mantengas y lo ajustes continuamente, el sistema se va a deteriorar ¿Cómo se consigue? Con los líderes locales conduciendo el proceso.

Es necesario tener una estrategia a largo plazo, representada en tu visión y trasladarla a un plan de negocio. El Hoshin Kanri proporciona un ciclo anual de mejora en el que todos los líderes han alineado objetivos medibles, de arriba abajo y lateralmente. El éxito del HK llega de la mano de líderes altamente desarrollados que aprenden cómo liderar la mejora. Una estrategia a largo plazo está bien, pero solamente es útil si se implementa, así que se debe desmenuzar en acciones específicas que se lleven a cabo por las personas adecuadas. Es necesario tener iniciativa personal a todos los niveles, pero guiada desde el liderazgo.

Hace falta desarrollar a las personas, y la responsabilidad de ese desarrollo estará a cargo de sus líderes, no del departamento de recursos humanos, ni del departamento de Mejora Continua o el de calidad. Esos otros departamentos pueden servir de apoyo, pero finalmente es el jefe de cada uno el que mejor tiene que conocer mi modo de actuar. Si mi jefe me maneja desde el miedo "consigue esos números o si no...", haré lo que sea para conseguirlos, pero ¿Desarrollaré algo más que ese modo de actuar? Trabajaré duro, pero también aprenderé a jugar sucio, a mentir, a hacer trampas.

Sin embargo, lo que queremos conseguir con el desarrollo de las personas es tener la habilidad de liderar un equipo para encontrar los problemas reales y poder resolverlos desde la raíz para que no vuelvan. Lo que sucede así es que consigues desafiar a las personas, con cosas como 5% de reducción de costes en la planta, con lo que si cuentan con un coach y se les da el apoyo necesario, no simplemente una vez al año, si no diariamente, crecerán asumiendo esos retos y podrán lidiar con todos los problemas y resolverlos. Ganarán confianza en sus habilidades y las desarrollaran más profundamente. Después ya podrán contribuir al camino al éxito, a través de Hoshin Kanri.

Hoshin kanri es el que proporciona esos los retos desafiantes, sin los objetivos de mejora correctos, las medidas apropiadas y los planes precisos en toda la planta, no se consiguen esos retos. Así se consigue:

- Iniciativa individual
- Desarrollo de las personas
- Crecimiento a través de retos desafiantes
- Contribución a la estrategia hacia éxito

Como Gary lo expresó: "El papel más importante de la Dirección es motivar y comprometer a mucha gente para que trabajen juntos hacia un objetivo común, definirles y explicarles ese objetivo, compartir el camino con ellos para poder conseguirlo, motivarles para hacerlo juntos y ayudarles en los obstáculos."

Es una buena definición del Liderazgo Lean, y la estructura, la arquitectura que te permite conseguirlo y que te ayuda es Hoshin Kanri, el proceso de descomponer un problema y desplegarlo.

Yo he hablado, un poco crudamente, de cómo evoluciona Lean, sugiriendo que hay dos caminos. Uno es conforme a la filosofía de la que hemos estado hablando, desarrollar a las personas, a los líderes y las habilidades. El otro es sin seguir ésta filosofía, es decir, resultados, resultados y resultados. Esa es la diferencia entre la filosofía Hoshin Kanri y la filosofía de gestión por objetivos. Lo que normalmente pasa en una transformación Lean es que vas pasando por una serie de etapas conforme vas madurando. La Etapa Uno es aplicar las herramientas (imagen 7-15). Ahora bien, todo lo que he escrito hasta ahora ha sido sobre la debilidad de un enfoque basado en herramientas Lean, y sin embargo ahora digo que el paso Uno es aplicar la herramienta. ¿Es una contradicción?

Imagen 7-15. Resultados de cómo evoluciona Lean según la filosofía

La respuesta es sí, es una contradicción si pararas en la Etapa Uno y te centraras solamente en implementar herramientas, pero no lo es si ves la aplicación de las herramientas como la primera etapa del aprendizaje, de la enseñanza. ¿Cuál es la Etapa Uno si tienes un reto para enseñar a alguien? Imagina que quieres que aprendan a tocar un instrumento o a cocinar comidas complejas, o si quieres que sea un carpintero, operario o fontanero. Lo primero es simplemente dar al alumno tareas simples, rutinarias, mientras el maestro en esa disciplina observa cómo lo hacen y les muestran el modo correcto de hacerlo, pero les dejan probar y que se esfuercen dándoles feedback. Así se aprende, por ejemplo, cómo manejar adecuadamente una llave inglesa. En ese punto se están aprendiendo herramientas y es muy básico, es elemental y así debe ser. En una empresa en la que muchas de las personas nunca han visto Lean, no se hace resolución de problemas, ni pones tableros de medición por ahí y asumes que van a aprender de un modo innato. Debes enseñarles cómo utilizarlas, del mismo modo que se enseña a manejar una llave inglesa.

En la Etapa Uno se aprende el proceso de mejora a la vez que aprenden cómo utilizar las herramientas Lean adecuadas, con mentores, con "coaches Lean". Llámalos cómo quieras, pero lo ideal es tener gente cualificada trabajando para ti, lo cual no siempre es el caso, o encontrar consultores que actúen como profesores, más que como implementadores. Incluso si los coaches son internos, empiezan en un papel de empleado apoyando a los líderes de Dirección, como hemos visto en el caso de Dana. La Dirección es la responsable, pero la experiencia viene de esos expertos especialistas en mejora de procesos. La Dirección está en medio, aprendiendo a niveles básicos.

En este punto, si tenemos una visión clara de la Mejora Continua, si sabemos a dónde vamos, lo siguiente es hacer que los directores se responsabilicen de Lean. Aparte de tener un pequeño departamento de expertos en Mejora Continua, los directores deben actuar como coaches Lean, sea cual sea el tipo de empresa. La filosofía es que vamos a disponer de directivos que van a liderar Lean hacia un objetivo definido en su área, utilizando buenos procesos, trabajando bien y comprometiendo a su personal. Si no tienes esa filosofía, o si tu filosofía es "contrato a consultores, delego los objetivos, les voy midiendo y uso mi poder como director para que trabajen", lo que suele pasar es al principio, con los consultores se consigue empezar, pero no llega a funcionar.

Con la filosofía estás a otro nivel, ya que dispones de mucha gente responsable de la mejora.

El Nirvana llega cuando has conseguido un sistema de gestión diario, todo el mundo tiene claros sus objetivos, cada día se encuentra algo que se puede mejorar, se adaptan a los cambios y las acciones se alinean para conseguir objetivos más amplio. A nivel local, la dirección tiene ese liderazgo que lleva a la mejora continua real, y que se alinea con los objetivos empresariales de la compañía.

No puedes llegar a conseguir esa alineación a través de un kit de herramientas como Hoshin Kanri. No puedas saltar a la Etapa 3 sin pasar por las etapas 1 y 2. Por otro lado, mientras estés en la Etapa Uno, no vas a ir más allá del uso de las herramientas, a menos que utilices ese periodo de tiempo para desarrollar a los líderes que te permitirán progresar y mantener esa gestión Lean.

Feedback final: La práctica deliberada no es divertida

Revisión final del modelo de Liderazgo Lean

Espero haberte dado mucho en lo que pensar. Quizá te sientas un poco abrumado por toda ésta información, pero eso es bueno. Empezamos con el modelo de liderazgo Lean que pasa por una serie de etapas y la última es Hoshin Kanri, pero la etapa final real es "alinear objetivos de arriba abajo", que los empleados de todos los niveles sean capaces de conseguir objetivos exigentes para la mejora, creando procesos repetibles y sostenibles, y no correcciones puntuales. Después utilizaremos el Hoshin Kanri como una herramienta para crear un diálogo que conduzcan a planes a todos los niveles.

Empezamos con una visión. Éste diálogo se produce al nivel más alto, basado en un análisis del ambiente y la competitividad, el desarrollo del modelo de negocio y la estrategia de saber dónde queremos llegar y desarrollarlo hacia abajo. En cada par de niveles se producen discusiones, propuestas, feedback crítico, ajustes a ese feedback y desarrollo de planes y objetivos, y así, repetitivamente, se va desglosando. Para cuando hemos terminado, todo el mundo tiene una serie de objetivos que se alinean con las necesidades de la dirección, así como planes realistas de cómo se va a proceder, y cuando empiezan a ejecutar esos planes, siguen los ajustes y las comprobaciones. Ahora quiero que pienses en tú organización, desde tu punto de vista y en tú responsabilidad en ella, sea cual sea.

Si en tu empresa, tú lideras un departamento, obviamente no puedes desarrollar un plan estratégico para toda la empresa. Debes ajustarte a lo que puedes manejar. Dentro de lo que tú controlas ¿Cuál es tu visión? ¿Adónde quieres llegar? ¿Cuál es tu *true north*? ¿Qué pasos críticos puedes tomar éste próximo año? ¿Puedes desmenuzarlos en planes más manejables, de los que puedas ir aprendiendo conforme vayas ajustándolos? Te ayudará hablar con tus superiores sobre sus visiones y con tus clientes acerca de sus necesidades.

Después, ¿Qué papel desempeña la alta dirección en esas mejoras? Puede que te estén dando los objetivos, pero que necesites trasladarlos a una serie de acciones concretas y seguro que vas a sorprender a tu jefe y vas a destacar sobre el resto. Intentarás comprometer a los altos directivos, y educarles conforme avances en tus mejoras. Necesitan ver resultados, pero también entender el proceso necesario para que esa mejora sea sostenible.

Revisión Final:

- ¿Qué papel desempeña la alta dirección en tu empresa?
- ¿Cuál es tu visión?
- ¿Cuáles son los pasos críticos que debes dar el próximo año hacia esa visión?

No quiero engañarte. No se trata de saltar a tener indicadores alineados y mejora continua en toda la empresa. Se trata de un control razonable, pero que se extienda durante todo el año. Resúmele a tu coach, como se hacía en Dana. Había coaches y todos los jefes de planta les llamaban cada semana y les decían "este es mi plan" y "esto es lo que he hecho esta semana, y esto es lo que quiero hacer la siguiente semana". No sé cuál será la cadencia con tu coach, pero debe ser regular. Tu coach debería darte feedback útil, lo cual significa feedback crítico, es el modo de aprender. Las críticas son esas diferencias en las que debes trabajar, para conseguir cerrarlas.

Conforme avanzamos en esto debes estar pensando "Hemos pasado por el autodesarrollo, que según Liker tardas años en conseguir, hemos pasado por las cuatro etapas, cada una de las cuales puede costar años conseguir, lo cual significa unos 10 años, pero este curso, ha durado, sin embargo, unos cuantos meses (www.ToyotaWayToLeanLeadership.com)". Lo que realmente proponemos es que trabajes en una micro versión de estos cuatro pasos, dentro de tu área de responsabilidad, sea cual sea. Debes probar los cuatro pasos, no vas a completar ninguno de ellos en un año, pero estarás experimentándolos, y esto aumentará tu comprensión de ellos, y lo harás durante el año siguiente, y así continuamente. Con suerte, los demás se interesarán y querrán aprender de ti. Incluso aunque no lo hagan, ascenderás en la empresa, o en otra empresa y tendrás más responsabilidad, así que serás capaz de ir haciéndolo de modo más general.

Práctica Deliberada

Hoy en día hay muchísima bibliografía de cómo desarrollar habilidades y la frase más repetida es "deliberate practice". Como estudiante en ciernes de guitarra, lo he escuchado hasta la saciedad, cuando me sentaba a tocar durante un par de horas, podía tocar piezas que había aprendido y era divertido, pero realmente no estaba aprendiendo nada.

La otra alternativa es intentar alcanzar un nivel de habilidad. Practica deliberada significa que sé en lo que estoy trabajando. Conforme cometes errores, los identificas y aplicas contramedidas. Por ejemplo, yo empecé a tocar la guitarra hace unos 35 años, pero aún sigo tomando lecciones de guitarra clásica de una manera estructurada. Después de casi dos años de clases, mi profesor se dio cuenta de que todavía tenía problemas con la cadencia y ritmos básicos. Tocaba solamente ocho notas cuando debía tocar dieciséis, y no sostenía suficiente tiempo las notas medias. Mi profesor me aconsejó un libro introductorio a los ritmos, y con esa ayuda y algún consejo de mi hijo, que es músico, empecé a tocar ritmos más complicados. Eso es la práctica deliberada, cuando quizá no te estés divirtiendo tanto, pero estás mejorando poco a poco.

¿Qué deberías hacer durante el próximo año en lo referente a práctica deliberada?

"¿Cómo se puede aprender sobre los cuatro pasos a través de la práctica deliberada? ¿Podrías darnos algún ejemplo de a lo que alguien podría enfrentarse durante ese año?

En guitarra, sabemos muy bien cómo enseñar, es una sola persona tocando un instrumento, pero en una organización compleja, definir las habilidades de liderazgo resulta más impreciso, hay muchísimos más alumnos y nos sentimos tentados a educar en masa, en un aula, pero ya sabemos que no es así como se desarrollan realmente las habilidades.

Lo que Toyota determinó fue que el mejor vehículo para las prácticas deliberadas, era pasar por el proceso de resolución de problemas reales repetidamente, y con la ayuda de un coach. Por eso Toyota introdujo el Toyota Business Practices, los ocho pasos. El auto desarrollo, debería centrarse realmente en proyectos que se lideraran personalmente, y que, durante el proceso se pudiera contar con un equipo comprometido, como el de Gary, un equipo que te reporte, o que haya quizá algún otro departamento involucrado.

Tu primer paso debería ser liderar un equipo para resolver un problema. No un problema que se resuelva en un par de días, sino uno que quizá podáis resolver en tres meses, o más, si eres un ejecutivo. Que puedas recopilar datos, encontrar la causa raíz, y pasar por todos los pasos necesarios para que el cambio se sostenga. Y debes ser tú quien lidere todo eso. La mejora Kata es un método para conseguirlo. Puede que tu posición en la compañía sea alta, y que pienses que puedes delegarlo, pero en el Liderazgo Lean no se delega, eres tú quien lo lideras.

Conforme vas desarrollando habilidades, liderando personalmente un equipo para poder alcanzar un reto, ello desembocará de modo natural en el paso dos, es decir, desarrollar a los demás, quizá mediante *Coaching Kata*. Esto pasa porque, mientras lideras el proyecto, vas a estar desarrollando a las personas que trabajan en él, al mismo tiempo que aprendes las habilidades necesarias. Debes ir un paso por delate del equipo, e ir paso a paso. Necesitas un coach, que puedes buscar en el Lean Leadership Institute (www.leanleadership.guru).

Divide el año en trimestres. El primer trimestre te centras en el proyecto, en tú desarrollo personal y empiezas a desarrollar a los demás. En el segundo trimestre, te centras en el desarrollo de los demás así que asignas a alguien la función de reportarte, trabajas con ellos en identificar un problema en el que puedan trabajar, deben liderar el proceso de mejora y pasar por los diferentes pasos, mientras tú les guías y haces de coach, ellos van a liderar un equipo. A partir de ahora ya no vas a tener un equipo, sino que te vas a centrar en la persona a la que estás haciendo coach. En el paso tres debes llevar esto hasta el nivel de trabajo, vas a querer tener indicadores clave de rendimiento y tableros de medición en uno o varios departamentos, dependiendo de cuántos trabajadores tengas a tú cargo, o de cómo estén estructurados. Querrás tener un sistema de gestión diario, con objetivos y querrás comprobar todos los días los indicadores mediante reuniones alrededor de tus tableros, asignando tareas y mejorando a diario.

Por último, quizá en el último trimestre, establecerás los objetivos para el año próximo y un plan. Quizá desarrolles una propuesta A3, puede que no tengas tiempo de completarla, pero puedes empezar con las contramedidas. El segundo año, quizá no llegues mucho más lejos que ese A3, estableciendo un plan, asignando tareas y objetivos de mejora. Esto será el comienzo del nuevo año de trabajo, en el que compartirás todo eso con tu director, aunque no esté formado cómo un líder Lean, le mostrarás el A3, y tomarás la iniciativa. Va a quedarse sorprendido, y quizá quiera empezar a implementarlo en otras áreas, o incluso aprenderlo él mismo.

Dentro de cada uno de esos trimestres, hay muchas habilidades que desarrollar, por ejemplo, observar el *gemba* y ver los problemas reales, priorizarlos, analizando la causa raíz. Cada una de estas tres cosas, implica muchas habilidades. A lo largo del año, conforme las practiques con tus colaboradores, en la práctica diaria, vas a verlo continuamente. PDCA, PDCA, PDCA. Vas a ir puliendo tus habilidades, con la ayuda de tu coach a la vez que tú haces de coach de otros.

Si eliges aprender basándote en la metodología *Toyota Kata*, tienes a tu disposición la página web de Mike Rother,
(http://www-personal.umich.edu/mrother/homepage.html)
que posee gran cantidad de información y puede mostrarte videos de youtube, transparencias, workshops en directo e incluso su propio manual *kata*.

Con todo esto, quiero desearte lo mejor. De ninguna manera, ni en mis mejores sueños, pienso que te he enseñado cómo ser un líder Lean. Lo que espero haber conseguido, es haberte dado un empujoncito en tus comienzos en éste viaje de por vida. Así es como yo lo veo, y espero que tu también lo veas de ese modo, y que cuando lo comiences, te des cuenta de cuáles son tus debilidades y que te vayas haciendo fuerte conforme te des cuenta que nunca paras de aprender. Nunca termina, siempre hay algo más que esperar, otro nivel de habilidad, nuevos éxitos que conseguir. ¡Una vida de aprendizaje es una vida maravillosa!

- Céntrate en el proyecto
- Céntrate en desarrollar a los demás
- Desciende al nivel de trabajo
- Establece objetivos para el año que viene

CAPÍTULO 8

CONECTA LAS ESTRATEGIAS A LA EXCELENCIA OPERACIONAL: Ejemplo de Scion

Cada mejora empieza con un reto

Cuando pensamos en Toyota, muy a menudo pensamos en montaje de coches en fábricas, y no pensamos en la totalidad de la organización. Toyota tiene los mismos departamentos que cualquier otra organización global pueda tener, empezando por ventas. Las ventas definen lo que los clientes quieren. El departamento de ventas interactúa con el de desarrollo de producto, para que se desarrolle lo que el consumidor demanda. Ventas comercializa y vende los coches, e incluso interactúa con el departamento de control de producción, cuando están desarrollando un programa, para que éste coincida tanto con las necesidades de producción, como con las de ventas.

Para concluir el libro, me gustaría ilustrar la importancia de la conexión entre estrategia de producto y excelencia operacional. Lo voy a hacer desde la creación de una nueva marca, desde el punto de vista de ventas, utilizando de ejemplo, la marca Scion, que Toyota introdujo en Estados Unidos en 2005. Ésta historia, refleja también cómo Toyota, incluso al nivel de crear una nueva marca, siguió el Toyota Business Practices, dirigida por líderes excepcionales. Definieron una necesidad, desarrollaron una estrategia y conectaron esa estrategia al sistema Lean, y a la logística necesaria que debía producir y entregar lo que los clientes deseaban, cuando lo deseaban. No estoy sugiriendo que Scion sea la marca más exitosa de todas las que ha creado Toyota, sino que más bien quiero centrarme en el ajuste entre la estrategia, el enfoque de las ventas y las características operacionales.

Imagen 8-1 La marca de Coches Scion, modelos xD, tC y xB.

Estos son los coches que formaban originalmente la marca Scion, de izquierda a derecha son el xD, el tC y el xB (imagen 81). Desde entonces han creado nuevos modelos, incluyendo un modelo deportivo muy económico, y siguen desarrollando nuevos productos. Desde algunos puntos de vista, Scion ha sido un fallo ya que sus ventas han caído de forma dramática, con lo que nadie en Toyota está contento, pero Scion tiene un propósito muy importante. ¿Cuál es ese propósito?

Cada esfuerzo de mejora debería comenzar con el enunciado de un problema o un reto. Nunca debería comenzar con un alto dirigente diciendo "Ventas, necesitamos un nueva marca para atraer a gente joven, así que a por ello". Un dirigente debería decir "Tenemos un problema, y necesitamos una manera de solucionarlo". El problema de Toyota era un modelo basado en conseguir un cliente para toda la vida. Eso significa que el primer coche que compres sea marca Toyota, y conforme tu situación familiar vaya cambiando, si te casas y tienes hijos, o tus hijos abandonan el hogar, y vas envejeciendo, siempre haya un producto Toyota que se adapte a tus necesidades. El punto de entrada en Toyota debía ser ese primer coche, pero eso no era lo que estaba sucediendo en EEUU. La media de edad de los compradores Toyota era demasiado alta, una de las más altas del mercado, y la mayoría de la gente joven pensaba en Toyota como la marca "que mis padres conducen" o incluso peor "la que conducen mis abuelos".

Para ampliar la cuota de mercado en el futuro, mirando décadas por delante, Toyota necesitaba bajar esa edad de entrada a Toyota para los consumidores. La gente joven debía poder ver un coche diferente al coche de sus padres. Toyota Motor Sales, dirigida por los Altos Directivos, junto con desarrollo del producto, decidieron como contramedida, crear una nueva marca. Después de investigar mucho, hablar y analizar mucho, llegaron a la conclusión de que la gente joven americana no iba a considerar Toyota como su tipo de coche, así que esa nueva marca era necesaria.

El siguiente paso fue un entendimiento mayor de las necesidades de los clientes, ventas tuvo que hacer un estudio exhaustivo para entender lo que los jóvenes americanos esperaban de sus coches, fue algo parecido a lo que vimos en Menlo con los técnicos antropólogos. Según la filosofía Toyota, nunca sabes suficiente sobre los demás fijándote en estadísticas y encuestas, debes salir a ver cómo se desenvuelven en sus vidas diarias. Salieron a las playas, a museos, a conciertos de rock y a cualquier otro lugar donde la gente joven se dejaba ver, y así empezó a surgir una idea clara de lo que querían.

Una de las cosas que aprendieron fue que a la gente joven, en América, le encantaban las prestaciones que tenían los coches de sus padres, y pensaban que sus coches también deberían tenerlos. Si por ejemplo el Lexus tenía un monitor que mostraba una cámara de visión trasera, les gustaría tenerlo en sus coches, y no se contentaban con oír "eres demasiado joven para permitirte algo así". Querían muchas prestaciones a un precio que pudieran asumir. También querían expresar individualidad, habían crecido teniendo teléfonos personalizados, ropa personalizada, y querían un coche que de algún modo fuera expresamente para ellos.

Y a la vez que querían expresar esa individualidad, también querían pertenecer a un grupo. Algunos se sentían aislados, y en parte esto venía provocado por la tecnología en la que vivimos. Scion ayudaría, de un modo idílico, a llenar esa necesidad de juntar a las personas, físicamente, en el mismo lugar y online. Al fin entendieron que los jóvenes odiaban que se les tratara de un modo injusto. Odiaban regatear con el precio, cosa que cuando yo crecí era el deporte nacional, la juventud de 2005 pensaba que no era justo. Querían pagar lo mismo que sus compañeros por el mismo coche, sin tener que negociarlo.

Querían:

- Coches completos con características de Lexus y precio de Corolla (o inferior)
- Expresar individualidad
- Pertenecer a un grupo
- Ser tratados de modo justo (mismo precio por los mismos servicios)

No querían:

- Regatear el precio

Enfoque de Ventas y Marketing en Scion

Basándose en estos requerimientos, se definieron la marca Scion y sus características. El enfoque que Toyota siguió era compatible con *The Toyota Way* (trabajo en equipo, frugalidad, estar seguro de lo que tus clientes desean y ver cómo lo está haciendo la competencia) un pequeño equipo de cinco personas, liderados por un vice-presidente, empezaron a desarrollar la marca. Cinco personas no son muchas para desarrollar una marca completa, en una empresa automovilística importante. Lo típico es ver oficinas llenas de gente con sus secretarias, y no solo un pequeño grupo de personas. Esas cinco personas dejaron sus oficinas y fueron a estudiar a los clientes, desarrollaron sus necesidades y empezaron a coger ideas para el modelo de negocio.

Una de las ideas clave surgió cuando Jim Lentz, el vicepresidente responsable de Scion visitó Brasil. Le habían hablado de Chevy Celta, que era un coche muy económico que se vendía en Brasil, que tenía muchas prestaciones y que podías" customizar" en internet. Desde el punto de vista de la fábrica en la que se hacía el coche, era un solo tipo de vehículo, con una configuración. Después había muchos accesorios que podías añadir más tarde en el concesionario. Incluso podías hacerlo online, y esa combinación de accesorios hacía el coche único para cada cliente. Esto sonaba como un triunfo y Jim Lentz quería verlo con sus propios ojos, asi que cogió un avión y se fue a Brasil y concluyó que era "Una buena idea". Esto fue lo que guio al modelo de producción del Scion, directamente conectado con los requerimientos el cliente, y con la visión de la marca desde el punto de vista de ventas. Lo llamaron "mono-spec".

Según Jim, ""Decidimos comenzar con un modelo básico, con unas pocas configuraciones. Por ejemplo, podía haber dos transmisiones diferentes, o dos tamaños de motor. Desde el punto de vista de la fabricación, había muy poca variación, así que era fácil de construir. Después había que enviarlos a California y allí se agrupaban y, conforme los clientes los encargaban y antes de entregarlos, se individualizaban según las peticiones y se enviaba al concesionario, que aún podría añadir algún accesorio adicional."

Esta fue un caso de customización en masa. Tenían el vehículo básico, en color vainilla y cuando el cliente hacía el pedido, en el último momento, era cuando individualizaban el coche, eso requería una cierta logística. Empezaron con vehículos que ya existían en Japón, con lo que no hubo costes de desarrollo de nuevo producto, esto y la eficiencia de las fábricas, que hicieron un modelo con muy poca variedad, permitieron que el precio fuera muy bajo, pero con muchas prestaciones.

Equipo pequeño (5 personas) para desarrollar una marca

- Ir a ver a los clientes, coger ideas para nuevo modelo
- Idea clave. Chevy Celta en Brasil. Basado en un modelo único individualizado en el concesionario
- Modelo de logística de producción del scion:
    a. "Mono-spec" modelo básico con unas pequeñas configuraciones en la fábrica de Japón (color y transmisiones)
    b. Agrupar los coches en el puerto e individualizarlos según los pedidos.

Desde el punto de vista del cliente, iban a la web y seleccionaban varias opciones. Esta tabla muestra ejemplos e algunas de las posibilidades. Desde entonces, la lista se ha hecho mayor y hay más posibilidades disponibles. Por ejemplo, una cubierta de carbono, que da un aspecto deportivo, puedes seleccionar también faros traseros Led en varios colores, o diferentes tubos de escape. Todas estas cosas se añaden al coche una vez ya se ha entregado desde Japón, y ha llegado a california.

Accesorios Toyota

Accesorios exteriores

Cubierta de fibra de carbono	325$
Punta en el tubo de escape	76$
Aplique de parachoques trasero	69$
Alerón trasero	423$
Faros antiniebla	320$
Ventanilla de fibra de carbono	299$
Parrilla personalizada	215$
Luces traseras LED	375$

Accesorios interiores

Cargo liner	119$
Cargo net	65$
Cargp Dover	259$
Iluminación de la puerta	265$
Alfombrillas	155$
Volante deportivo	279$
Sistema de seguridad Scion	469$
Arranque remoto de motor	529$
Portavasos y tablero iluminado	299$

La declaración de intenciones que hay más abajo, no es algo de Toyota inventara, se escribió por los propietarios del grupo Scion y fue parte del paquete que se creó con el modelo de negocio. Era parte de la respuesta "¿Cómo creas sentido de comunidad en los jóvenes?" lo que Toyota hizo fue contratar una nueva empresa de marketing especializada en crear grupos; animarles a que se unieran por todo el país. Toyota fundó uno de esos grupos, que luego se reunía para decidir a que se querían dedicar.

Este grupo en concreto concluyó:

Declaración de Intenciones:

Scion Evolution se empezó como un canal para los propietarios de Scion, en la que se podían juntar y compartir la pasión por sus Scion. Todo ello desde el humilde enfoque de que los propietarios fueran capaces de seguir creyendo en la filosofía Scion.

- ❖ Scion evolution, impulsado a la evolución, sucursal de carolina del norte (club de propietarios de Scion)

Ahora tienes a tus propios clientes haciéndote propaganda; se organizaban eventos en diferentes puntos del país para juntar a los propietarios de Scion. Por ejemplo, Toyota alquiló DisneyLand en California para una noche, y solo los propietarios de un Scion podían entrar, gratis, pero si iban conduciendo su modelo Scion. Se subastaron premios y se celebraba ser miembro de la comunidad Scion.

El primer enfoque de ventas, que llamaron "precio puro" fue establecer el precio del coche con el concesionario. Algunos concesionarios tenían precios diferentes, basándose a veces en la localización. Una vez establecido el precio de la venta del coche y de algunas otras cosas, como el cambio de aceite, lo cerraban para un periodo de un año. Así todo el mundo tenía el mismo precio si compraban las mismas características.

También cambiaron el marketing. Normalmente acudes a una agencia y les pides que hagan "todo", pero descubrieron que para obtener un enfoque innovador, debían hacer marketing para gente joven y necesitaban agencias especializadas. Algunos de los propietarios de los clubs eran muy buenos en redes sociales, y organizaban eventos de rock o música country según el lugar del país donde se encontraran, y para facilitar los encuentros tenían los eventos Scion, que se multiplicaron a más de 100 al mes. En Halloween, por ejemplo, organizaron un evento en California especial para propietarios de un Scion.

Precio Puro

- Precio establecido en los concesionarios para coches y servicios. Marketing novedoso
- Mailing directo por televisión, internet, radio, eventos
- Organizado por propietarios de Scion (más de 100 eventos al mes)
- Creación de redes y de sentido de pertenencia
- Eventos según los gustos regionales

Para dar mucho valor al cliente por un precio relativamente bajo, decidieron utilizar departamentos que ya funcionaban en Toyota, para no tener que crear toda la infraestructura nueva para Scion. En 2007, al principio, eran 19 personas en las oficinas centrales y 40 negociando con los usuarios y los concesionarios. La empresa era simplemente eso:

Personal ya existente en Toyota

- Plantilla en 2007: 19 en oficinas y 40 en trabajo de campo

Uso de modelos existentes en Japón

- Por ejemplo, b8 al xB

Uso de la red de concesionarios Toyota

Con un camión enorme hicieron una gira para vender a los concesionarios la idea de comprar la marca Scion. A muchos de los concesionarios en EEUU les encantó la idea de atraer a gente joven a sus exposiciones. Tuvieron que formar a su personal de ventas y tener una política de precios diferente, lo que fue una inversión para los concesionarios.

Conectar el propósito con los resultados

¿Cuál fue el resultado? Volviendo a los principios, el primer año habían conseguido sus objetivos. Querían atraer gente joven a la marca Toyota y en ese momento, la edad media de los compradores Scion era la más baja de la industria. Para un 80% de esos jóvenes era su primer Toyota. También un 80% de los jóvenes que ya tenían un coche y lo cambiaban, venían de otras marcas. Estaban consiguiendo lo que la industria llama "conquistar clientes".

Los primeros años tenían objetivos modestos, cómo vender 40.000 coches, y los consiguieron, no esperaban tener muchas ganancias, pero aun así las obtuvieron. Tuvieron pico de ventas de 180.000 coches al año, que ha descendido en 2013 a 68.000. Han lanzado nuevos modelos en 2015, pero es razonable preguntarse ¿Es Scion un concepto fallido?

Es una pregunta natural si piensas a corto plazo y no se entiende la estrategia. Desde el punto de vista Toyota no lo evalúan del mismo modo. Los primeros años funcionaba bien, hicieron el análisis de la causa raíz, y era obvio que las ventas habían descendido porque los modelos eran anticuados, necesitaban crear nuevos modelos. El desarrollo del producto Scion no era una prioridad en los años de recesión y las crisis posteriores regionales. La diferencia de tiempo hasta la introducción del nuevo producto fue un problema, pero no era ese el problema que iba a acabar con la marca.

Mark Templin, vicepresidente de Scion en 2007, cuando hice las entrevistas, explica así el objetivo original:

"Los indicadores que consideramos importantes no son los de ventas o beneficios, no es la política de Scion. Se trata de abrir la puerta a Toyota. Intentamos llegar a los jóvenes, la media de edad de compradores Scion es de 30 años, la más baja de la industria. El resultado es que ganamos dinero vendiendo Scion a la vez que aprendemos nuevos modos de hacer negocios."

Estaban aprendiendo nuevos modos de hacer negocio. Por ejemplo, aprendieron nuevas formas de marketing. Scion también motivó mucho a algunos departamentos de Toyota, ya que interactuar con gente joven era divertido. Había una energía más joven, y eso ayudó a la empresa a rejuvenecer esa energía que se va perdiendo cuando te conviertes en una gran multinacional. Obviamente, Scion preferiría vender más coches, pero los otros indicadores eran también de éxito.

Resultados de Scion en los primeros años

- Edad media de compradores 30 años, la más baja del mercado
- 80% de propietarios eran nuevos en la familia Toyota
- 8 de cada 10 venían de otras compañías
- Inversión amortizada y ganancias al cuarto año
- Las ventas bajaron en 2007 ¿todavía hablamos de éxito?

Relación entre la innovación estratégica y la excelencia operacional para Scion

Vamos a ver cómo encajan las piezas y como relacionamos esto con el liderazgo.

Primero se intentó una estrategia, en éste caso era una nueva marca, un coche cuyo valor añadido era que se pudiera personalizar y que creara un sentido de comunidad, y a la vez que Toyota poseyera una nueva marca en el mercado para atraer a gente joven. Esa estrategia se convirtió en innovación. La idea del "mono-spec" en color vainilla que se pudiera personalizar era innovar. Cogieron prestada la idea de General Motors, y la modificaron, pero para Toyota era una innovación. La idea del "precio puro", la de modificar el enfoque de marketing, que más tarde se utilizó en otras marcas Toyota, y la idea de crear una comunidad de propietarios, fueron todas innovaciones nacidas de la necesidad de intentar conseguir lo que los jóvenes americanos deseaban.

Todas esas estrategias debían tornarse en excelencia operacional. En palabras de Jim Lentz: "Lo que necesitábamos era presentar Toyota como un coche para gente joven, eso es lo que estaban pidiendo. La gente joven no es paciente. Los americanos en general no son gente paciente, así que si quieren algo lo quieren ya. Necesitábamos alta calidad, y no solamente en la fabricación, sino también en el lugar en el que se añadían las individualidades e incluso en el puerto al que llegaban los vehículos y en los concesionarios".

Uno de los conceptos Lean que se tuvo que utilizar fue el sistema logístico del "Just in Time", para que se pudiera montar en los puertos lo que demandaban los clientes, los accesorios, y que los coches llegaran rápidamente a los concesionarios. Necesitaban que el Toyota Production System funcionara en las fábricas para poder construir el modelo con gran calidad y costes bajos, con lo que debían eliminar el desperdicio y los costes excesivos. Juntar los coches que venían de Japón e individualizarlos fue también una innovación.

Necesitaban entonces un plan para que los modelos del futuro se siguieran adaptando a las necesidades de los clientes. En Toyota se encarga de esto el jefe del sistema de ingeniería, que es quien lidera el departamento de desarrollo de producto, y que trabaja muy cerca de ventas. El modo de trabajar es bajar al *gemba* para ver de primera mano cómo van las cosas. En el caso de Scion, el *gemba* era el lugar donde se utilizaban los coches, y debían comprobar, por ejemplo, cómo se sentían los clientes de Washington D.C. al conducirlo el jefe de ingeniería debía estar en cualquier lugar donde pudiera ir un joven americano y, junto con el departamento de ventas coger toda esa información y crear un producto que dejara a los jovenes satisfechos.

La empresa al completo tuvo que cooperar. Era un grupo muy pequeño el que debía obtener la cooperación de ventas, producción, concesionarios, I+D y a la vez, venderles el concepto y motivarles. Lo consiguieron gracias a su experiencia y su capacidad de liderazgo horizontal. Todos los departamentos de Toyota deben tener la cultura de centrarse en lo que es bueno para la empresa, no solo lo que es bueno para su departamento. Esa es la cultura de The Toyota Way. El nexo de unión entre la estrategia, la innovación y la excelencia operacional se muestra en la imagen 8-2.

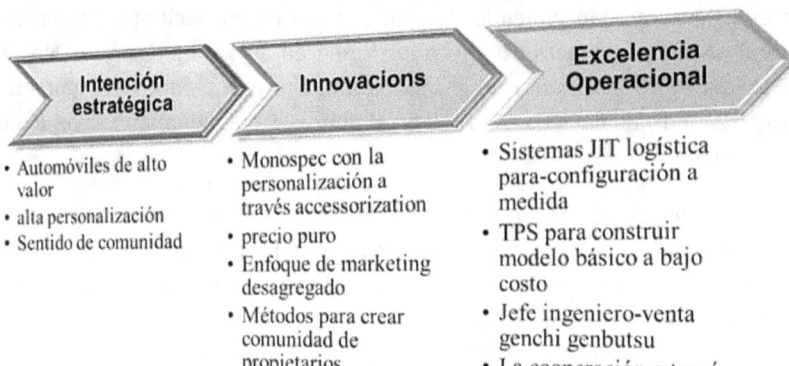

Propósito Scion: Llevar a los jóvenes en la familia Toyota

Imagen 8-2. Relación entre la estrategia, la innovación y la excelencia operacional.

Los principios el Toyota Way en acción

¿Cuáles de los principios clave del Toyota Way que hemos visto llevaron al éxito de Scion? Empezaron por el respeto a los demás, es decir, respetar tanto al cliente para tomarse el tiempo de entender su modo de vida, lo que esperan de un coche y lo que les va a satisfacer. El proceso completo de crear la marca Scion siguió el modelo de Toyota Business Practices. Todo empezó con un problema definido claramente: la diferencia de edad que había entre los clientes actuales de Toyota y la edad que se deseaba que tuvieran cuando compraban su primer Toyota. Debían comprender bien la situación y entender a la juventud americana mediante genchi genbutsu, ir a ver lo que querían. Exploraron ampliamente todas las alternativas, y basándose en ellas crearon su modelo de negocio.

Necesitaban pensar a largo plazo, lo que significaba que debían aceptar la extraña idea de que quizá hubieran creado una marca que posiblemente no generara beneficios. Su propósito era atraer nuevos compradores a la familia Toyota. Necesitaban seguir el modelo de mejora continua, tenían un sistema inicial que se iba a ir modificando según el feedback del consumidor, hasta conseguir, poco a poco, lo que el cliente demandaba. Por ejemplo, en 2007, cuando bajaron las ventas y tuvieron que buscar la raíz el problema, se dieron cuenta que necesitaban crear modelos nuevos. Todo esto se consiguió porque tenían líderes que pensaban de un modo concreto, y que seguían los valores de la empresa, que pensaban primero en la organización y no en sus propias funciones o en las necesidades de sus departamentos. Era una oportunidad para ellos de ampliar sus habilidades en resolución de problemas, en creatividad, y en trabajar en un equipo pequeño. Aprendieron a liderar en horizontal, influyendo en departamentos en los que no tenían poder, como ingeniería, producción e incluso en los concesionarios que eran empresas independientes.

Imagen 8-3. Principios en acción

Scion (imagen 8-3). Ofrece una imagen del Liderazgo Lean desde que nace el concepto del producto, desde que se crea en el mercado, hasta la conexión con el comprador después de la venta. Ni una buena estrategia, ni la excelencia operacional hubieran funcionado por si mismas para resolver el problema. La estrategia y la excelencia operacional deben estar conectadas directamente.

Esto es el final de la historia. Espero haberos ayudado en vuestro excitante viaje a través del Liderazgo Lean. Habrá quedado claro que desarrollar una iniciativa lean es un proceso a largo plazo, y que afecta en todos los aspectos. No es solamente una cosa de producción. Si hay un elemento común en lean, es el pensamiento crítico y creativo. Algo que empieza con el autodesarrollo y que más tarde te convertirá en profesor a la vez que seguirás aprendiendo. ¡Es un camino de por vida!

DEVELOPING LEAN LEADERS: Para seguir leyendo

En el libro nos hemos referido a varios autores que quizá quieras investigar más a fondo.

Aquí encontrarás alguna sugerencia para continuar leyendo:

Freddy Balle and Michael Balle, *The Gold Mine, A Novel of Lean Turnaround*, (Cambridge, Mass.: Lean Enterprise Institute, 2005)

Michael Balle and Freddy Balle, *Lead with Respet: a Novel of Lean Practice* (Cambridge, Mass.: Lean Enterprise Institute, 2005)

Jim Collins, *Good to Geat: Why some companies make the leap... and Others Don´t* (New York: Harper Business, 2001)

Pascale Dennis, *Getting the right things done: A leader´s guide for planning and execution* (Cambridge, Mass.: Lean Enterprise Institute, 2006)

Robert Greenleaf, *The Power of servant leadership* (San francisco: Berett-Koehler, 1998)

H. Thomas Hohnson, *Profit beyond measure* (New York: Free press, 2008)

Jeffrey Liker, *The Toyota Way* (New York: Mc Graw-Hill, 2004)

Jeffrey Liker and David Meier, *The Toyota Way Fieldbook* (New York: Mc Graw-Hill, 2006)

Jeffrey Liker and David Meier, *Toyota Way Talent* (New York: Mc Graw-Hill, 2007)

Jeffrey Liker and Michael Hoseus, *Toyota Culture* (New York: Mc Graw-Hill, 2008)

Jeffrey Liker and James Franz, *The Toyota Way to Continuous Improvement* (New York: Mc Graw-Hill, 2011)

Jeffrey Liker and Gary Convis, *The Toyota Way to lean leadership* (New York: Mc Graw-Hill, 2011)

Mike Rother, *Toyota kata: Managing people for improvement, Adaptiveness and Superior results* (New York: Mc Graw-Hill, 2009)

Peter Senge, *The Fifth Discipline: The art and practice of the learning organization* (New York: Crown Business, 2006)

Richard Sherindan *Joy Inc.: How we built a workplace people love* (New York: Portfolio Hardcover, 2013)

John Shook, *Managing to learn* (Cambridge, Mass: Lean enterprise institute, 2009)

George Trachilis, *OEM Principles of Lean Thinking*, http//lean101.ca

Taiichi Ohno's *Workplace management: Special 100th Birthday edition* (New York: Mc Graw-Hill, Professional 2012)

www.ingramcontent.com/pod-product-compliance
Lightning Source LLC
Chambersburg PA
CBHW052105230426
43671CB00011B/1942